古代歷史文化 研究輯刊

十六編

王 明 蓀 主編

第 5 冊

文學才辯，妙選聘使
——從外交論北朝漢文化發展（上）

龔詩堯 著

國家圖書館出版品預行編目資料

文學才辯，妙選聘使——從外交論北朝漢文化發展（上）／
龔詩堯 著 — 初版 — 新北市：花木蘭文化出版社，2016〔民
105〕
目 2+188 面；19×26 公分
（古代歷史文化研究輯刊 十六編；第 5 冊）
ISBN 978-986-404-749-9（精裝）
1. 外交史 2. 南北朝
618   105014258

ISBN-978-986-404-749-9

9 789864 047499

古代歷史文化研究輯刊
十六編　第 五 冊   ISBN：978-986-404-749-9

文學才辯，妙選聘使──從外交論北朝漢文化發展（上）

作　　者　龔詩堯
主　　編　王明蓀
總 編 輯　杜潔祥
副總編輯　楊嘉樂
編　　輯　許郁翎、王筑　美術編輯　陳逸婷
出　　版　花木蘭文化出版社
社　　長　高小娟
聯絡地址　235 新北市中和區中安街七二號十三樓
　　　　　電話：02-2923-1455／傳真：02-2923-1452
網　　址　http://www.huamulan.tw 信箱 hml810518@gmail.com
印　　刷　普羅文化出版廣告事業
初　　版　2016 年 9 月
全書字數　297555 字
定　　價　十六編 35 冊（精裝）台幣 68,000 元　　版權所有‧請勿翻印

文學才辯，妙選聘使
——從外交論北朝漢文化發展（上）

龔詩堯　著

作者簡介

龔詩堯，清華大學中國文學系博士。曾於清華大學、中興大學、中正大學和臺南大學等校開設課程目前擔任高雄師範大學專任助理教授。主要研究範疇為古典文學與批評，魏晉南北朝各族群、清代中外文化交流史。著有《四庫全書總目之文學批評研究》、〈十六國重要政權與同期拓拔鮮卑之漢化概況比較〉、〈行遍半個歐洲的《中國貴婦》和《中國英雄》——梅塔斯塔齊奧的中國題材劇本之地位與傳播初探〉等。

提　　要

　　本文以外交活動發展作為切入點，觀察北朝漢文化的內涵變化，與南北朝漢文化地位的消長。

　　自西晉末，中國北方長期處於五胡諸政權的統治之下，其中歷時最長的北魏為拓拔鮮卑所建，保有深厚本族風俗。然而，在北魏以華夏正統政權自居後，亟欲藉外交獲得世人對其地位之肯定，所以在相關活動中力圖表現本國具備高度漢文化。如此則必須與南朝宋、齊相互競爭較量，以致官方政策，乃至文化風尚等，都與外交息息相關，交互影響。北魏分裂，北齊、北周、隋朝陵替，胡人漢化、漢人胡化，加以與南朝梁、陳互動，情勢更為複雜。然而，對漢文化的象徵意義之重視，有增無減。

　　「漢文化」是一個含括大小傳統的統合性詞彙，內涵複雜深邃。本文由南北互動模式、選用使節的條件、國家政策的調整……等不同角度觀察，疏理出儒學、家世、文學和辯才等與外交最密切相關的領域，加以探討。

　　北朝胡漢雜糅，南朝以漢族為主，所以在雙方外交往來間，北朝的漢文化內涵受到對方的影響較大，故而本書主要以北朝政治發展來區分歷史階段及章節。為求完整呈現百餘年來持續的演變，全文採取歷時性的探討方式，並儘量兼顧南、北史書的記載，避免受制於其中單一立場的評議視角。

目次

第一章　緒　論

第一節　問題意識的緣起

早於春秋時代，邦國與邦國之間的外交活動，即相當重視官員的風儀言詞。透過賦詩、對典籍的引用等方式，在話語裏展現機鋒，並藉此顯示己方國力、文化與人才的優越，往往可以說服或壓倒對方，取得各種象徵性甚至實質上的利益。〔註1〕三國時代，國家一統局面產生破裂，在各勢力鼎立的狀況中，此種情況再現，如《三國志》卷五十二〈吳書・張昭傳〉記載：

> 蜀使來，稱蜀德美，而群臣莫拒。（孫）權歎曰：「使張公在坐，彼
> 不折則廢，安復自誇乎？」

足見外交官員在辭令往返時的勝與負，經常對國家能否保持尊嚴及雙方談判的結果產生極大影響。

西晉滅亡以後，中國北方處於五胡十六國或競或合的狀態，此時群雄割據，類似的記載更爲常見。〔註2〕南北朝分立後，借外交展開爭鬥的情況愈發激烈，〔註3〕趙翼《廿二史箚記》卷十四「南北朝通好以使命爲重」條即云：

〔註1〕　參考：葉自成，《春秋戰國時期的中國外交思想》，香港社會科學出版社，2003年。王立，《先秦外交辭令探究》，世界知識出版社，2008年。

〔註2〕　如：前涼與前秦，北涼、南燕與後秦諸國之間的外交，皆有「承間逞說」的記載，即以言詞取勝，而達到外交目的之事。見《晉書》，卷112〈符生載記〉，頁1864～1865；卷128〈慕容超載記〉，頁2037～2038；卷128〈沮渠蒙遜載記〉，頁2048。

〔註3〕　嚴格說來，外交可依雙方關係差異再詳加分類。蔡宗憲，《中古前期的交聘與南北互動》（臺北：稻鄉出版社，2008年），〈緒論・第二節・南北朝交聘史研

南北通好，常藉使命增國之光。必妙選行人，擇其容止可觀，文學

優贍者，以充聘使。……其鄰國之接待聘使，亦必選有才行者充之。

明白地指出南北雙方政府，皆有意憑藉使節的表現來增添本國光彩，而當時
選派使節的標準之中，便加入了「文學」這一項目。由史料觀之，南北朝外
交官員的應答，不僅講究論說合理，還得用辭華美，甚至連音韻腔調也得顧
及。既然使節必須如此出色，那麼相應的接待官員也需要足夠與之對抗，如
此，整個外交過程可說都籠罩在濃厚的文化氣息之中。

常言謂「弱國無外交」，然而，在南北朝雙方軍政長期維持微妙平衡的狀
態下，外交方面的勝負自然獨具意義。身為政府特別選派的代表，外交官員
們的表現不僅是決定雙方交涉能否成功的主要因素，亦反映著本國文化程
度，甚至會反過來決定國格地位的高低。職此之故，各種與外交相關的記錄
正是用來釐測南北朝文化狀態的重要材料，值得仔細推究。

在現實之中，文化各領域並不受分科限制，而是彼此聲息相通、交互影
響，由於外交正為軍事、政治與文化的輻輳之處，因而可以側面反映出文學
的走向。需要說明的是，趙翼使用「文學」來總括南北朝使節的才華特長，
[註4] 但其所謂「文學」與今日所認知的文學概念不盡相同，除了意指近現
代意義的文學創作以外，也包括閱讀詮釋經典及各種知識性的修養。事實
上，當時的南北外交活動集結了學思、談辯和文采的呈演，涉及許多領域，
它們的共通點是以漢語漢字作為媒介，並以漢文化作為判斷基準，因此，外
交本身其實是漢文化的展示場合，由其變化即能夠檢驗北朝在每一階段接受
漢文化的情形。

自文學史的角度觀之，南北朝的文學地位昇降，與雙方在外交態勢的消
長，亦頗有相符之處。一般公認，北朝文學受到南朝極大影響，然而，至南

究成果評述〉，頁 5，將之分為三類：一、封建體系下的交聘，二、分裂局勢
下的交聘，三、外患臨境下的交聘，並認為春秋、三國和南北朝各分屬三類。
然而，南北朝的外交情況相當微妙：南朝早期，當視北魏外交為第三類；北
朝方面則應認為雙邊聘問為第二類。再者，北魏初期與東晉；東魏、北齊、
西魏、北周與蕭梁殘餘勢力；隋朝對陳朝，彼此關係也都不同，可說三類情
況皆曾出現於南北朝外交史。外交內容會隨著情勢與關係變化而改異，卻不
會受到分類影響，尤其後二者，若雙方的國力無決定性強弱，地位未有明確
高下，則差異即更為模糊。

[註4]　趙翼，《廿二史箚記》（臺北：華世出版社，1977 年），頁 392。趙翼指出容止
與文學為當時選派使節主要標準，尚有需要細辨之處，但他並未高估這些條
件在外交中的份量，而指出主要的目標仍是外交任務。

北朝晚期，北方文學評價愈來愈高，甚至有凌駕江左之勢。南北外交的情況動蕩不定，並未朝著一固定的方向推進，但大致上仍可看出：南朝面對北朝的態度，由原本的輕視逐漸轉為重視，最後甚至到了戒慎恐懼的地步。北朝以拓拔鮮卑一族為主，其國家制度與政策皆保存了少數民族的習俗，因此在以漢文化作為準繩的外交模式中，一開始便讓南朝掌握了主導權。不過，經歷長時間的理解與調適之後，北朝先在外交節儀上慢慢地與南朝達到平等，更進一步聯合了軍政的優勢，終於反客為主。

外交南衰北盛的轉向，與南北文學地位的陵夷，基本而言是一致的。但若依照時序觀察，即可發現北朝文學最初不僅評價低落而已，它幾乎不被南朝人士談論，以致於相關的記述少之又少，可說毫無地位。因此，與文學相關的活動並非從南北外交伊始即存在，而文學才華成為選使之關鍵性條件的時間，也未必貫穿整個南北朝。所以，除了探討北朝外交與漢文化、乃至於文學的關係之外，還必須更深入思索：在當時獨特的外交場合中，文學的份量究竟有多重？有無其他領域足以與之抗衡？是否整個南北朝時期始終不變？這些問題皆需要詳加爬梳才能獲得完整的答案。

再者，南北朝時期長達一百六十餘年，〔註5〕在這超過一個半世紀以上的時間裏，雙方的領土大小與國勢強弱變化頗鉅，因而時空條件也不斷改易。不同階段、不同立場的人士，對同一件交流行為極可能會產生不同的看法，也就導致了評價的差異。故當我們在閱覽文獻時，應該注意每一記錄所載，究竟是何時形成的現象？在何時引發了議論？由哪國人士提出判斷？時空條件一旦更動，評價的高低及內容也就隨之更動，所以為了詳實地瞭解當時的文化及文學狀態，有必要對南北朝各種史料作全面而反省式的觀照，儘量不滯泥於史書的敘述，也力求不被固定的視角所干擾。

南北朝之間的交流，當然不限於雙方政府之間的正式外交，不過由於南北戰事頻仍，除了時斷時續的邊界商業，兩國確實罕少往來，所以官方外交乃是北朝吸收漢文化極重要的管道。〔註6〕然若再加深思，則正式外交為兩國官員直接折衝的過程，固然可突顯雙方的差異，並給予彼此較強烈的刺激，但有限的人數在特定的場所中短暫的交會，又受限於當時的傳播條件，能帶來多深、多廣的影響？正式外交與其他非正式管道（如官民叛逃歸降）相比

〔註 5〕　自劉裕篡東晉至隋朝滅陳（420～589）。
〔註 6〕　北朝漢化的依據，首先來自北方既有的漢文化遺存，其次來自與南朝的各類互動。本篇論文主要討論南北朝之間官方的正式往來。

的優勢何在？亦有值得探討的地方。因此，在本篇論文之中，也會觸及其他交流行為，期盼能更清晰地呈現南北文化流動的情況，亦可避免文中提出的觀點被官方刻意安排與過度政治化的記述所壟斷。

　　另外，拓拔鮮卑統一了北方，是十六國時期的終結者。然而，在其建立北魏之前的歷史向來較少被討論，即使觸及，也多半簡略帶過。事實上，拓拔鮮卑由部落階段至代國時期的歷史，正是用來理解北魏初期之國際形象及漢文化水準的重要參考，故本篇論文將研究提前至拓拔鮮卑與不同族群開始交往的時間點上。

第二節　現有研究成果

　　在筆者探究此論題的過程裏，一方面閱讀前人的相關研究，一方面藉由討論目標的異同，嘗試為本文的歸屬提出定位，大致將現有的研究分為兩類：一、外交史研究；二、南北交流中的文化專題研究。前者討論的是外交本身，其中各篇因選擇時間區段或主題不同，自然有極大差異，然而目標同樣在對南北朝外交的相關現象進行理解。後者雖同樣以外交史料作為材料，然而真正的目的不在外交本身，而是藉此探討南北朝時期整體文化變遷或其他領域的研究。

一、外交史研究

　　南北朝外交史的研究頗豐，不過，多數專論此範疇中某一較小主題，或特定國家、特定時期的外交史，通常篇幅也較為短小。此類研究採用的方式，是將相關現象綜合談論，雖然能對特定論題和時代作較深入的思考，卻無法呈現南北朝外交的整體面貌與歷程。

　　若欲呈現南北朝外交之整體情況，首先必須掌握當時全部遣使的記載，所以，曾有多位學者採取建立表格方式，如黃寶實《中國歷代行人考》，〔註7〕以使節為綱，編製了涵蓋南北朝時期的遣使表，不過，此書並非鎖定南北朝而論，對於相關現象僅提出概略性分析。又如日本學者後藤勝〈聘使交換より見た南北朝關係——關係史料の編年整理〉，〔註8〕除了南北朝正史之外，

〔註7〕黃寶實，《中國歷代行人考》，台北：臺灣中華書局，1969 年。
〔註8〕〔日〕後藤勝，〈聘使交換より見た南北朝關係——關係史料の編年整理（上、下）〉，《岐阜教育大學紀要》，20～21 期，1990～1991 年。這份研究雖標為「南

更廣採通史、別史、類書，如《資治通鑑》、《建康實錄》與《藝文類聚》等，製作了極為詳盡的交聘表，然而此文主要為資料彙編，並未對南北朝外交局勢多加演繹。〔註9〕

　　另有學者採取論述並附加聘問表的形式，在清楚呈現遣使的基本狀況外，再對論題進行更深入的探討。如逯耀東《從平城到洛陽——拓跋魏文化轉變的歷程》，第六章〈北魏與南朝對峙期間的外交關係〉，附有〈北魏與宋齊梁交聘表〉，〔註10〕不過文中仍採單一議題的方式提出歸納，並不著重前後異同。張金龍《北魏政治史》〔註11〕在各卷中分別討論了北魏各朝對南朝外交的過程，亦編有各朝南北通使列表，由於是分朝論述，可謂一系列北魏各朝外交史，對前後期的差距亦不特別加以綜述。整體來說，多數南北朝外交史的研究，比較重視對某一時期之共象的勾勒及描繪，對各時期之區隔所投注的關懷略少。

　　貫通南北朝外交歷史的專著，則有周春元《南北朝交聘考》〔註12〕與蔡宗憲《中古前期的交聘與南北互動》。二書都編製了南北朝交聘表，〔註13〕並以較長的篇幅詳細探討相關問題。《南北朝交聘考》作於 1946 年，在南北朝外交中論題上可謂有開創之功，所敘自拓跋力微遣使西晉，至陳末次遣使於隋，歷時三百餘年（275～588），涵蓋的時間亦為諸研究中最長。《中古前期的交聘與南北互動》一書則對前人的研究進行了周詳的綜合整理，並在聘使的遴選，主客等外交人員的分析，與外交行進路線和時間等議題上，發前人所未發。

　　以上所列著作既是針對外交本身的研究，對於其他相關層面，例如各國

　　　　　北朝」，事實上僅包括北魏、東魏與西魏，之後的北齊、北周、隋與陳並未納入。
〔註9〕　研究中編製遣使表的，還有：鄭欽仁，〈宋魏交聘表〉，《大陸雜誌》，22：6，1961 年 3 月，頁 18～23，但僅討論劉宋一朝；呂春盛，〈北齊衰亡〉僅高氏主政時期，其中東魏與梁的交聘表，詳列了年月、使者姓名；北齊與梁的交聘表，只列了年月。
〔註10〕逯耀東，《從平城到洛陽——拓跋魏文化轉變的歷程》（台北：東大圖書公司，2001 年），頁 341～392，未包括本文討論之北齊、北周、隋與陳，且時序先後稍見舛誤，如置太武帝太延、太平眞君於神麚、延和之前。
〔註11〕張金龍，《北魏政治史》，蘭州：甘肅教育出版社，2008 年 10 月。
〔註12〕周春元，《南北朝交聘考》，貴陽：貴州師大學報編輯部，1989 年。
〔註13〕各家交聘表，除了史料搜羅難免偶有缺漏，對於「聘問」的認定亦稍有不同，尤其是戰爭時期宣戰議和的使節是否列入，意見不一。部份研究中標準並未統一，以致類似背景的使節，某些列入而某些缺載。

內部情勢、文化和學術的探討，自必討論較少。事實上，其他範疇的史事不可能與外交毫不相干地運行，若輔以其他相關資料，對外交本身的研究亦有補充及強化的作用。

二、南北交流中的文化專題研究

第二類研究雖以外交史料作爲素材，然其眞正的目標並不在外交本身，而是藉此說明南北朝時期整體或其他文化領域的研究。由於探討的目標更集中，所以篇幅一般而言也都不大。

其中，李廣健《南北朝對峙時期的文化接觸——以媒介人物爲討論中心》〔註14〕是罕見的專著，也與外交史的關係最密切。事實上，這部論文不僅製作了有別於前述外交史著作的交聘表，還採統計方式對若干問題進行分析，以呈現前後情況的變化。即使是以外交史爲主的研究裏，亦罕見如此關注歷時問題的作法。書中對趨勢演變的解讀，基本上依據統計數字而判斷，此一作法更可避免舊史中部份片面敘述的誤導。

此外，單一文化專題的研究著作更多，例如：吳先寧《北朝文學研究》第二章‧第一節〈南北文化交流的主要途徑〉、胡如雷的〈南北使者的文學相會——南北文風相融的進程之一〉、唐長孺的〈論南朝文學的北傳〉，王琛〈南北朝的交聘與文學〉與林晉士〈南北文化交流對北朝文學發展的影響〉〔註15〕，皆以專章討論南北外交與文學的關聯。谷川道雄〈南朝士族與禮貌〉，採用使節表現之記述來討論南北朝禮儀的作用。〔註16〕堀內淳一〈南北朝閒の使節よりみた「文化」の多樣性〉，亦以使節的表現作爲南北朝文化學風差異之證明。〔註17〕各研究都對特定領域進行了許多重要的觀察。

〔註14〕 李廣健，《南北朝對峙時期的文化接觸——以媒介人物爲討論中心》，香港中文大學研究院歷史學部碩士論文，1990年6月。書中交聘表同時標注遣使與抵達的時間，對於遣使的交通與過程提供了重要的線索。
〔註15〕 吳先寧：《北朝文學研究》（臺北：文津出版社，1993年）。胡如雷，〈南北使者的文學相會——南北文風相融的進程之一〉，收入《中古文學集團》（桂林：廣西師範大學出版社，1996）。王琛，〈南北朝的交聘與文學〉，《古典文學知識》，1997.2。唐長孺，〈論南朝文學的北傳〉，收入《唐長孺社會文化史論叢》（武漢：武漢大學出版社，2001）。林晉士，〈南北文化交流對北朝文學發展的影響〉，屏東教育大學學報第26期，2007年3月，頁445～470。
〔註16〕 〔日〕谷川道雄，〈南朝士族與禮貌〉，《黎虎教授古稀紀念中國古代史論叢》，北京：世界知識出版社，2006年。
〔註17〕 〔日〕堀內淳一，〈南北朝閒の使節よりみた「文化」の多樣性〉，《六朝學術

　　然而，此類研究的目的既在於專題，即預設了以一特定目標爲主的角度，故有時難以顧及其他環境因素的變化。倘若就整體文化與外交局面來衡量，往往將研究對象在外交中扮演的角色過度放大；如果以一特定範疇作爲研究中心，則當此範疇尙未成爲外交之重要項目的時期，便難以深入討論。

　　專題研究往往僅將南北雙方視爲兩個共時集團，極少涉及隨著時間推進而遞變的問題。更重要的是，在有限的篇章中，爲了集中討論共同現象，對於時間先後、南北差異往往只能忽略不論。在時間上，往往會產生以偏概全的弊病，將某一時期處於盛況的描述，視爲南北朝一百六十餘年不變的狀況；在空間上，則可能產生的兩相混淆的觀念，認爲南北雙方對同一事抱持同等的態度。再者，由於當時漢文化佔有特殊地位，所以討論南北文化交流，指的大多是南朝漢人及文化對胡漢雜揉之北朝的影響，如此，南北外交地位昇降，文化優勢轉移的問題，也就極少受到注意。

　　近年有少數文化研究採取了歷時考察的方式來處理，如：牟發松〈南北朝交聘中所見南北文化關係略論〉，〔註18〕即按各階段來講述，較整體地呈現南北外交中的文化優劣勢情況，並旁及雙方軍政局勢等，然因受限於篇幅，僅勾勒出外交時雙方文化地位昇降的曲線，對於相關的文化內涵並未加以探討。

　　在外交史研究與文化專題研究之間，尙存著一個兩者交集而形成的盲點。就南北文化而言，除了雙方政府正式的聘問之外，尙有其他管道可促成彼此匯合，例如流亡人士的傳播。比較起來，使節具備了展示本國文化之功能，在外交過程的言行舉止裏，往往含藏務求勝人的心態，所以他們主動給予或承受對方的刺激通常較爲強烈，也能更快地促進國家相關政策的運籌。相對地，寄人籬下的流亡人士必須被動等待對方接納才能發揮作用（例如獻文帝時進入北魏的平齊民等，直至孝文帝親自主政後才得到重視），但他們在新附國家的時日，比起使節進行邦交來得長久，活動範圍更大，所接觸的人士也更多，對於文化影響的深廣度，遠遠超過了正式的外交活動，因此本篇論文希望能適時納入討論。

　　同樣地，基於外交史的研究範疇，雖可對南北關係進行深入剖析，然對各國內部相應的政局和社會風氣自然不易關注，也經常忽略了外交以外的文

學會報》，6，2005。
〔註18〕 牟發松，〈南北朝交聘中所見南北文化關係略論〉，《魏晉南北朝隋唐史資料》，14，1996，頁30～38。

化現象。不過外交無法獨立於國家整體而運作，若缺乏此點體認，很可能會誤判長期籠罩在鮮卑習俗之北朝在外交策略的取向，故本篇論文希望能加強探索其他領域與外交活動的聯繫。

現今大多數的北朝文化研究，主要採取重新整理與評價的方式來進行說明，認為南北文化各有不同風貌，幾乎都以肯定的態度來定位北朝。這在不再獨尊漢文化的思維中雖是必然的趨勢，卻因此忽略了過去對北朝產生否定觀感的形成原因，亦與南北朝本身的氛圍相違背。由於南北文化優勢轉移是個漫長的過程，如果只一昧以稱美的角度立論，就很難將此種演變完整表現出來。因此，陳述北朝文化也應該顧及一些負面的狀態，這並非是貶抑北朝文化，而是要探索北朝文化被貶抑的緣由。

第三節　研究方法與章節安排

一、研究方法

本文的研究目標為南北朝文化地位之變遷，就前述兩大類研究而言，偏向文化研究，著重於以國家外交活動為主的兩國互動所導致的影響。因此，儘可能不從單方的立場來處理問題，而嘗試同時以南北雙方的角度來進行觀察，希望能夠超越南北既定的視域，呈現出較宏觀的論述。

（一）歷時研究

本文之原初立意，為探討南北朝的文學地位昇降與雙方外交優劣勢的關聯，然而在考察時，卻發覺北朝文學在最初階段並無地位可言，文學被視為一重要的項目，乃是在南北朝外交發展過程中逐漸產生的，並且與北朝之漢文化水準、南朝面對北朝的態度皆有密切關係。因此，不應視文學為一特殊的孤立範疇，而必須與其他文化領域互接相通，所以將研究的層面擴大，重新將本文定位為一整體的文化研究。

目前在南北外交史研究中，建立歷時過程的著作並不多見，而在文化交流專題研究裏則更為稀少。尤其是討論北朝受南朝影響的著作，泰半採用橫向切入的陳述方式，僅將南朝與北朝劃分為兩大區域，如此一來，雖然可指陳總體的文化傾向，但往往忽略時間先後的差異，不僅忽略了南北之間的變化，即使是南朝與北朝各自的演變也經常被遺漏，彷彿這一百多年總是處於

一種不變的恆常狀態，如此對文化流動的因果關係便無法恰當掌握。

　　在南北朝這漫長的歲月裏，一切條件都不斷在改易，而南北國際地位及漢文化水準等，更與外交政策、外交型態互爲因果、交相作用。外交是政治與文化的合流與角力，有些文化層面不會因改朝換代而易轍，而是承先啓後、延緜不絕的。因此，將某些事件置於歷時脈絡之中，配合不同的時空條件，可以予以不同的解讀，呈現出不同的文化意義。例如北魏初期所任用的多位漢族士人，原本已服侍過其他政權，雖然依照他們的卒年來排定歸屬，當被視爲北魏歷史的一部份，卻不能將其成就視爲當時北魏的整體水平。把個人放置於歷史脈絡來考察，不能把文化史的描述看成一系列優秀人物列傳之串聯，必須重視普遍的狀態，避免因個案而導致對時代描述的偏差。

　　由於各種評價產生的基礎並不一致，如果不建立歷時脈絡，那麼徵引既有評價時即不免斷章取義，知其然而不知所以然。唯有描繪出南北朝彼此文化地位之變遷，我們才能眞正掌握雙方文化的興衰狀態，進而探索北朝評價之所以不斷提昇的原因。

（二）共時參照

　　若說縱向地進行歷時考察演變，目的在試圖避免以偏蓋全，誤以一時期現象作爲整個南北朝全貌，那麼，橫向地對當時各國狀態展開共時參照，則可預防陷入撰史者之單一視域裏，不被主觀的寫作架構所影響，受到避重就輕的說詞、甚至入主出奴之政治用語與記述的左右。在面對史料時，自不得任意選擇，除了儘量客觀地羅列綜合以外，還必須不斷比較與辯證。

　　一般對所採史料文獻裏明顯的訛誤處會進行辨正，被視爲可信的記述便直接加以徵引，然而，傳統史書，尤其是斷代性質的正史，對於正統極爲講究，即使由後代來修撰前史，仍以所述政權作爲正統，往往貶抑同時其餘勢力，並視之爲僞政權，如此在書寫一開始即決定了主從關係，各史書之間不免會產生順逆差異、彼此牴觸的情形。

　　多數修史者居於後代，爲何對所述的前朝舊事無法保持全然客觀？首先，修史者必須依靠既有史料來書寫，部份資料即抄錄所述朝代的官方舊檔案，自然受其本位筆調影響。其次，受制於正統觀與避諱等文化體例的限制，對各代君王大多以廟號諡號來敘述，如此便時常依著臣子心態進行撰作。三來，「爲尊者諱」本爲舊史精神之一，〔註19〕如果事關朝廷帝王則更爲明顯。

〔註19〕《春秋公羊傳》，卷 9〈閔公元年〉云：「《春秋》爲尊者諱，爲親者諱，爲

例如《魏書》對拓拔鮮卑在十六國時期影響力的抬舉，〔註20〕或唐修《梁書》評斷梁元帝在當時的地位等。所以，同一段史事在立場不同的《晉書》、《北史》裏，或通史式的《資治通鑑》中，便呈現出相當大不同的面貌。〔註21〕

特別是南北朝時期，更存在著複雜的族群與文化問題。建立北魏的拓拔鮮卑，本屬「五胡」之一，入主中原後，其種別便成為敏感話題。再者，建立北魏之前的歷史，因為事涉情勢紛亂的十六國，當時拓拔氏政權的地位又不穩定，故以《魏書》為首的北朝史書進行記述時，往往有所規避、有所突顯。進入南北朝後，因為有江左漢人政權作為對照，相關問題依然存在。由於南北朝皆以正統自居，雙方描述敵國的遣詞用字與實際情況的落差極大，必須謹慎看待，不能單憑一面之辭來重建當時外交情況。

賢者諱」。《南齊書》，卷 52〈王智深傳〉載：「世祖使太子家令沈約撰《宋書》，……約又多載孝〔武〕、明帝諸鄙瀆事，上遣左右謂約曰：『孝武事跡不容頓爾。我昔經事宋明帝，卿可思諱惡之義。』於是多所省除」，是南朝修史，君主主動要求諱前代之惡。另一方面，北魏太武帝詔崔浩「綜理史務」，「務從實錄」，而興國史之獄。後北齊文宣帝敕魏收修《魏書》，曰：「好直筆，我終不作魏太武誅史官。」然而，前朝教訓猶在，北朝史官豈敢以身犯險？〔唐〕劉知幾《史通》，卷 7〈內篇・曲筆第二十五〉云：「子為父隱，直在其中，《論語》之順也；略外別內，掩惡揚善，《春秋》之義也。自茲已降，率由舊章。史氏有事涉君親，必言多隱諱，雖直道不足，而名教存焉」，則將此修史傳統更清楚論述。

〔註20〕例如部分學者認為《魏書》作者魏收為北齊人，應該不會美化北魏歷史。殊不知，魏收生於北魏，成名於東魏，而東魏為北齊前身，於名義上，更與西魏爭奪北魏所傳政統。此外，魏收長年為拓拔氏政權之子民，還曾擔任東魏使節，以自身聘問蕭梁的成績為傲。故他於魏、齊立場上，即使傾向選擇新朝，在南、北對峙中，必定偏於北魏。何況，魏收（505～572）二十六歲，在北魏末已開始參與撰修國史，而北齊建立不久，天保二年（551），文宣帝「詔撰魏史」，至四年左右，《魏書》即完成，更不可能在兩年間將北魏與東魏的舊稿盡數改以北齊立場敘述。

〔註21〕《資治通鑑》，卷 69〈魏紀一・文皇帝上黃初二年〉，司馬光曰：「宋、魏以降，南北分治，各有國史，互相排點，南謂北為『索虜』，北謂南為『島夷』。……此皆私己之偏辭，非大公之通論也。……雖華夷仁暴，大小強弱，或時不同，要皆與古之列國無異，豈得獨尊獎一國謂之正統，而其餘皆為僭偽哉！若以自上相授受者為正邪，則陳氏何所授？拓跋氏何所受？若以居中夏者為正邪，則劉、石、慕容、苻、姚、赫連所得之土，皆五帝、三王之舊都也」，指出南朝、北魏和十六國，皆有符合與不符正統的條件，而意欲突破正統論之局限。然而《資治通鑑》「據漢傳於魏而晉受之，晉傳於宋以至於陳而隋取之，……故不得不取魏、宋、齊、梁、陳……年號，以紀諸國之事，非尊此而卑彼，有正閏之辨也」，仍不得不以其中一政權為尊，且《資治通鑑》卷帙繁浩，雜取眾書，亦難免承襲前史的謬誤。

族群與文化問題，原本就是一體的兩面，然而北朝內部還有另一微妙情況：長期由鮮卑人士或鮮卑化漢人主政，但正史卻往往執持以漢族為主的觀點，而過度呈現相關人事現象，以致真正主導國家政策的鮮卑族群及其文化，僅可偶爾從字裏行間瞥見踪影。換言之，史書在以漢族筆調淡化北朝的鮮卑風氣的同時，也捏造了不符實情的北朝形象，使國務、國格偏離原貌，更是文化層面的虛飾。

北朝的漢化歷程極為錯綜複雜，但近代部份通史式的概略史書，大多基於「五胡亂華」的觀點，想當然爾地認為直到孝文帝全盤漢化以後，北魏的漢文化才受到重視；而部份北朝研究受制於《魏書》刻意淡化鮮卑文化的筆調，又誤認北魏長期擁有相當高的漢文化水準。這之間的落差與真相，對當時的南北外交情況、北朝接受南朝文化之影響，以及後世的判讀等，都有著極關鍵的地位。

舊史鮮少對外交活動進行專門或統合式的記錄，即使觸及此類事務，亦受上列因素干擾而需要重新商榷。無可避免地，後世研究必須由當時使節之個人經歷，去追索南北朝整體的外交概況，然而個人傳紀所牽涉的背景與脈絡，不像對大時代與大環境的載述那麼明確，所以更容易發生選擇性取材的狀況。例如某位使節的外交成績，就其本傳讀來是光榮的，卻在別的卷帙提及時，才能顯現失敗之處。即使在同一國度的史家筆下，都不免會出現此種矛盾，更何況南北各有史家，雙方皆以自己固有的視角展開判斷，也經常隱敗揚勝，故史書所陳演的內容往往取決於記述者的立場，而非客觀事實。

由於後世研究承襲了舊史，又因為希望提高議題之能見度、喚起大眾重新審視等心理因素，經常會在有意無意間放大研究對象的影響力，或抬高其地位。所以，在處理相關史料時，本文特別重視書寫與被書寫主體的置換、視角的多方採納與調整，以及文本與現實的比重差異。共時與歷時研究的合併，可從不同角度對論題進行縝密的再衡量，而不致於被探討對象之內部既定評價所牽制。

（三）歸納、統計與類比

如前所述，傳統史書對外交事件既缺乏系統的記述，擇取案例又往往帶有本位心態，所以，實不能驟然依據一兩次關於外交言談之勝敗的載錄，來判斷整體國際局面。南北史書裏經常讚譽己方使節的優異表現，一旦對照同類事例、重新評估之後，往往可發現其間頗有商榷餘地。因此，歸納同類事

例以觀察其整體趨勢，就成了本篇論文重要的研究方法。

在現有研究裏，部分著作嘗試用統計方式取得客觀數據，以防止先入為主的判斷，藉而反駁許多史書的片面之詞與過度描繪。然而，由於史料記載總不免缺漏，依此得出的數據有時亦無法準確地反映事實。再者，數據本身雖較客觀，但因為統計之初即已設定了歸類標準，便可能忽略其餘的影響因素，故提出的結論與南北朝情勢的變化未必能夠一致，且同樣的統計數據，也會因觀測角度之差異而產生不同的詮釋，這都需要重覆地檢驗。例如在南北朝選使時，家世背景經常作為重要參考條件，但有些研究因為忽略了歷時觀察，未見其間變化，便誤認南北朝使節全屬世家成員，並從某一時期的使節出身來判斷當時政府是否重視外交。然而，家世不能反映一切，這種現象固然可能透露政府重視外交的程度，也可能是為了提供較無名聲或長才的特權份子一個立功晉昇的管道，並非以外交本身為考量。事實上，南北朝有多位表現優異的使節並非世家子弟，這些人之所以一再出使，未必是政府不重視外交，亦非沒有世家子弟可供派遣，有時恰是因為重視南北溝通，才不得不突破門第成見，選派有才華及實績的寒門人士來確保外交穩定。總而言之，統計資料的方式雖具備客觀的優點，卻不免受限於本身訂下的標準，而忽略了標準本身的意義會隨著情勢而改變。

同樣地，目前多數南北朝外交史研究的範疇，都鎖定在官職、節儀等官方層面的考量之上，特別重視使節的出身、才名、選派標準與出使過程等群體共相的類比意義，但對於社會的文化風氣與個人經歷則較為忽略。例如使節們被選派前的職務與完成任務後的際遇，往往反映了當時政府對外交與文化的態度，若僅是單一事例，可能屬於個人境況，而數件相似的事例，則表示受到整體族群地位與社會風氣影響。又如外交狀況與南北各自的國內政局有著密切關聯，那經常是改變國家政策的首要因素，卻很少受到研究者的關注，這類看似瑣碎的史料和事件，本文也將加強探討，以求更周延地展現出南北溝通的情勢。

二、研究目標與架構的釐清——以北朝為主的章節安排

南北朝時期，在軍事行動尚未出現決定性勝負的情形下，透過外交，能夠以談判代替戰爭，也可名正言順地進入敵邦偵蒐情資，對國際局勢的發展具有舉足輕重的影響力。更重要的是，外交在當時擔負了一項特殊的功能——顯示

雙方政權的地位，這也是南北史書為何無法如實地書寫外交關係，經常曲筆記述、矮化對方的原因。

在外交過程裏，禮儀制度由哪一方來主導或服從？外交人員的應對表現是否得體？正是南北政權分判出優劣的憑據。雙方既然都以正統自居，自然是以漢文化作為外交基礎，這一開始就對北魏極為不利，然而，這也正是北朝對外交事務較為積極的緣故。對以外族身份入主中原的北魏而言，能與延續過去兩晉的南朝政權進行正式外交，是國體與國格受到承認的象徵，同時，與南朝的往來又是吸收漢文化無可取代的重要途逕。所以，與南朝交流即是北朝對本身漢文化水準的一種測試，並且也是不斷改進與學習，逐步提高被肯定程度的重覆過程。藉由外交，使原本胡漢夾雜的北朝改頭換面，成為足以與南朝相提並論的文化正統，也成為名實兼備的政權正統。

對承接兩晉的南朝而言，身為漢室及漢文化之正統應該是不證自明的，因此對北朝的漢文化往往存有偏見，吸收採納相對地也就較少。南朝對與非漢族群建立平等交流，具有相當強烈的抗拒，一旦官方外交中斷，往往連民間經濟等實質往來都禁絕，即使允許民間互通，由此管道也無從詳細了解高高在上的廟堂情況。然而，北朝政府希望藉由外交獲取的資訊，除了軍政的變動以外，亦包括統治階層所掌握的文化與制度，兩國對外交的期待顯然落差極大。

個人抱持的心態也同樣有南北差距。以文學為例，北朝受到南朝深刻的影響，此與雙方之文化地位懸殊的關係密切。對南朝人士而言，外交場合裏的賦詩或談辯，不過是他們生活中一小部份的延伸，可有可無。特別在早期，北朝並無受到南朝肯定的文人，所以南朝士人並不認為與對方外交官員接觸具有任何正面意義，避之唯恐不及。然而，對北朝人士而言，到南方從事外交卻有多重效益，不僅能獲得思想上的洗禮，回國之後往往會獲得政府褒揚及同儕的稱譽，故對出使南方的興致自然較高。

總之，無論從國家政策擬訂的先後，或對文化內涵的重視來看，北朝方面都是比較積極的，這種情況也反映在南北史書的記載上，如《魏書》對外交事件的敘述就遠比《宋書》、《南齊書》等詳細得多。所以，本篇論文雖然以外交作為首要考核脈絡，研究目標卻在探索和外交相應的漢文化變遷，由於此時南方的文化趨向相當穩定，而原本以鮮卑習俗為主的北朝卻有極大幅度的改變，故這份研究雖涉及南北雙方共同的事務，但大抵以北朝的發展作

為敘述基軸，在章節安排上亦以北朝的政壇更替作為主要依據。

　　不過，歷史的發展經常會產生各種歧出，例如北魏獻文帝傳位給孝文帝、北齊武成帝傳位給後主，但在新朝的初期卻由前任的君王或太后主政，因此在時代的劃分上，將隨著個別情況再進行調整。

第二章　拓拔氏代國與北魏前期的
　　　　漢化與國際形象

　　過去對十六國所抱持的慣常認知，多半是五胡亂華而導致了文化低迷的現象，直到北魏建立之後，中國北方的學術及文藝才得以復甦，因此拓拔鮮卑向來被認爲是推行漢化最力的族群。然而，根據史料加以比對，即可發現十六國時期多數政權對漢文化皆有一定程度的重視，與之相較，拓拔鮮卑接觸與漢文化的進程反而顯得特別遲緩，吸收層次也較爲淺薄，即使到了十六國晚期，拓拔鮮卑創立代國、之後又改秩爲北魏，國際軍事地位大幅提昇，但學術文藝的水準卻仍落後於其他政權。

　　本章先簡略敘述拓拔鮮卑在部落時期至代國時期，與魏、晉及其他十六國重要政權之間的交流狀態，接著再集中討論北魏開國君王道武帝一朝的漢化情形，從而呈現統治漢人與外交節儀等需求乃是拓拔鮮卑在草創階段展開漢化的主要動力。此外，藉著與其他族群的互映，亦能調整歷來人們給予五胡十六國學術及文藝的錯誤評價，進以顯示出當時拓拔鮮卑代／魏之文化環境的惡劣程度。

第一節　拓拔氏部落至代國時期的漢化概況

　　五胡之中，鮮卑族與漢人的接觸其實是比較緩慢的。《史記》和《漢書》皆未述及鮮卑之名，後代注疏者始指出：「山戎蓋今鮮卑」、「鮮卑，東胡別種」，〔註1〕可見至西漢時，作爲部族稱謂的「鮮卑」，仍尚未爲漢人所知，主要因

〔註1〕　《史記》，卷110〈匈奴列傳〉索隱引〔東漢〕服虔、胡廣與應奉之說。另可
　　　　參考：《漢書》，卷94上〈匈奴傳上〉注解。

其當時臣屬於匈奴，與漢人的來往有限，故《後漢書》卷九十〈烏桓鮮卑列傳〉云：

> 鮮卑者，亦東胡之支也。……漢初，亦爲冒頓所破，遠竄遼東塞外，與烏桓相接，未常通中國焉。

至東漢初年，鮮卑仍臣屬於匈奴，光武帝建武年間，「南單于附漢，北虜孤弱，二十五年，鮮卑始通驛使」，〔註2〕比起在《詩經‧商頌》即被提及的氐、羌等族，鮮卑開始與漢人政權進行外交的時間，將近相差了一千八百年，〔註3〕而羯與匈奴與漢室的交流亦遠遠早於鮮卑。〔註4〕

　　東漢歷朝與鮮卑的接觸漸趨頻繁。明帝永平元年（58），「鮮卑大人皆來歸附，並詣遼東受賞賜」。和帝永元中，「大將軍竇憲遣右校尉耿夔擊破匈奴，北單于逃走，鮮卑因此轉徙據其地」，沒有匈奴從中作梗，佔領其故地的鮮卑與中原往來更加順利，安帝永初中，「鮮卑大人燕荔陽詣闕朝賀，鄧太后賜燕荔陽王印綬，赤車參駕，令止烏桓校尉所居甯城下，通胡市，因築南北兩部質館。鮮卑邑落百二十部，各遣入質」。從這些史料可以看出，鮮卑邑落複雜繁多，而且不相統屬，所以各部與漢人接觸的時間不一，漢化的程度也落差極大，而未來建立代國與北魏的拓拔氏，更是鮮卑諸部之中與漢人接觸較晚的其中一支。

〔註2〕　〔劉宋〕范曄著，〔清〕王先謙集解：《後漢書集解》（臺北：藝文印書館，1972年，景印《二十五史》之一，用光緒庚子長沙王氏刊本。以下簡稱《後漢書》），卷90〈烏桓鮮卑列傳〉，頁1073～1074，以下關於東漢鮮卑史事之引文皆出於此。

〔註3〕　《詩經》（文化圖書公司，1970年5月影印阮刻《十三經注疏》），卷20〈商頌‧殷武〉，頁627：「昔有成湯，自彼氐羌，莫敢不來享，莫敢不來王。」《史記》、《華陽國志》與《後漢書》等，皆存有詳略不一的記載，〔西晉〕陳壽撰，〔民國〕盧弼集解，《三國志集解》（臺北：藝文印書館，1972年，景印《二十五史》之一），卷30〈烏丸鮮卑東夷傳〉，頁729～730，裴松之注引魚豢《魏略‧西戎傳》言之較詳。另可參考：馬長壽《氐與羌》（桂林：廣西師範大學出版社，2006年5月），第一章，第二節，頁18～19。。

〔註4〕　羯族的族屬與早期內遷的史料較少且頗有爭議，然學者皆認同《晉書》，卷104〈石勒載記上〉中「其先匈奴別部羌渠之冑」一說，而兩漢時期羌渠爲入塞匈奴十九種之一，比起某些部落，與漢人開始接觸可能稍晚，但雜居的時間則相近，如此亦先於鮮卑。參考劉建中，《五胡十六國論著索引（上冊）》（合肥：黃山書社，2008年8月），頁831、834。又，在空間上，晉末鮮卑各部所處地區偏北，羯人則主要分佈於上黨武鄉（今山西榆社縣），甚至比大半匈奴人口都偏南方，較接近當時的政教核心地區，吸收漢文化的機會更高。參考：《中國文史地圖》（臺北：里仁書局，1984年12月），頁47～50。

　　拓拔鮮卑南遷盛樂以後，當時的領袖拓拔力微主張向曹魏進貢，開始了與中原政權的外交。按《魏書》卷一〈序紀〉記載：

> 始祖神元皇帝諱力微立。……三十九年，遷於定襄之盛樂。……於是與魏和親。四十二年，遣子文帝如魏，且觀風土。魏景元二年也。文皇帝諱沙漠汗，以國太子留洛陽，爲魏賓之冠。聘問交市，往來不絕，魏人奉遺金帛繒絮，歲以萬計。

當時拓拔鮮卑尚無明確的國家及制度概念，文中所用諸帝號，皆爲後日北魏所追封。拓拔力微四十二年（261），距離其他較早與東漢往來的鮮卑諸部開始遣使入質的時間點，已超過一個半世紀，例如慕容氏因較受中原政權重視，不但接受了封號，並有著一定程度的漢化，〔註5〕而拓拔部自「匈奴故地」遷至盛樂三、四年左右，〔註6〕仍處於頗爲原始的部落狀態。《魏書》所謂「以國太子留洛陽」，其實就是將太子當作人質，姑且不論此處「爲魏賓之冠」是否爲魏收等後世史家自抬身價的言辭，比起匈奴劉氏或慕容氏等已接受封號的族群，拓拔鮮卑與漢族政權的實質關係都要疏遠得多。

　　《魏書》卷一百十四〈釋老志〉云：

> 魏先建國於玄朔，風俗淳一，無爲以自守，與西域殊絕，莫能往來。故浮圖之教，未之得聞，或聞而未信也。及神元與魏、晉通聘，文帝久在洛陽，昭成又至襄國，乃備究南夏佛法之事。

此處需要稍加辯證的地方爲國際地位的高低。拓拔鮮卑在西晉愍帝建興三年（315）以戰功受封爲「代」，建號立國，雖未受漢人實際統轄，但仍屬封國藩屬層級。在《魏書》裏，自曹魏、西晉以後，凡是本國與其他政權之外交，均以敵卑己尊的方式來表示，例如引文所云之襄國，乃羯族石氏後趙首都，《魏書》卷一〈序紀〉即云：什翼犍「九年（346），石虎遣使朝貢」。這類用辭多半是後世史家迴護本國所用的曲筆，實則什翼犍之兄翳槐之所以能登

〔註5〕　《晉書》，卷一百八〈慕容廆載記〉云其「曾祖莫護跋，魏初率其諸部入居遼西。……時燕代多冠步搖冠，莫護跋見而好之，乃斂髮襲冠，諸部因呼之爲『步搖』，其後音訛，遂爲『慕容』焉」，此部族之名起源雖不甚可信，然慕容鮮卑學習漢人服飾等文化的時間或可追溯至曹魏初年。同卷又記載：曹魏景初二年時，慕容鮮卑協助司馬懿作戰，莫護跋受封爲「率義王」。

〔註6〕　《魏書》，卷一〈序紀〉云：「獻帝命南移，山谷高深，九難八阻，……歷年乃出。始居匈奴之故地」。然而，拓拔鮮卑遷徙之詳細時間爲何、匈奴故地究竟爲今日何處，學界並無定論。參考：張金龍：《北魏政治史（一）》（蘭州：甘肅教育出版社，2008年10月），頁40～42。

上代王之位，乃因後趙出兵助其擊敗競爭對手紇那，因此真正的情況是，「昭成皇帝」什翼犍被兄長遣送入趙為質多年，直到他繼承代王之位時，始獲石虎之恩准返國，故後趙的地位遠遠高於代國。由此可見，《魏書》敘述的話語皆以北魏為尊，部份有違事實，必須多方比對才能辨識。

由代國與後趙之間的事例可知，拓拔鮮卑遣使、入質於曹魏而建立的此種外交形態，經過西晉一直持續至五胡十六國時期而未改。且《魏書‧序紀》卷一〈序紀〉記載：兩國最初建立外交於惠皇帝諱賀傉元年（321），「（祈）太后臨朝，遣使與石勒通和，時人謂之『女國使』」，可見此時在局勢上代國的確劣於後趙。而姻親慕容鮮卑前燕以「索頭」來稱呼什翼犍所領導的部族，[註7] 亦站在較高的位置俯瞰之。這些稱謂表示了他們對拓拔氏的鄙薄，甚至意謂著十六國時期割據中原的五胡政權並未承認西晉加封的「代」之國格。事實上，「代」國乃至於後來易名為「魏」的初期，拓拔鮮卑在當時各國交流中大多處於類似的地位：向中原政權進貢、甚至稱臣，同時也被視為這些政權在北疆的外患。

遷入中原以前的拓拔鮮卑，僅能透過外交管道來吸收漢文化，其成果以魏、晉和後趙時期最為顯著。如果與自西晉洛陽返回以後即被殺害的「文帝」拓拔沙漠汗比較起來，從後趙襄國返回終於成功繼位的「昭成皇帝」拓拔什翼犍所帶回的漢文化影響力更加深遠。然而，仔細考察堪稱指標性改革的什翼犍漢化，大體上仍處於徵用少數漢族士人、有限度地酌採漢制之初步階段，和同時期十六國中重要的五胡政權如羯族後趙、慕容鮮卑前燕與氐族前秦等，還是有相當大的差距。

什翼犍統治部族期間，曾經兩度遣使向苻堅朝貢，[註8] 至其晚年，代國更為前秦所滅，拓拔氏的領導即中斷了十年左右。在這段期間，拓拔鮮卑與慕容鮮卑、羌族姚氏同樣被前秦統治，所受待遇卻是不同的。慕容氏和姚氏

〔註7〕 《通鑑》，卷102，〈晉紀二十四‧海西公太和四年（369）〉，頁3225記載：（前燕）尚書左丞申紹上疏：「……索頭什翼犍疲病昏悖，雖乏貢御，無能為患」。據《通鑑》卷95記載，當時北方尚有索頭郁鞠等部落，則在立足中原、自稱正統的前燕眼中，此時拓拔鮮卑只是這些「索頭」邊患中較重要的一支。

〔註8〕 《魏書》，卷1〈序紀〉，頁30載：拓拔什翼犍「二十九年（366）夏五月，遣燕鳳使苻堅」；「三十六年（373）夏五月，遣燕鳳使苻堅」；卷24〈燕鳳傳〉，頁305亦記載燕鳳與苻堅之對話。《通鑑》卷101〈晉紀二十三‧穆帝下太和元年〉明白書寫代國與前秦雙方的關係為：「代王什翼犍遣左長史燕鳳入貢於秦」。

家族成員在前秦多半位高權重，其領袖之嫡子——即未來後燕與後秦的太子、第二代帝王——慕容寶及姚興都曾擔任前秦太子舍人，具備了極高的漢文化素養，〔註9〕而且，由於符堅的重視與善待，「鮮卑、羌、羯，布諸畿甸」，〔註10〕其部眾擁有的漢化條件也較為優厚。

　　相對地，拓拔氏家族成員在前秦並無官位實權，僅少數被送入太學，其中受前秦教育浸染最深的拓拔窟咄，又在未來復國初的爭權過程中敗給了姪兒拓拔珪，〔註11〕故其所學並無機會施展於部族。在亡國期間，拓拔氏的部眾更交由漢化程度同樣不高的姻親鐵弗匈奴劉氏管理，因此，在十六國晚期三大勢力之中，代國是獲得前秦漢文化鼎盛期之霑溉最少的一方。

　　前秦分裂之後，後燕回歸中原、後秦據有關中，代國則復興於塞外，稍晚又改號為「魏」。〔註12〕十六國時期的大半時間，拓拔鮮卑主要在長城之外活動，同樣處於過去的邊疆地位，保留較強的異族色彩，而不像其他五胡勢力那般在華夏漢人地區進行割據，〔註13〕因此，慕容鮮卑固然維持長久以來對它的輕視，而羌族姚氏在佔領前秦原來的首都關中以後，對符堅眼中的「匈奴」——拓拔鮮卑的觀點，〔註14〕亦沒有什麼改變。也就是說，儘管拓拔鮮

〔註9〕　前燕滅亡前，漢文化水準與前秦大致相當，慕容寶在祖國應已受到深度漢文教育，但姚興的父、祖原本皆善戰而「不修行業」，則其漢文化素養應於前秦時培養。參考：《晉書》，卷116〈姚萇載記〉，頁1917；卷117〈姚興載記上〉，頁1923；卷124〈慕容寶載記〉，頁1991，或筆者〈十六國重要政權與同期拓拔鮮卑之漢化概況比較——以官方文教政策為討論核心〉，《淡江中文學報》，2011年，第24期，頁226～228。

〔註10〕　《晉書》，卷114〈符堅載記下〉，出自符融勸阻符堅南伐東晉之語。諸史書皆指出，時拓拔鮮卑部眾由鐵弗匈奴劉氏二部分統，僅少數領袖家族成員被送至長安或流放蜀地，此鮮卑主要指慕容鮮卑。

〔註11〕　拓拔珪在前秦時期的經歷不明，據《魏書》，卷2〈太祖紀〉記載，拓拔珪被俘虜至長安獲釋後，曾居於獨孤部和鐵弗匈奴劉庫仁處，若此記載為實，則他成年之前受到漢文化教育的可能性便大大降低。然而據《晉書》，卷113〈符堅載記上〉記載，拓拔珪入秦後，符堅「遷之於蜀」，如此受到漢文化教育的機會較高。

〔註12〕　《魏書》，卷2〈太祖紀〉：「登國元年春正月戊申，帝即代王位。……夏四月，改稱魏王」，然皇始三年之前，國號實未定於一尊，見本章第三節。

〔註13〕　晉懷帝永嘉三年（309），拓拔猗盧受西晉封為代公後，曾強佔樓煩等陘北五縣，因此部族領導中心一度自盛樂遷入長城之內。不過，晉愍帝建興四年（316），猗盧晉封為代王的次年，拓拔六修弒父，引發一連串內亂，使得部族領導又返回盛樂，活動範圍仍以塞外為主。參考：《魏書》，卷1〈序紀〉，頁26～27。

〔註14〕　《通鑑》，卷103〈晉紀二十五‧簡文帝咸安元年〉，頁3247，載符堅語：「朕

卑被漢族及後世學者同樣視為五胡中的一份子，但那些已與漢人雜處甚久的五胡族群在中原立足後，卻將之當作次一等的外患，拓拔鮮卑乃成為邊緣中的邊緣。

拓拔珪即位之初，百廢待興，尚無暇顧及漢化。而後燕上承前燕之文化餘緒，後秦則接收前秦的文教遺產，與之對照，代／魏的漢化程度依然只有百餘年前西晉末諸五胡勢力的水準而已，在十六國最後一期割據的群雄中，屬於敬陪末座的一支。總而言之，無論在軍政或文化方面，此時拓拔鮮卑都可謂「胡中之胡」或「胡外之胡」，尚不足以與其他族群政權同列並比。

第二節　代／魏時期的外交政策對其漢化的影響

從外交史的角度來看，拓拔珪所領導的代／魏，對十六國最後一期各方勢力之間往來的恢復，實有極大影響。

十六國時期，除了前秦苻堅短暫地統一的七年（376～383）以外，北方其餘時間皆處於分裂局面，但大致可區分為：西晉末至後趙獨大、後趙末至前秦短暫統一，與前秦分裂至北魏終結分裂等三個割據時期。其中的第三期，因前秦分裂，原本治下的各族群或立國、或復辟，割據形勢尤為慘烈。〔註15〕在此種狀況下，各國也逐漸開始了比較熱絡的外交關係：除了協議停戰、交換戰俘、商議及劃定疆域等活動，還有弱勢族群向強國臣服入貢或乞師求援等，正是一合縱、連橫之局面。

其中，拓拔鮮卑所創立的代／魏更顯得特別積極，僅拓拔珪時期，便先後與後燕、西燕、後秦和東晉有過官方互動，可謂當時各國中外交最靈活者。

方委以征伐之事，北平匈奴，南蕩揚、越」，當時鐵弗匈奴劉衛辰部已內附，此處「匈奴」指的即是北方邊患拓拔鮮卑。大略而言，當時前秦－劉衛辰部－拓拔鮮卑之間的敵友關係，頗似東漢－南匈奴－北匈奴。自漢以後，以正統自居的政權往往通稱其北方外患為「匈奴」，故此時被漢人視為「五胡」之一的氏族建立了前秦，也稱呼北方外患拓拔鮮卑為「匈奴」。

〔註15〕北魏崔鴻《十六國春秋》包括：成漢、前趙、後趙、前涼、前燕、前秦、後燕、後秦、西秦、後涼、南涼、西涼、北涼、南燕、北燕和大夏，在前秦分裂後出現的政權即佔了其中十個。近代史學家研究中，將「十六國時期」的政權詳加擴充至二十二個或二十三個，即多出：代國、西燕、仇池、冉魏、遼西、吐谷渾和後蜀等，以東晉義熙五年（409）為例，當時中國境內有十一個政權同時並存，所以第三期可謂割據最複雜的一期。

一、拓拔鮮卑與後燕的不平等外交關係

拓拔珪復國之年（386），即派遣使節至後燕，《魏書》卷二〈太祖紀〉如此描述：

> 初，帝叔父窟咄爲符堅徙于長安，因隨慕容永，永以爲新興太守。
> 八月，劉顯遣弟亢泥迎窟咄，以兵隨之，來逼南境。於是諸部騷動，
> 人心顧望。……帝慮内難，乃北踰陰山，幸賀蘭部，阻山爲固。遣
> 行人安同、長孫賀使于慕容垂以徵師，垂遣使朝貢，并令其子賀驎
> 帥步騎以隨同等……大破窟咄。窟咄奔衛辰，衛辰殺之，帝悉收其
> 眾。十二月，慕容垂遣使朝貢，奉帝西單于印綬，封上谷王。帝不
> 納。

倘若削去北朝史家崇己抑人的「徵師」、「朝貢」等用詞，即可撥清此事之始末：前秦分裂三年以後，拓拔珪在母親娘家賀蘭部的支持下即代王之位，然而，尚未滿八個月，同樣意圖掌握先前代國遺留勢力的叔父窟咄，便在慕容鮮卑西燕與獨孤部劉顯兩個姻親勢力的協助下，回國爭奪權柄。拓拔珪懼怕支持叔父的成員們趁機發動内亂，被迫逃回賀蘭部尋求庇護，並派部下前往慕容鮮卑另一勢力——後燕尋求兵力協助自己。

權位岌岌可危的晚輩拓拔珪，在危難之中向姻親長輩慕容垂乞師求援，〔註16〕倘若當時的確有「朝貢」之行爲發生，也必然是由卑向尊——由代王拓拔珪向後燕皇帝慕容垂朝貢，以爭取協助，與史書上所記載的狀況應該是相反的。即使沒有嚴格意義的「朝貢」行爲發生，但處於政治名位較低、長幼輩份較晚與軍事國力較薄等三重弱勢的拓拔鮮卑使節，面對後燕時也應該採取屈躬卑辭的態度才能完成任務。如此，後燕援兵協助擊敗窟咄之後，皇帝慕容垂遣使意欲冊封拓拔珪爲王，便是宗主國與受惠藩屬之間確定名份的行爲。〔註17〕

即使拒絕聽封，但此後拓拔珪仍然頻繁地遣使後燕，向對己有恩的姻親

〔註16〕拓拔珪生母爲賀蘭部人，然其父拓拔寔爲什翼犍與慕容皝之女（昭成皇后）
　　　所生。再者，若拓拔珪生母在拓拔寔死後改嫁祖父什翼犍之說爲眞，則拓拔
　　　珪在名義上亦爲什翼犍之子，則昭成皇后成爲嫡母，因此慕容垂在輩份上爲
　　　拓拔珪的舅父或舅公。參見：《魏書》，卷13〈皇后列傳・昭成皇后慕容氏〉，
　　　頁171。

〔註17〕《魏書》，卷15〈昭成子孫列傳〉載：拓拔儀出使，慕容垂曾問：「吾威加四海，
　　　卿主不自見吾，云何非失？」意謂後燕認爲拓拔珪應以藩王身份親自朝貢。

強鄰獻禮結好。例如：次年五月，再派安同向後燕求援；十月，又遣外朝大人王建出使於慕容垂；登國三年八月，派九原公拓拔儀出使……等等，或一歲一遣、或同年二使，其中有幾次同樣是請求軍事協助，如《通鑑》卷一百七〈晉紀二十九・烈宗孝武皇帝中之下太元十二年〉記載：

> 劉顯地廣兵強，雄於北方。會其兄弟乖爭，魏長史張兗言於魏王珪曰：「顯志在併吞，今不乘其內潰而取之，必爲後患。然吾不能獨克，請與燕共攻之。」珪從之，復遣安同乞師於燕。

由此可見代／魏重建之初，實力未振，在北疆的聲威尚處於獨孤部劉顯之下，所以必須透過外交手腕，繼續依靠後燕的兵力，始得以開疆拓土。以這種方式達成了《魏書》卷二〈太祖紀〉記載的登國二年大捷：

> 夏五月，遣行人安同徵兵於慕容垂，垂使子賀驎率眾來會。六月，帝親征劉顯於馬邑南，追至彌澤，大破之。

拓拔珪擊敗了原本雄於北方的劉顯，代／魏在塞外的影響力乃大舉提昇，進而積極併吞週邊部落，爲此甚至與三年前才支持拓拔珪即王位的賀蘭部反目成仇，《魏書》卷二〈太祖紀〉云：

> （登國）四年（389）春正月甲寅，襲高車諸部落，大破之。二月癸巳，至女水，討叱突鄰部，大破之。戊戌，賀染干兄弟率諸部來救，與大軍相遇，逆擊走之。

賀染干兄弟指的是拓拔珪的兩位舅父，賀訥爲兄，賀染干爲弟。賀染干一向與拓拔珪的關係惡劣，賀訥卻曾再三收留、協助這位原本亡國落難的外甥，如今卻演變成兵戎相見的情況。或許是因爲北魏太祖頗有恩將仇報之嫌，故北朝史家不便按照兄弟之序，直書此次「逆擊」的對象爲「賀訥兄弟」，只好改以其弟之名領銜的「賀染干兄弟」來記載。至《魏書》卷八十三上〈賀訥傳〉，無可避免地必須寫出有恩於太祖的舅父姓名，於是冠以不臣之罪名：「及太祖討吐突鄰部，訥兄弟遂懷異圖，率諸部救之。帝擊之，大潰，訥西遁」。事實上，拓拔氏在代國時期，頂多成爲北方各部落聯盟的首領，與之並無嚴格的君臣宗藩關係，而在亡國十年間，此一地位又轉易於其他部落手中，不若北朝史書描繪的那樣聲勢浩大。再則，原本威名在拓拔鮮卑之上的獨孤部劉顯被破，距此才不過一年，當時諸部落未必如史書所云那般，已奉新興的代／魏爲主。賀蘭部眾人或者心懷唇亡齒寒之憂，或者難忍拓拔珪一得志便猖狂的作風，於是聯合起來共抗侵略，並非如《魏書》所謂「懷異圖」

之反叛現象。〔註18〕

　　另外需要注意的是，代／魏並非獨力擊敗賀蘭等部落。《魏書》卷二〈太祖紀〉云：同年，「五月，陳留公元虔使於慕容垂。冬十月，垂遣使朝貢」，拓拔珪再度遣使後燕，而慕容垂也派人回報。雖然史書沒有明白解釋此次互使的目的，但極可能與記載於次年的雙方大規模聯合軍事行動有關：

　　　五年春三月甲申，帝西征，次鹿渾海，襲高車袁紇部，大破之，虜
　　　獲生口、馬牛羊二十餘萬。慕容垂遣子賀驎率眾來會。夏四月丙寅，
　　　行幸意辛山，與賀驎討賀蘭、紇突鄰、紇奚諸部落，大破之。

易言之，拓拔鮮卑在真正關鍵性的戰役裏，仍必須向後燕乞求軍事援助，始得以順利大破北方部落聯軍。從拓拔鮮卑的經略過程來看：登國二年，大敗鐵弗匈奴劉顯，瓦解了敵方原本稱雄北疆的局面；登國五年，擊破高車、賀蘭諸部，更可謂奠定代／魏在北疆的霸主地位，這兩次影響深遠的戰役，都利用了後燕大軍。

二、拓拔鮮卑與西燕締盟

　　不料，事隔一年，代／魏卻反過來與賀蘭部聯手共抗後燕。《魏書》卷二〈太祖紀〉記載，登國六年（391）：

　　　六月，慕容賀驎破賀訥於赤城。帝引兵救之，驎退走。

正是自此年開始，代／魏與復國六年以來一再提供援助的恩主後燕之間的關係急轉直下，反目相向。《魏書》卷二〈太祖紀〉敘述整個事件之來龍去脈時歸咎於對方：

　　　七月，……慕容垂止元觚而求名馬，帝絕之，乃遣使於慕容永，永
　　　使其大鴻臚慕容鈞奉表勸進尊號。

慕容鮮卑一向視拓拔鮮卑為藩屬，故後燕苛求馬匹貢物、扣留使節等行為，自然容易導致兩國交惡，但是在一個月前，代／魏竟結合了去年雙方還聯軍進攻的賀蘭部，回頭過來對抗後燕，這種反覆無常之行徑，恐怕才是雙方情誼分裂的主因。況且，此事也未必如《魏書》所言，代／魏出兵是為了拯救賀蘭部於後燕大軍之手，更可能是由於前一年軍事合作大捷後，代／魏與後

〔註18〕可參考：張繼昊《從拓拔到北魏》（臺北：稻鄉出版社，2003 年），第一章〈北魏王朝創建歷史中的勳臣賀氏〉，第三章〈北魏王朝創建歷史中的匈奴劉氏〉闡述拓拔鮮卑與北疆諸部間非君臣上下之關係。

燕因爲爭奪賀蘭部這顆勝利戰果而引發了激烈的對立。拓拔珪借用後燕軍隊來擊敗北方部落聯軍，卻獨佔了對賀蘭部的控制權，接著又對抗原本聯手進軍的慕容賀驎，凡此種種，都能看出這個新復國家的權謀與野心。

　　除此之外，據《魏書》記載，早在三年前，拓拔珪「將圖慕容垂，遣（拓拔）儀觀釁」，〔註19〕已經明言代／魏原來即懷有對後燕國土展開侵略的企圖心，故這遲來的絕交，不過是將此企圖心轉爲實際行動而已。在三年之間，代／魏充份地利用了前燕的軍力，併吞原本的週邊勢力，一舉自新復之國躍升爲北疆的強權。接下來，只需平伏所剩無幾的敵對部落，便不再有制肘之力，可以如過去數任代王所願，向南方拓展，〔註20〕而現在盤據著那塊土地的，正是曾經施恩施惠給拓拔鮮卑的後燕。

　　不過，後燕畢竟爲當時北中國東半的強權，國力遠在代／魏之上。拓拔珪與之絕交的同時，甚至轉而與西燕這個曾幫助叔父窟咄和他爭奪王位的仇敵締交。由於對五胡政權記敘較爲詳明的《十六國春秋》與《晉書·載記》，皆無專述西燕的篇章，所以後人無法明確得知雙方關係的詳情，而在《魏書》裏，按例將對方遣使貶低爲「慕容永朝貢」，自有可疑之處。如果稍微分析國際情勢，則當時與前燕爭奪慕容鮮卑之正統地位的西燕，國勢尚未傾危，此時又是代／魏主動向它示好，故能揣測兩國間的外交應該複製了與後燕的關係，即由拓拔氏向慕容氏稱藩，頂多也只可達到平等往來的狀況。〔註21〕

　　這段新的外交關係並未維持太久，便以西燕亡國告終。然而，在此短短兩年之間，代／魏儘量避免與後燕正面產生衝突，又乘機平伏了當時尚未壯大的柔然，更消滅另一姻親鐵弗匈奴劉衛辰，逐漸壯大起來。《通鑑》卷一百七〈晉紀二十九·孝武帝太元十六年〉記載：

> 十二月，（拓拔）珪軍于鹽池，誅衛辰宗黨五千餘人，皆投尸于河，自河以南諸部悉降，獲馬三十餘萬匹，牛羊四百餘萬頭，國用由是遂饒。

這場戰役不僅使拓拔鮮卑的勢力範圍向西南延伸至黃河一帶，同時從戰爭所

〔註19〕　事見《魏書》，卷 15〈昭成子孫列傳·秦明王翰附子儀傳〉，頁 191；遣使時間爲登國三年（388），見卷 2〈太祖紀〉，頁 33。

〔註20〕　歷來拓拔鮮卑領袖代王中，拓拔猗盧、鬱律與什翼犍等皆曾有南下企圖，也都同樣事先大舉西巡、北略，見《魏書》，卷一〈序紀〉，頁 25～30。

〔註21〕　考《魏書》卷二〈太祖紀〉載：西燕首次派員前往代／魏時，「使其大鴻臚慕容鈞奉表勸進號」，得知西燕慕容永原本以皇帝自居，並勸拓拔珪也稱帝，可能表示願意兩國平等往來。

獲取的利益也大幅改善了國家經濟。由此亦可反面顯示之前的代／魏「國用不饒」，財力和軍力都同樣不足。

　　根據《通鑑》所提供的這條額外線索，〔註22〕還可追溯、看清先前外交生變的始末：後燕在軍援代／魏而大敗劉顯之後，「（慕容）麟悉收其部眾，獲馬牛羊以千萬數」，得到了相當豐厚的戰果，但當雙方再次合力擊破高車、賀蘭諸部時，勞師遠來的後燕卻幾乎無利可圖。這很可能才是「慕容垂止元觚而求名馬」的真相：並非慕容垂毫無原故而蠻橫地扣留代／魏之使節要求進貢，更可能是拓拔珪事前曾經應許如過去擊破劉顯那樣重大的戰利，以乞得後燕出兵相助，但戰後卻因本國急需補充經濟和軍力而拒絕兌現承諾，故而導致兩國交惡。實際上，代／魏也的確獨自收編了雙方聯手擊敗的高車、賀蘭部眾。此時，抓緊了兩國絕交不久，後燕尚未報復的緩衝時機，拓拔珪又繼續收服被視為高車諸部之一的柔然，還有西南方的鐵弗劉衛辰，不但補強了國力的雙重不足，也完成了南向的準備工作。

　　是故在代／魏與西燕這段新的外交關係裏，前者以後者作為緩衝，得到了喘息的機會，可以說是種間接的利益。登國八年（393），後燕決心消滅同宗的西燕，《魏書》卷二〈太祖紀〉云：

> 慕容垂討慕容永於長子。六月，車駕北巡，永來告急，遣陳留公元
> 虔、將軍庾岳率騎五萬東度河救之。

在盟國告急時，拓拔珪本人仍持續對較弱小的部落北討南征，並追擊劉衛辰之子勃勃，〔註23〕而未親自前往赴難，但卻宣稱自己派兵援救西燕。《通鑑》卷一百八〈晉紀三十・烈宗孝武皇帝下太元十九年（394）〉記載次年西燕滅亡始末：

> 西燕（慕容）主永因急，遣其子常山公弘等求救於雍州刺史郗恢，
> 並獻玉璽一紐。恢上言：「垂若並永，為患益深，不如兩存之，可以
> 乘機雙斃。」帝以為然，詔青、兗二州刺史王恭、豫州刺史庾楷救
> 之。……永恐晉兵不出，又遣其太子亮為質；平規追亮，及於高都，

<hr>

〔註22〕《魏書》，卷二〈太祖紀〉登國六年十二月亦詳載此役，但云：「簿其珍寶畜產，名馬三十餘萬匹，牛羊四百餘萬頭。班賜大臣各有差」，於「國用」之益一字不提。

〔註23〕《魏書》，卷二〈太祖紀〉：「先是，衛辰子屈丐奔薛干部，徵之不送。八月，帝南征薛干部帥太悉佛於三城，會其先出擊曹覆，帝乘虛屠其城，獲太悉佛子珍寶，徙其民而還。太悉佛聞之，來赴不及，遂奔姚興。」

> 獲之。永又告急於魏，魏王珪遣陳留公元虔、將軍庾岳帥騎五萬東
> 渡河，屯秀容，以救之。……晉、魏兵皆未至，大逸豆歸部將伐勤
> 等開門内燕兵，燕人執永，斬之，並斬其公卿大將刁雲、大逸豆歸
> 等三十餘人，得永所統八郡七萬餘戶及秦乘輿、服御、伎樂、珍寶
> 甚眾。

倘若以此對照前引〈太祖紀〉之文，可知：慕容永事實上是優先向盟國代／魏告急，而後又在迫不得已的情況下，卑躬屈膝地向東晉獻璽遣質，希望取得援助的兵力。然而，東晉方面因為地方至中央的行政效率低迷，上陳下達的時間過長，等到「孝武帝以為然，詔王恭、庾楷救之，未及發而永沒」，〔註24〕終於無法將西燕從覆亡的危難中拯救出來。

如果說東晉方面是官僚誤事，那麼代／魏方面的拖延則更令人不解：自登國八年六月拓拔珪派兵開始，至次年八月西燕滅亡，其間相隔了一年又兩個月，所謂「東度河救之」的五萬軍騎卻未曾與後燕真正地交鋒。再參考《魏書》卷二十八〈庾業延傳〉云：

> （慕容）垂圍永於長子，永告急求援，（庾）岳與陳留王虔以五萬騎
> 東渡河救之，次於秀容，破山胡部高車門等，徙其部落。會永滅，
> 乃班師。

可見代／魏表面上雖應邀出兵協助，實則在西燕苦等援軍的這十四個月中，藉機併吞了山胡部、高車門等部落，根本無意襄助盟國。

西燕滅亡之後，代／魏又改與關中的後秦結盟。由其復國以來頻繁而多方的外交狀態，不難看出代／魏的策略為何：一再地向不同的政治勢力乞師、結交，卻又在盟邦求援時僅作象徵性的派兵，儘可能地利用他國軍力，並避免本國實力流失。總而言之，拓拔珪復國初期，拓拔鮮卑在國際間假借原本的弱勢立場，不斷扮演令人同情的角色，然後再從中取利，正是不折不扣的投機份子。

三、拓拔鮮卑的姻親外交模式與使節特色

再進一步探討，後燕與西燕之所以願意與代／魏結盟，拓拔氏和慕容氏之間的姻親關係應是重要因素。追溯部族過往的歷史，匈奴與鮮卑混血的拓

〔註24〕《晉書》，卷六十七〈郗恢傳〉，頁 1207。

拔氏，一向慣於與其他部族聯姻：例如早期與周邊的其他族群如賀蘭部等聯姻，晉末則向漢化較深的慕容鮮卑求婚，此外還有鐵弗匈奴劉（衛辰）部等。值得注意的是，這些聯姻的對象，在拓拔鮮卑威振北方、進取中原的過程裏，都先後成為其併吞或侵略的目標。研究北魏早期部族史的學者，因此而懷疑拓拔鮮卑在南遷盛樂之前所謂「詰汾皇帝無婦家，力微皇帝無舅家」的神話下，掩蓋的是拓拔詰汾先利用姻親部落的力量，再加以吞滅的血腥史實，而拓拔力微與岳父沒鹿回部竇賓之間、〔註25〕拓拔翳槐與舅父賀蘭部藹頭之間、〔註26〕拓拔珪與舅父賀蘭部賀訥之間，也都隱然沿著這個「聯姻自保—利用姻親拓展勢力—反日吞滅姻親」的模式進行分合，甚至拓拔珪、拓拔嗣父子與慕容氏、羌族姚氏間的關係，也約略有著類似的操作痕跡。〔註27〕由此看來，在此一複雜的割據局面中，拓拔鮮卑的擴張策略，可謂是數代以來領袖「無婦家、無舅家」殘酷傳統的延伸。〔註28〕

在雙方聯姻初期拓拔鮮卑所呈顯的弱勢，透露出它原本的地位較低。特別是慕容鮮卑建立政權之後，逐漸以中原正統自居，相形之下，處於邊陲的拓拔鮮卑就被視為藩屬或外患。事實上，此時拓拔鮮卑的征戰區域多數在長城以外，對手也主要是周邊的異族部落，並無在中原割據的政權。由於幾乎沒有統治過漢人所居區域的經驗，也就不會感受到漢化的必要，自然造成拓拔鮮卑在五胡十六國中漢文化的落後。

〔註25〕 詰汾、力微之事，見《魏書》，卷 1〈序紀〉，頁 23～24：詰汾事，又見卷 13〈皇后列傳・神元皇后竇氏〉，頁 170。參考：楊軍、呂淨植，《鮮卑帝國傳奇》（北京：中國國際廣播出版社，2008 年 1 月），第六章〈打開南北朝歷史的出口：最後走出興安嶺的拓跋部・四、充滿血腥的拓跋祖先世系〉，頁 176～177。

〔註26〕 翳槐之事，見《魏書》，卷 1〈序紀〉，頁 27～28。

〔註27〕 拓拔珪與慕容氏的姻親關係原本是間接的（參考註16），至併吞後燕大半國土之後才立慕容氏之女為后。與後秦建交後，拓拔珪積極向姚氏求婚，唯其事屢有波折，至明元帝拓拔嗣時方成，而姚氏旋即為東晉所滅，故無法斷定代／魏是否欲重施故計。

〔註28〕 《魏書》，卷 3〈太宗紀〉，頁 45 載：道武帝晚年立拓拔嗣為太子，賜死其母劉貴人，託言：「昔漢武帝將立其子而殺其母，不令婦人後與國政，使外家為亂」，然卷 13〈皇后列傳〉，頁 171 云：「魏故事，後宮產子將為儲貳，其母皆賜死。太祖末年，后以舊法薨」，是道武帝將部落舊俗附會於漢史。事實上，立子殺母亦可謂小規模的「皇帝無婦家，皇帝無舅家」。田余慶，《拓跋史探》（北京：三聯書店，2003 年 3 月），頁 9～107 討論的「離散部落與子貴母死」，涉及諸多雷同史事。

　　觀察代／魏這個時期的外交使節，有一部份是由拓拔氏成員如拓拔儀、拓拔觚等來擔任，易言之，他們是以慕容氏姻親的身份前往，便於攀親帶故。然而，在需要展開外求軍援這類關係著存亡絕續之重大談判時，使節的能力備受考驗，真正表現傑出的往往還是宗室成員以外的使節，如《魏書》卷三十〈安同傳〉云：

> 登國初，太祖徵兵於慕容垂……。（安）同頻使稱旨，遂見寵異，以
> 為外朝大人，與和跋等出入禁中，迭典庶事。太祖班賜功臣，同以
> 使功居多。

安同出使所立下的功蹟，正在向後燕乞援，先保住拓拔珪對內的權力，再幫助代／魏向外擴張。此外，需要注意的是：與日後的北魏、東魏使節，甚至往昔拓拔什翼犍執政時期的燕鳳相比較，〔註29〕史書對安同與其他同期重要外交官員們的辭令，並未多加記載，除了北魏官方不願承認復國之初的地位遠較後燕等政權為低，故難以詳述之外，應該也與當時出使辭令的內容不值得仔細記錄有關。這並非意味著此時的使節口才拙劣，只是他們首重實際談判的能力，言語直接、辭令未予修飾。

　　環顧當時代／魏諸臣，擅長實務者多，學識深厚者少，因為引經據典與出口成章，都需要深厚的漢文素養作為基礎。以安同為例，本傳稱其出身商販，「長於校練」，並無紮實的學養。〔註30〕前秦時，安同與友人公孫眷商販，始追隨拓拔珪。安同既非舊屬，而其父安屈曾仕前燕，與拓拔珪的立場略有牴觸。由此可知，代國復興後，首批使節中的佼佼者，並非拓拔鮮卑所培養出來的人才。事實上，當時代／魏也尚未具備相關的教育環境。

第三節　南向政策對道武帝漢化的影響

　　西燕亡國的同年，前秦的殘餘勢力亦告覆滅，華北由各方蠭起的混戰局面，逐漸形成後燕與後秦東、西二強對峙的勢力，不過，此一均衡很快又被打破，主因即為拓拔鮮卑代／魏朝中原發展。拓拔珪的南向政策不僅對當時

〔註29〕北魏、東魏使節辭令，見後章所述。燕鳳事，見《魏書》，卷24〈燕鳳傳〉，頁305。

〔註30〕考《魏書》，卷30〈安同傳〉，稱其為遼東胡人，先祖自漢朝已居於洛陽，然其父與其子同名為「安屈」，不知避諱，則其家仍保留胡風，對漢文化浸染不深。

北中國局勢造成重大衝擊，對本國的文化也產生極深影響。

一、拓拔氏南侵後燕與制度的改易

　　西燕亡國之後一年，已併吞週遭勢力的代／魏，進一步攻擊臣服於後燕的部落，《通鑑》卷一百八〈晉紀三十・孝武帝太元二十年（395）〉記載：

　　　　魏王珪叛燕，侵逼附塞諸部。五月，甲戌，燕主垂遣太子寶、遼西
　　　　王農、趙王麟帥眾八萬，自五原伐魏。……七月，……珪遣右司馬
　　　　許謙乞師於秦。

原本身為藩屬的代／魏啓釁在先，而後燕將之視為背叛行為，其後又引發了許多衝突。拓拔珪並在敵軍壓境時，轉而向西部強權——羌族姚氏後秦乞援。然《魏書》卷二〈太祖紀〉中登國十年的記載，卻將這再次違背國際道義的行為以自我迴護的方式進行錄述：

　　　　秋七月，慕容垂遣其子寶來寇五原，造舟收穀。帝遣右司馬許謙徵
　　　　兵於姚興。

魏收不僅塑造了代／魏被前宗主國侵略的被害者姿態，並在新盟邦的關係上再次顛倒了雙方位置的高低。《通鑑》卷一百八〈晉紀三十・孝武帝太元十九年〉記載：「十二月，秦主興遣使與燕結好，並送太子寶之子敏於燕」；次年，「正月，燕主垂遣散騎常侍封則報聘於秦」，〔註31〕可知發生衝突的雙方皆試圖與後秦維持良好關係。結果，代／魏以靈活的外交手腕成功地取得後秦的援軍，為軍事勝利鋪平道路。〔註32〕同年十一月，代／魏於參合陂大破後燕太子慕容寶的軍隊，俘虜四、五萬人，「乃盡坑之」。

　　部份學者認為拓拔珪於參合陂大肆屠殺俘虜，具有扭轉燕、代兩國實力強弱之意義，然此一推論與舊史的記載並不符合。次年，意圖雪恥的慕容垂御駕親征，面對這位姻親長輩領軍勢如破竹地攻下平城，「魏王珪震怖，欲走，諸部……皆有貳心，珪不知所適」，〔註33〕由此可見代／魏的實力仍遠

〔註31〕《通鑑》，卷108〈晉紀三十・孝武帝太元二十一年〉，頁3418～3419。
〔註32〕後秦對代／魏軍事上的助益大小，稍有爭議。《魏書》，卷24〈許謙傳〉中記
　　　　載了此次慕容寶來犯時，因許謙順利乞得救兵，「太祖大悅，賜謙爵關內侯」。
　　　　後秦援軍發揮多大效果，史書並未記載，然而，之後慕容垂御駕親征，震怖
　　　　驚恐的拓拔珪又急著指定許謙再次前往，雖因後燕主動退兵而不果，已可見
　　　　其於後秦援軍的重視。
〔註33〕同註30，頁3426。

不如前燕。然而年事已高的慕容垂途經參合陂時，「見積骸如山」，「慚憤嘔血」，四月，於班師途中病逝。曾敗於拓拔珪之手的慕容寶繼位，自此後燕與代／魏的強弱才逐漸易位。

從此，拓拔珪不必再顧忌原宗主國，其興奮的情緒很快地反映在政治名位之上。《魏書》卷二十八〈許謙傳〉敘述同年七月：「及聞（慕容）垂死，謙上書勸進，太祖善之」，慕容垂一死，代／魏不必再屈居其下，領袖稱帝的障礙已然消失，因此臣下才會有勸進之舉，於是，《通鑑》卷一百八，〈晉紀三十‧孝武帝太元二十一年〉載：

> 魏群臣勸魏王珪稱尊號，珪始建天子旌旗，出警入蹕，改元皇始。
>
> 參軍事上谷張恂勸珪「進取中原」，珪善之。

據此，皇始元年（396），拓拔珪受到臣子的建議及策動，才真正有意進取中原。魏、晉以來，拓拔鮮卑歷任領袖屢欲南遷，卻從來沒有順利過。拓拔珪復國之初，內憂外禍接踵而至，亦無力南向。儘管《魏書》聲稱：登國三年（388），「太祖將圖慕容垂，遣（拓拔）儀觀釁」，[註34] 然而嚴格說來，圖謀後燕之行徑未必等同於進取中原的意圖，而只是把姻親慕容鮮卑視為擴張勢力的敵對部族而已。事實上，此後五年間，代／魏爭伐的對象仍是塞外的部落，直到登國八年（393）擊敗鐵弗匈奴，才將戰役向南推進至黃河一帶。次年派兵援助西燕，勉強可算是參與中原割據勢力之爭鬥的最早紀錄，然始終未真正地投入戰局。登國十年（395），代／魏與後燕正式決裂，在參合坡擊敗來犯的慕容寶大軍，繼而又受到慕容垂親征的威脅，或許可謂與中原政權正面交鋒的開始，但此時仍處於防守的一方，並無進取中原之實績。所以切確地說，拓拔鮮卑其實要到十六國晚期前秦分裂之後，才真正展開進軍中原的行動，正式地加入了華北爭霸的戰局，而此時離最末一期割據開始已經過了十二年，故於五胡族群中是較晚起步的。

在此之前，拓拔珪並不太重視漢人的文化與制度，直至皇始元年，「大舉討慕容寶」，逼得後燕「遼西王農大懼，將妻子棄城夜出，東遁」，攻佔并州後才有了改變。九月，《魏書》卷二〈太祖紀〉載：

> 初建臺省，置百官，封拜公侯、將軍、刺史、太守，尚書郎已下悉
> 用文人。帝初拓中原，留心慰納，諸士大夫詣軍門者，無少長，皆

〔註34〕《魏書》，卷二〈太祖紀〉，頁33；卷15〈昭成子孫列傳‧秦明王翰附子儀傳〉，頁191。

引入賜見，存問周悉，人得自盡，苟有微能，咸蒙敘用。

過去五胡族群中偶有傾慕漢文化的特殊份子，但幾乎都要等到他們成爲統治者後，基於政治上的考量才會進一步接受漢文化，動機並不單純。拓拔鮮卑與漢人雜處的時日甚晚，代國建立之後，仍長期以塞外作爲主要活動區域，因此幾乎沒有統治漢人的經驗，〔註35〕漢化的速度自然比其他五胡勢力更加遲緩。此時爲了因應進取中原的需求，代／魏開始採納比較完備的漢族制度，並廣泛地擢用士人參政，正與先前其他族群的統治者之目的相同。

二、拓拔氏與後秦的外交概況

雖然拓拔珪已使用了天子的儀節，並革新各種制度，卻一直未公然稱帝，可見其謹慎小心、步步爲營：首先著重政治實務與號召力，並在國內形塑足夠的威儀，相對地，暫緩提昇自己的名位，以免刺激友邦鄰國，主要是顧慮曾向之請求軍事援助的後秦，以及關係不明的東晉。

關於代／魏與後秦之間的地位高低，史料上並沒有太多記載，《魏書》宣稱「姚興遣使朝貢」，然其紀錄很可能掩蓋住兩方眞正的立場，即拓拔鮮卑仍處於弱勢的事實。如果仔細分析，可知這段外交之初，同樣是代／魏面臨危險、有求於人的狀態，而且，拓拔珪以「王」的身份與後秦皇帝互動，名位上亦稍遜一籌。另外，在外交相關史事中亦可察見一些端倪，《魏書》卷二十八〈奚牧傳〉載：

> （奚牧）以軍功拜并州刺史，賜爵任城公。州與姚興接界，興頗寇邊，牧乃與興書，稱「頓首」，鈞禮抗之，責興侵邊不直之意。興以與國通和，恨之，有言於太祖，太祖戮之。

奚牧因在外交書信中採用雙方平等用詞而被殺一事，《通鑑》繫於卷一百九〈晉紀三十一・安帝隆安元年〉，即道武帝皇始二年（397）。此時拓拔鮮卑已逐漸取代慕容鮮卑在華北東部的地位，然意氣風發地「建天子旌旗」的拓拔珪，卻屠戮自己一向寵遇並「稱之曰『仲兄』」的先帝舊臣奚牧，〔註36〕表示與後秦交好之意，自是懼怕邦誼生變，會影響到正在進行的侵略後燕大

〔註35〕 拓拔鮮卑直至西晉末衛操等歸附，始與漢人雜處，由於這並非是拓拔部眾進據漢人區域，而是少數漢人遷入其土，當時鮮卑人數明顯較多，所以反而是加入的漢人受到鮮卑化，帶來的漢化影響頗爲有限。參考《魏書》，卷23〈衛操傳〉與《通鑑》，卷89〈晉紀十一・愍帝建興四年〉，頁2837。

〔註36〕 《魏書》，卷28〈奚牧傳〉，頁341。

計。由此亦不難推想，拓拔珪在拉攏後秦時要如何地屈躬卑辭。〔註37〕

再者，觀乎當時的國際局勢，清楚地顯示出後燕分裂以後，原本與之分庭抗禮的後秦儼然成爲華北第一霸權，南涼、北涼、西秦和西蜀等割據勢力先後向其稱臣，而大夏建國之前，其開國君王赫連勃勃亦受其庇護。代／魏此時由塞外初入中原，其局勢聲威尚未穩固，在與後秦結交的初期，又處於求援乞和的弱勢，地位應該比較接近於涼州諸國。在此等關係之下，拓拔珪遣使爭取兩國聯姻，亦與過去代國向前燕求婚的立場相似，而羌族姚氏也很可能如慕容鮮卑那般，視拓拔鮮卑爲自己的藩屬。毋怪後秦得知拓拔珪已立慕容氏爲后，一怒之下便將其派來的求婚使節賀狄干等人扣留，而代／魏也不敢立刻要求放還。這透露出即使代／魏擊敗了後燕，其國際地位一時之間仍無法扭轉。

後燕的殘存勢力南燕，與後秦之間雖保持著外交關係，但今非昔比，慕容鮮卑也不得不由原本與後秦分庭抗禮的局面，〔註38〕轉爲向之附庸朝貢。《晉書》卷一百二十八〈慕容超載記〉記載，南燕末帝爲了接回被拘留在後秦的母親及妻子，「遣御史中丞封愷使於秦以請之」，並接受了稱藩的要求，從此兩國頻繁往來，史書並詳錄了幾次南燕使節在後秦的言辭，例如：

> 使（韓）範聘于（姚）興。及至長安，興謂範曰：「封愷前來，燕王與朕抗禮。及卿至也，款然而附。爲依春秋以小事大之義？爲當專以孝敬爲母屈也？」……範曰：「雖由大小之義，亦緣寡君純孝過于重華，願陛下體敬親之道，霈然垂愍。」興曰：「吾久不見貫生，自謂過之，今不及矣。」於是爲範設舊交之禮，申敘平生，……範承間逞說，姚興大悅，賜範千金，許以超母妻還之。

南燕之所以派遣韓範擔任說客，正因其「昔與姚興俱爲秦太子中舍人」，事實

〔註37〕爲了邦國的指責而處死本國臣屬，等同遵奉對方命令，顯示雙方地位頗有落差。在形勢混亂的東晉南北朝時期，此類事件亦極其罕見，如《通鑑》，卷170〈陳紀四‧臨海王光大元年（567）〉載：受北周扶植的傀儡政權梁末蕭詧，因聯軍敗於陳朝，「周衛公（宇文）直歸罪於梁柱國殷亮；梁主知非其罪，然不敢違，遂誅之」，雙方的關係乃是宗主國和藩屬。由類似情況，可以推知後秦與代／魏的關係亦不平等。

〔註38〕《晉書》，卷127〈慕容德載記〉云：「魏又遣遼西公賀賴盧率騎與章圍鄴，德遣其參軍劉藻請救於姚興，且參母兄之問，而興師不至」，後秦與魏、燕兩國皆有邦交，卻答允前者的乞師，而對後者的求援相應不理，其中一個重要理由即是後秦此時還沒把初入中原、尚未稱帝的拓拔氏看在眼裏，僅認定原本與其分庭抗禮的後燕才是首要之敵。

上，後燕皇帝慕容寶在前秦時亦曾擔任此一職位，而慕容氏許多成員的漢文素養，於前燕時期即已由幼年開始培養。從內容看來，後秦君主和韓範之間的對話，與前秦苻堅和代國燕鳳之間的互動，〔註39〕頗有相似的意趣，而封愷的言辭比之燕鳳，又更加富贍典雅。韓範與姚興引經據典地交相詰問，顯示出當時不少慕容鮮卑與羌族人士對中國籍著頗為熟稔。

對於南燕國主的要求，後秦提出一個文化氣息濃厚的交換條件：「昔苻氏之敗，太樂諸伎悉入於燕。燕今稱藩，送伎或送吳口千人，所請乃可得也。」自從西晉兩京淪亡，太樂即輾轉於前趙、後趙、前燕、前秦與西燕各五胡政權之間，而在後燕分裂後，一部份為代／魏所得，一部份被南燕保存下來，如今又成為此次秦、燕外交的焦點：

> （慕容）超遣其僕射張華、給事中宗正元入長安，送太樂伎一百二十人于姚興。興大悅，延華入讌。酒酣，樂作，興黃門侍郎尹雅謂華曰：「昔殷之將亡，樂師歸周；今皇秦道盛，燕樂來庭。廢興之兆，見于此矣。」華曰：「自古帝王，為道不同，權譎之理，會于功成。故老子曰：『將欲取之，必先與之。』今總章西入，必由余東歸，禍福之驗，此其兆乎！」興怒曰：「昔齊楚競辯，二國連師。卿小國之臣，何敢抗衡朝士！」華遜辭曰：「奉使之始，實願交歡上國，上國既遣小國之臣，辱及寡君社稷，臣亦何心，而不仰酬！」興善之，于是還超母妻。

具正統政權與文化之雙重象徵意義的太樂，從南燕轉易到後秦手中，也顯示諸燕與後秦地位出現了差距，因此，在南燕將太樂送至時，又再度引發雙方人士的唇槍舌劍。相對於後秦和南燕兩國對太樂的珍重，甚至不惜為此在外交和軍事上掀起波瀾，〔註40〕代／魏卻對太樂棄若敝屣，沒有給予絲毫尊重。《隋書》卷十四〈音樂志中〉引北齊祖珽上書，曰：

> 魏氏來自雲、朔，肇有諸華，樂操土風，未移其俗。至道武帝皇始元年，破慕容寶于中山，獲晉樂器，不知采用，皆委棄之。天興初，

〔註39〕燕鳳事，見《魏書》，卷24〈燕鳳傳〉，頁305。

〔註40〕《晉書》，卷128〈慕容超載記〉云：「超正旦朝群臣于東陽殿，聞樂作，歡音佾不備，悔送伎于姚興，遂議入寇。……于是遣其將斛穀提、公孫歸等率騎寇宿豫，陷之，執陽平太守劉千載、濟陰太守徐阮，大掠而去。簡男女二千五百，付太樂教之。」慕容超為了彌補太樂損失，竟向東晉發動戰爭，成為南燕亡國的導火線。

吏部郎鄧彥海（淵），奏上廟樂，創制宮懸，而鍾管不備。樂章既闕……

對照《魏書》卷一百九〈樂志〉的記載：「……逮太祖定中山，獲其樂縣，既初撥亂，未遑創改，因時所行而用之。世歷分崩，頗有遺失」，儘管後者所言較為含蓄，但仍可看出拓拔珪對這些文物並不重視，由此反映其於漢文化認識之不足。

史書記載的後秦與南燕外交辭令，反映出許多慕容鮮卑和羌族人士都沾染了講學談辯的風氣，另外如《晉書》卷一百十七〈姚興載記上〉云：後秦文桓帝「每於聽政之暇，引龕等于東堂，講論道藝，錯綜名理」；卷一百二十七〈慕容德載記〉云：南燕獻武帝「博觀群書，性清慎，多才藝」，並時常登丘望冢、饗宴庶老，數度議論南燕據地齊、魯之賢哲的舊事，所以，雙方所任用的士人不僅辯才無礙，學識更遍及經史子集各種領域。相對地，同一時期的代／魏使節卻幾乎沒有類似的辯辭記載，由此可見當時初入中原的拓拔鮮卑對漢族的外交文化瞭解不深，擁有的相關人才亦頗為貧乏。

在代／魏赴後秦的使節之中，表現最傑出的應屬許謙，《魏書》卷二十四〈許謙傳〉載：

慕容寶來寇也，太祖使謙告難於姚興。興遣將楊佛嵩率眾來援，而佛嵩稽緩。太祖命謙為書以遺佛嵩曰：「夫杖順以翦遺，乘義而攻昧，未有非其運而顯功，無其時而著業。慕容無道，侵我疆場，師老兵疲，天亡期至，是以遣使命軍，必望克赴。將軍據方邵之任，總熊虎之師，事與機會，今其時也。因此而舉，役不再駕，千載之勳，一朝可立。然後高會雲中，進師三魏，舉觴稱壽，不亦綽乎。」佛嵩乃倍道兼行。太祖大悅，賜謙爵關內侯。重遣謙與佛嵩盟曰：「昔殷湯有鳴條之誓，周武有河陽之盟，所以藉神靈，昭忠信，夫親仁善鄰，古之令軌，歃血割牲，以敦永穆。今既盟之後，言歸其好，分災恤患，休戚是同。有違此盟，神祇斯殛。」

傳中亦記載：前燕第二次進犯時，「太祖謂謙曰：『今事急矣！非卿豈能復致姚師！卿其行也！』」這段話語透露出許謙所受到的倚重。許謙是前代王什翼犍時期的舊臣，同期人物之中，被《魏書》描述為「少有文才」者，寥寥無幾，在拓拔珪新任用的部屬中更屬罕見，或許正因如此，才指定他出使漢文化程度較高的後秦。在向後秦乞援時，許謙所作的書信與盟約亦不乏引用

經典、掌故之文句，但多半是單向陳詞，不如後秦、南燕君臣交相辯詰的難度高，學識廣度也略嫌遜色。本傳稱其「善天文圖讖之學」，「與燕鳳俱授獻明帝經」，如果以許謙、燕鳳兩位曾在拓拔鮮卑早期外交中立下功績的人物作為代表再擴大考察，[註41]可以發現代／魏早期所任用的漢族士人不僅數量有限，其學識亦相對地較局限於經、史範疇，缺乏更廣泛領域的素養。從這個角度觀察日後的文化趨勢，則北魏前期儒學獨盛的風氣，並非完全來自於君臣特別重視儒學的緣故，同時也是他們忽視了漢文化其餘領域所導致的結果。

況且，即使僅就儒學的水準而論，此時興辦教育未久的代／魏，也遠遠地落後於後秦與南燕。這種落差明顯地表現在外交事件中，《通鑑》卷一百十四卷〈晉紀三十六·安皇帝三年（407）〉載：

賀狄干久在長安，常幽閉，因習讀經、史，舉止如儒者。及還，魏主珪見其言語衣服皆類秦人，以為慕而效之，怒，並其弟歸殺之。

此事於《魏書》卷二十八〈賀狄干傳〉則如此敘述：「狄干在長安幽閉，因習讀書史，通《論語》、《尚書》諸經，舉止風流，有似儒者。……及狄干至，太祖見其言語衣服，有類羌俗，以為慕而習之，故忿焉，既而殺之。」拓拔珪因賀狄干穿羌人服飾而發怒，雖不是完全沒有可能，但賀狄干似無理由穿著羌人服裝去學習漢人經史，更難以操持羌族語言表現儒者風範。因此，「羌俗」應該是北朝史家為了淡化「太祖」因臣子學習漢文化而加以誅殺的野蠻行徑而更動的字句，《通鑑》的記錄大概比較切近事實，賀狄干是由於高度的漢化才被殺的。羌族後秦之漢化究竟到達什麼程度，尚難以數語來論定，然已足以使被扣留十餘年的賀狄干與拓拔鮮卑族人格格不入。其時已至天賜四年，距離拓拔珪駕崩不到兩年，藉此能夠判斷道武帝一朝漢文化的淺薄。

在拓拔珪執政期間，代／魏與後秦尚未聯姻，故使節並不包括宗室子弟。但是過去被重用的使節有些仍繼續被派遣到後秦，例如曾多次向後燕求援的安同，亦曾至後秦交換俘虜，[註42]然而其出使成績已不像出使後燕時受到高度肯定，很可能與邦國不同有關。安同等人不具備文贍辭美的素養，與後秦又無姻親之誼，能夠發揮的空間相對較小。拓拔珪在臨危之際指定許

〔註41〕燕鳳與許謙都是前代國時什翼犍所任用的士人，其學識素養已頗見局限，而相較之下，其孫拓拔珪南遷中原之前所新任用的安同、古弼等，更有不及。

〔註42〕《魏書》，卷30〈安同傳〉載：「詔同送姚興將越騎校尉唐小方等於長安」。

謙前往，顯示了到後秦的使節不能只具備實務洽商能力。日後的使節如張濟「涉獵書傳，清辯，美儀容」，除了前往後秦，亦曾被派至漢文化水準最高的江南。〔註43〕由使節之能力的變化，透露出代／魏與後秦間的外交，對漢文化水準的要求愈來愈高，亦反映了當時同類人才之稀少難求。另一方面，也顯示出此時拓拔鮮卑一部份的領導階層人士，對臣下之學養在外交上的作用已經有了初步的體認。

第四節　北魏對東晉外交政策的影響

一、東晉對北方的鎖國政策

　　除了前涼張氏、未立國時的慕容鮮卑等半獨立的政權，曾經向東晉遣使稱臣以外，司馬皇室在南遷之後面對北方各政權的策略，實可稱之為鎖國。例如匈奴漢趙覆沒了西晉二京，擄走懷、愍二帝，對東晉而言乃不共戴天之仇；羯族石氏曾受漢趙之封爵，亦參與長安之役，「攻陷帝都，囚執天子，殺害王侯，妻略妃主」，〔註44〕又數次南下寇邊，故石勒建立後趙之後雖「遣使來脩好」，有心與東晉建立外交關係，而晉成帝卻「詔焚其幣」以表示決絕之意。〔註45〕

　　另外，在後趙末年，原本向石氏臣服的羌族姚襄和氐族苻洪也曾與東晉進行外交，但兩者當時尚未建國，並且皆以稱臣的形式展開接觸，一旦兩族開始圖謀獨立，與東晉的關係也就悄然終止。至於慕容鮮卑與東晉之間的外交雖然持續到稱王立國之後，但《晉書》卷一百十〈慕容儁載記〉云：

　　　時朝廷遣使詣儁，儁謂使者曰：「汝還白汝天子，我承人乏，為中國
　　　所推，已為帝矣！」

就在慕容儁稱帝不久之後，晉、燕之間一變而為對等的敵國關係，多年以來的交往亦不復見。整體而言，南方政權與北方五胡十六國乃長期處於隔絕的狀態。

　　一直要等到前秦末年（384），北方獨立政權才逐漸與東晉政府展開雙邊

〔註43〕《魏書》，卷33〈張濟傳〉，頁391。張濟使江南事，詳見下節。
〔註44〕《晉書》，卷104〈石勒載記上〉，頁1772。
〔註45〕《通鑑》，卷95〈晉紀十七・成帝成和八年（333）〉，頁2985。《晉書》，卷7〈成帝紀〉云：「石勒遣使致賂，詔焚之。」。

互動。《晉書》卷一百十四〈苻堅載記下〉載：

> 苻丕在鄴……進退路窮，乃謀於群僚。司馬楊膺唱歸順之計，丕猶
> 未從。……爲王師所敗……丕懼，乃遣從弟就與參軍焦逵請救於謝
> 玄。丕書稱「假途求糧，還赴國難，須軍援既接，以鄴與之，若西
> 路不通，長安陷沒，請率所領保守鄴城」，乃羈縻一方，文降而已。
> 逵與參軍姜讓密謂楊膺曰：「……觀公豪氣不除，非救世之主，既不
> 能竭盡誠款，速致糧援，方設兩端，必無成也。……宜正書爲表，
> 以結殷勤。若王師之至，必當致身。如其不從，可逼縛與之……。」
> 膺素輕丕，自以力能逼之，乃改書而遣逵等……焦逵既至，朝廷果
> 欲徵丕任子，然後出師。逵固陳丕款誠無貳，并宣楊膺之意，乃遣
> 劉牢之等率眾二萬，水陸運漕救鄴。

前秦分裂後，駐守鄴城的長樂公苻丕面臨後燕復國和東晉北伐軍隊先後來
襲，不得不向東晉求和。然這並非兩國中央政府之間的信息往還，只是駐守
地方的苻氏宗室所採行的權宜協議，不能算正式的外交。而且，東晉之所以
願意接受求援，主要的原因是苻丕的部下楊膺等，擅自將上司原本以對等國
立場的求助改爲下對上的乞師，此與十年之後（394），西燕受到後燕威逼而
向東晉求援，先獻玉璽、再遣質子的情況大致類似。

　　由上述諸國與東晉間外交的過程來看，東晉拒絕了後趙之聘問，並與前
燕、前秦和後秦等國家中止往來，卻接受了前秦及西燕的乞師，可以注意到
此時東晉與北方政權尚未有過平等外交的案例。

二、北魏道武帝與東晉的外交關係

　　拓拔鮮卑與東晉的關係較爲特別，現存歷史記載中藏伏了不少史家所設
計出來的文字陷阱。皇始元年（396），《魏書》卷二〈太祖紀〉記載了拓拔氏
復國後與江南政權的首次外交：

> 是歲，司馬昌明死，子德宗僭立，遣使朝貢。

所謂「朝貢」，仍是北朝史官以本國爲中心、掩飾其時眞正的國際形勢所作的
記載，並不值得採信。需要注意的是，過去北方的獨立勢力無一能與東晉建
立正式的官方外交關係，但如今東晉卻在孝武帝駕崩、安帝即位之時，破天
荒地主動遣使至代／魏，箇中玄機何在？拼湊史書裏的零星記載，我們可以
找到一些線索。

代／魏與東晉之間的初期外交，唐代修纂的《晉書》並未錄述，而北朝《魏書》卷二〈太祖紀〉亦語焉不詳，然在卷十五〈昭成子孫列傳・元（拓拔）儀〉裏曾經提及晉室，有助於後世理解雙方的關係：

> 及太祖將圖慕容垂，遣（拓拔）儀觀釁。垂問儀太祖不自來之意，
> 儀曰：「先人以來，世據北土，子孫相承，不失其舊。乃祖受晉正朔，
> 爵稱『代王』，東與燕世為兄弟。儀之奉命，理謂非失。」垂壯其對。

登國三年（388）八月，拓拔儀出使後燕，姻親兼恩主的慕容垂要求拓拔珪親自來朝見，面對這種會明確顯示出雙方地位高下的要求，代／魏之使臣乃用「受晉正朔」作為藉口，加以推搪。雖然拓拔儀所云是先祖之事，「先王與燕並事晉室」，〔註46〕但由此可知，當時代／魏願意承認自己的地位低於晉室，故極有可能沿續過去對西晉的臣屬關係，同樣在名義上尊奉東晉。

北魏與東晉兩國之間的第二次外交記載，出現在皇始三年（398），仍由東晉方面派遣使節進行交流。在《魏書》以拓拔鮮卑為中心的敘述文字細縫裏，隱約透露出此時北魏地位仍不及東晉的情狀。首先，參照《北史》卷二十一的〈崔宏傳〉：

> 時晉使來聘，帝將報之，詔有司議國號。（崔）宏議曰：「三皇、五
> 帝之立號也，或因所生之土，或以封國之名。故虞、夏、商、周始
> 皆諸侯，及聖德既隆，萬國宗戴，稱號隨本，不復更立。……國家
> 雖統北方廣漠之土，逮于陛下，應運龍飛。雖曰舊邦，受命惟新。
> 以是登國之初改『代』曰『魏』。……臣愚以為宜號為『魏』。」道
> 武從之，於是稱「魏」。

由此可見拓拔鮮卑確定國號並非主動自發的作為，而是為了因應與東晉的往來所產生的被動反應。耐人尋味的是，一向喜於帝紀中顛倒國際立場的《魏書》，在其卷二〈太祖紀〉裏反而遺漏了此次影響深遠、但卻很容易用來突顯本國聲勢的「司馬德宗遣使來朝」，〔註47〕使得天興元年「六月丙子，詔有司議定國號」這等劃時代的大事，〔註48〕幾乎沒有留下和東晉相關聯的痕跡。

〔註46〕 參見《通鑑》，卷170〈晉紀二十九・孝武帝太元十三年〉，頁3385，與上引
《魏書》，卷15〈昭成子孫列傳・元儀〉同一事之記載。

〔註47〕 《魏書》卷24〈崔玄伯傳〉倒有此段歷史的相關敘述，此傳因避北魏獻文帝
拓拔宏之諱，而以崔宏之字行文，文中將此事件記載為東晉「遣使來朝」，故
引文採用《北史》，較合實情。

〔註48〕 《魏書》，卷2〈太祖紀〉繫於「天興元年」，然拓拔珪稱帝、改元「天興」在

　　崔宏的論議指出，早於登國元年（386），拓拔珪即位不久，便曾改「代」為「魏」，然而，正如本文先前所使用的「代／魏」這一名稱，在這十二年之中，拓拔鮮卑兩種國號並行，未曾真正定案，直至東晉此次派遣使節前來才倉促確立，那麼值得深思的問題便是：過去東晉派遣使節前來之際，拓拔鮮卑究竟如何自稱？這個問題在史料中並未留下明白的答案，但由前面所列資料看來，可知在雙方外交關係建立了一段時間以後，拓拔鮮卑才確定國號，而「自稱」同時就意謂著「自處」，因此這段國號議定之歷史，可以說是拓拔鮮卑提升國格的一種宣示，同時也促成外交地位的轉變。

　　捨棄使用超過百年的「代」而改「魏」為國號，除了借用過去中原政權曾有的政權名稱來淡化本身的邊疆色彩之外，更重要的原因恐怕是因為拓拔鮮卑的先祖「受晉正朔，爵稱『代王』」，故想藉此擺脫附著於這一名稱的臣屬歷史。十二年前，拓拔珪才剛取回對部族的統治權，沒有多餘的心力顧及國號的問題，故先沿用西晉末受封的「代王」頭銜，並據此與東晉互通，而今拓拔珪亟欲稱帝，自然要卸下過去的宗主國所賜之封號，表示獨立，與東晉的關係乃得以由上下往來調整為平等交流的關係。

　　從復國時的艱困以至終於取代後燕地位，並與後秦、東晉分庭抗禮，代／魏的外交手腕之靈活令人讚嘆，然而，如此靈活的外交也意謂著自己的力量不夠強大，國際地位並不穩固，所以在必要的時刻就需要委曲降格以求全。《魏書》對拓拔珪復國初期和東晉之間的外交狀況著墨極少，但對同一時期北方其他勢力前來「朝貢」的記載卻相對地頻繁，可見不純然是史料缺漏所致，也可能與魏收等史家蓄意遮蓋這段卑屈的歷史有關。

　　再從文化的角度來看，代／魏領導階層要至此時才猛然意識到作為一個政權最基本門面的國號之必要性，因而不難推想，在先前的外交過程中，其國的禮儀會疏略到何等地步，這同時也反映出：自拓拔珪復國十餘年以來，拓拔鮮卑的內部制度同樣是極為粗陋的。事實上，在皇始三年「六月丙子」議定國號之後，北魏才真正展開了一連串的新建設、新措施，例如《魏書》卷二〈太祖紀〉載：

> 秋七月，遷都平城，始營宮室，建宗廟，立社稷。……八月，詔有
> 司正封畿，制郊甸，端徑術，標道里，平五權，較五量，定五度。……
> 十有一月辛亥，詔尚書吏部郎中鄧淵典官制，立爵品，定律呂，協

十二月己丑，六月晉使前來、議定國號與之後建設立制時，實仍為皇始三年。

音樂；儀曹郎中董謐撰郊廟、社稷、朝覲、饗宴之儀；三公郎中王
德定律令，申科禁；太史令晁崇造渾儀，考天象；吏部尚書崔玄伯
總而裁之。

從這一年起，朝廷開始較完整地仿效漢制，以籌畫所謂千秋不易之永式大業，
而各種改革持續到年底，魏王拓拔珪也趕在十二月「即皇帝位，大赦，改元
『天興』。……追尊遠祖毛以下二十七人皆爲皇帝」，「至是，始依倣古制，定
郊廟朝饗禮樂」，〔註 49〕於是未來將會在國際間舉足輕重的「北魏」，至此方
成爲名正言順之政權。

從拓拔鮮卑內部考察，歷來的外力侵擾固然長期阻礙其獨立自主，亦逐
漸帶來異質文化的衝擊。追溯既往，正是在向西晉稱臣的過程之中，拓拔鮮
卑部落才開始理解關於疆域的概念，〔註 50〕更因受封代國而建立了政權；
另外，拓拔鮮卑也在與前趙、後趙相周旋時，才開始嘗試提昇自己的地位，
〔註 51〕這些改變都會慢慢對政治環境造成影響，然後再滲透到其他範疇。
就漫長的國格提昇過程而言，拓拔鮮卑被漢人政權視爲「敵國」的時間，比
五胡十六國大多數的勢力還晚；也就是說，拓拔鮮卑取得與東晉平等的地
位，比北方其他政權更加遲緩。從藩屬獨立爲敵國之後，拓拔鮮卑由被兩晉
矮化的「藩屬」代國，轉變爲被醜化的「索虜」北魏——矮化與醜化的意義
有所不同：前者看似平和，卻帶著由上向下俯視般的輕蔑眼光，而後者則是
承認對方擁有需要忌憚的實力，因此必須進行違背事實的污衊——遭到仇視
待遇的北魏，從另一個角度來說，即是獲得了南朝負向的肯定。

從東晉的角度來看，對一個曾爲藩屬、連國號都尙未確定的異邦，心存
輕視是難免的。新正名的北魏，對聘問節儀、擇派使者等正式外交事務尙處
於摸索的階段，而能參議相關事宜的官員如崔宏、鄧淵等，幾乎都是從其他
五胡政權轉而投效的人才，「經國軌儀，互舉其大，但事多粗略，且兼闕遺」，

〔註 49〕 此處文句取自《通鑑》，卷 112〈晉紀三十二‧安帝隆安三年〉，頁 3483，《魏
書》，卷 2〈太祖紀〉，頁 38 有類似記載，然用詞較不詳明。

〔註 50〕 《魏書》，卷 1〈序紀〉：「自神元以來，與晉和好。是歲，穆帝始出并州，遷
雜胡北徙雲中、五原、朔方。又西度河，擊匈奴、烏丸諸部。自杏城以北八
十里迄長城原，夾道立碣，與晉分界。」

〔註 51〕 《魏書》卷 1〈序紀〉：「平文皇帝諱鬱律立」，「二年（318），……劉曜遣使請
和，帝不納」；「三年，石勒自稱趙王，遣使乞和，請爲兄弟。帝斬其使以絕之」，
接連拒絕了兩大政權前趙與後趙的招降。此外，「五年，晉元帝遣使韓暢加崇
爵服，帝絕之。治兵講武，有平南夏之意」，不僅拒絕作爲東晉的藩屬，更開
展了進軍中原的意圖。然因鬱律隨即被殺害，因此代國最後仍向後趙朝貢。

〔註52〕故北魏此時的外交制度，亦只能沿襲由十六國傳入的既定模式，或者
配合東晉主導的規則來進行，不免經常發生疏漏之處，更難以產生自主的規
則，這種情形使其外交人員處處受到制肘，〔註53〕亦進一步加深南朝對北方
的鄙夷。

　　從試圖取得和東晉對等的地位而觸發的一連串改革觀察，拓拔鮮卑之外
交行為、國家制度與漢化政策是息息相關的，所以，代/魏的整體文化發展
方向，乃同時受益與受制於和南朝之間的外交活動。就次數與實務內容的範
圍而言，此時北魏與羌族後秦的交流其實更為重要，但代/魏在文化層面受
到的影響，在與東晉的往來中則更加顯著。

　　北魏正名之後，與東晉之間的關係有無改變呢？《魏書》對兩國的外交
關係仍語焉不詳，卷九十六〈僭晉司馬叡傳〉云：

　　　　是年（天興元年）冬，德宗遣使朝貢，并乞師請討姚興。二年夏，

　　　　德宗又遣使朝貢。

比對同書其他卷帙，此篇傳記對雙方交流的取捨值得細細考察，文中不僅省
略了卷二〈太祖紀〉所載最初兩次晉使南來的過程，亦刪除了卷二十四〈崔
玄伯傳〉裏皇始三年六月「晉使來聘，帝將報之，詔有司議國號」的記錄。
事實上，皇始三年即是天興元年，而〈僭晉司馬叡傳〉卻以不同的方式來處
理同年中兩次外交事件：省略六月的晉使來聘，是因為這樣才不致於突顯「僭
晉」對大魏國號的影響力，然而，冬季「德宗遣使朝貢」的意義，是否就如
史書文字所云那般，象徵了國威的發揚呢？實際上這段歷史正如《魏書》卷
三十二〈崔逞傳〉所載：

　　　　天興初，姚興侵司馬德宗襄陽戍，戍將郗恢馳使乞師於常山王

　　　　遵……。太祖詔（崔）逞與張袞為遵書以答。

天興元年，亦即東晉安帝隆安二年，「九月，庾楷等舉兵，表誅王愉等，於是
內外戒嚴」，殷仲堪、楊佺期和桓玄等人進軍京師，「擁眾數萬，充斥郊畿，
內外憂逼」。同年稍晚，為平撫叛將，朝廷命令「佺期代郗恢為都督梁、雍、
秦三州諸軍事、雍州刺史」。〔註54〕郗恢卸任返回中央，並於次年春在半途遇

〔註52〕《魏書》，卷108之1〈禮志四之一〉，頁1310。

〔註53〕北魏屈從南朝外交禮儀方面，在服飾影響上可以看出，如《南齊書》，卷58
　　　　〈東夷·高麗國〉載：北魏使節「主、副不得升殿」，「正以衣冠致隔」。

〔註54〕《晉書》，卷13〈天文志下〉，頁252；卷84〈殷仲堪傳〉與〈楊佺期傳〉，頁
　　　　1448〜1449。

害，〔註55〕可見其致書北魏，必在這個時間點以前。在東晉內亂的嚴峻局勢中，邊境將領既已自行向北魏乞師，而中央自顧不暇，不可能越俎代庖，特地再次遣使北上，因此東晉襄陽戍將向北魏求援，僅為一方大吏的個人行為，談不上雙方政府之間的正式外交。何況，從郗恢的書信用語看來，也顯示當時東晉人士尚未將北魏視為對等的政治實體。〔註56〕

　　同樣地，次年夏天德宗遣使朝貢的真實情況，也需要重新檢視。《魏書》卷二〈太祖紀〉記載：

　　　　秋七月，……姚興遣眾圍洛陽，司馬德宗將辛恭靖請救。

卷三十三〈張濟傳〉亦云：

　　　　姚興遣將攻洛陽，司馬德宗雍州刺史楊佺期遣使乞師於常山王遵，

　　　　遵以狀聞，太祖遣（張）濟為遵從事中郎報之。

倘若參照《通鑑》卷一百十一〈晉紀三十三‧安帝隆安三年〉云：

　　　　秦齊公崇、鎮東將軍楊佛嵩寇洛陽，河南太守隴西辛恭靖嬰城固守。

　　　　雍州刺史楊佺期遣使求救於魏常山王遵。

則可知《魏書》兩處記載實為一事。此時東晉的內亂仍未結束，中央號令無法施行，「朝政所行，惟三吳而已。……內外戒嚴」，將領發兵，往往「拜表輒行」，〔註57〕沒有等候皇詔；再仔細推敲，楊佺期去歲曾揮軍京師，立場相當微妙，故通魏乞師時既無必要亦不可能報請朝廷遣使。《魏書》又敘述楊佺期曾向道武帝派遣的使者說：「晉魏通和，乃在往昔，非唯今日」，〔註58〕這意謂著兩國過去頂多平等往來，與「司馬德宗遣使來朝」一語所描繪出來的狀況相互牴牾，此外，楊佺期之言也可能因迫於形勢，為了向北魏求取兵援的需要，而不得不作出較委婉的辭令。當然，整段記載都可能經過北朝史官的修飾，按《通鑑》所載，楊佺期之言乃為：「晉之與魏，本為一家」，〔註59〕用語雖然極為和緩客氣，卻意指拓拔鮮卑原本屬於晉朝統治下的一份子。綜合論之，兩次「德宗遣使朝貢」的過程大概都與事實有所出入，是值得懷疑的記載。〔註60〕

〔註55〕《晉書》，卷27〈五行志〉云：「安帝隆安三年……去年殷仲堪舉兵向京師，是年春又殺郗恢」。

〔註56〕《魏書》，卷32〈崔逞傳〉，頁378。

〔註57〕《通鑑》，卷111〈晉紀三十三‧安帝隆安三年〉，頁3498。

〔註58〕《魏書》，卷33〈張濟傳〉，頁392。

〔註59〕《通鑑》，卷111〈晉紀三十三‧安帝隆安三年〉，頁3493。

〔註60〕從郗恢與楊佺期立場言之，原意乃是向北魏常山王拓拔遵求援，因此在他們的

　　在這兩次東晉將領北上乞師之後，《魏書》卷二〈太祖紀〉於天興六年（403）十月又加上一筆「司馬德宗遣使朝貢」的記載，然回溯當時東晉國內環境之變化，可以發現同年十一月桓玄進行了篡位，故知此件相隔僅一個月左右的外交活動，亦非司馬氏朝廷所主導，很可能是登基前的桓玄向鄰國表示友好的形式，故〈太祖紀〉於次年記載：「夏四月，詔尚書郎中公孫表使於江南，以觀桓玄之釁也。值玄敗而還」，〔註61〕即應桓玄之邀而前往觀禮。事實上，桓玄也於同一時期派遣使節至後秦。〔註62〕

　　由前述三次與東晉的外交紀錄能夠看出，在北魏議定國號及稱帝後，外交也隨著政治立場改易而進入新一階段，最明顯的即是與江左方面的關係生變：除了邊境將領偶爾因為戍防的問題向拓跋鮮卑求助之外，東晉司馬政權不再遣使前來。史書上並無明言究竟是北魏方面曾經遭到直接的拒絕？或者是兩國自動停止了使節的交流？總之，在拓拔珪稱帝後的十年間，因為拓拔氏不願再屈居於東晉的藩屬，而司馬氏仍執迷於西晉時期的正統權威，未能接受自己和其他政權之間具有平等關係，故雙方不再進行中央層級的往來，在政治上已屬斷交的狀態。換言之，道武帝雖然提升了北魏在當時割據局勢中實質的影響力，也試圖讓本國與後秦、東晉分庭抗禮，卻未必獲得這些鄰邦的承認。

　　回頭審視當時擔任外交事務的三位主要官員，亦能探知北魏初期處理國際事務時的窘境：崔逞「及慕容驎立，逞攜妻子亡歸太祖」；公孫表「慕容寶走，乃歸闕」；張濟「（慕容永）永滅，來奔」，〔註63〕他們的共同點即是原本

認知裏，這是兩國將領之間的往來，然而北魏卻改由道武帝回覆及主導，並將之記載為「司馬德宗遣使朝貢」，如此便營造了雙方中央層級外交未曾中斷之假象。《魏書》自然承襲了北魏官方說法。另外，《晉書》，卷67〈郗恢傳〉載：「姚萇遣其子略攻湖城及上洛，又使其將楊佛嵩圍洛陽。恢遣建武將軍辛恭靖救洛陽……。時魏氏強盛，山陵危逼，恢遣江夏相鄧啟方等以萬人距之，與魏主拓跋珪戰於滎陽，大敗而還」，則後秦楊佛嵩圍攻洛陽稍後，東晉與北魏間也在滎陽發生戰爭，而《魏書》中馳使向北魏乞師的郗恢，隔沒多久卻在《晉書》裏抵抗北魏而戰敗，當時雙方關係可能比《魏書》聲言的更為敵對緊張。

〔註61〕　《魏書》，卷2〈太祖紀〉，頁42。
〔註62〕　《晉書》，卷117〈姚興載記上〉：「桓玄遣使來聘，請辛恭靖、何澹之。興留恭靖而遣澹之，謂曰：『桓玄不推計曆運，將圖篡逆……』」，則桓玄篡位前，已自行遣使他國。
〔註63〕　《魏書》，卷32〈崔逞傳〉，頁378；卷33〈公孫表傳〉，頁389；同卷〈張濟傳〉，頁391。

皆非拓拔鮮卑的子民，而是北魏改議國號前五年之間來自西燕或後燕的人才。《魏書》卷三十三〈張濟傳〉記載：

> 濟自襄陽還，太祖問濟江南之事，濟對曰：「司馬昌明死，子德宗
> 代立，所部州鎮，迭相攻擊，今雖小定，君弱臣強，全無綱紀。……」
> 太祖嘉其辭順，乃厚賞其使，許救洛陽。……後遷謁者僕射，報
> 使姚興。以累使稱旨，拜勝兵將軍。頻從車駕北伐，濟謀功居多。

張濟除了出使東晉襄陽，又接替先前許謙報聘後秦的任務，並「與公孫表等俱為行人」，出使桓玄所掌權的江左。由異邦歸附北魏的張濟來負責重要的國際事宜，隱約透露出從代國時期即服侍拓拔氏的漢族士人們，已逐漸年老凋零，〔註 64〕而北魏當時的教育條件尚不足以培養相關人才，因此只能採用這些外來的臣屬。

〈張濟傳〉稱其「涉獵書傳，清辯，美儀容。太祖愛之，引侍左右」，可見具備了一定的文化素養，然比起同時期的後秦、南燕等他國使節，張濟在辭令上並未有特出表現。傳統史書對外交辭令多所紀錄，《魏書》於此也極為重視，但在拓拔珪時期相關的記載卻寥寥無幾，內容往往十分簡短，與外交官員們缺乏優越的學養、擅於辯說卻沒有豐華的文采有密切的關聯。即使將〈太祖紀〉以及當時曾任使節的臣子之傳記聚集起來，羅列出北魏與後燕、西燕、後秦與東晉等國的外交史料，但如果和《晉書·載記》內其他政權之類似紀錄相比較，仍然遜色得多。倘若當時曾經發生過精彩的對話卻不懂得記錄，即表現出代／魏官方對外交內涵的輕忽；倘若從未發生精彩的對話，亦表示太武帝一朝的使節素養有限，整體漢文化程度自然也沒有太大長進。

另外，由張濟回國之後，道武帝所詢問的內容以東晉情勢的分析為主來看，當時所重視的並非使節之表現或外交事務本身的狀況，而在於在外交活動中所獲取的軍政情報，而由日後張濟「從車駕北伐，濟謀功居多」等事跡可知，此時的外交人員亦是道武帝所倚重的戰略智囊。在當時戰爭頻仍的紛亂形勢下，外交內涵理當以實務為主，不過若從文化的角度觀察，仍可注意到此一階段的北魏統治者對政治文化素養之效用尚未有深切的感受，所以也就不太可能經由國際交流體認到提昇漢文化的必要性。

〔註 64〕 《魏書》，卷 24〈許謙傳〉：「皇始元年卒官，時年六十三」。

第五節　道武帝時期的漢化概況與相應的國際形象

一、漢化的內容及其侷限

　　如前所云，南向中原對拓拔鮮卑一族的漢文化發展有極大的作用。拓拔
珪遷都、稱帝的次年，即天興二年（399），北魏領導人終於超越了政治面的
實際操作，開始注意應該汲取與漢文化相關的智識，從更深的層次進行思想
及社會生活的改革，爲國家建立比較穩固的基礎。《通鑑》，卷一百十一〈晉
紀三十三‧安皇帝隆安三年〉記載，三月甲子：

> 置五經博士，增國子太學生員合三千人。（拓拔）珪問博士李先曰：
> 「天下何物最善，可以益人神智？」對曰：「莫若書籍。」珪曰：「書
> 籍凡有幾何，如何可集？」對曰：「自書契以來，世有滋益，以至於
> 今，不可勝計。苟人主所好，何憂不集！」珪從之，命郡縣大索書
> 籍，悉送平城。

繼皇始年間展開的易制與擢才之後，道武帝注意到興學與徵書的必要，這是
一個相當大的突破，故明代胡三省評說：「魏主珪之崇文如此！而魏之儒風及
平涼州之後始振，蓋代北以右武爲俗，雖其君尚文，未能回也」，〔註65〕對於
拓拔珪本人關切文教的行爲給予熱烈的讚美，並遺憾拓拔鮮卑多數部眾慣於
習武，以致於這些政策未能收立竿見影之效，直到太武帝滅北涼、統一北方
以後，北魏的儒學風氣才有起色。然而胡三省對拓拔珪的作爲與心態不免過
於高估，事實上，由政治主導的漢化往往淪爲一種「假性需求」，不僅各五胡
政權初期如此，即東晉太學亦同樣是此種需求之產物，〔註66〕目的在包裝政

〔註65〕《通鑑》，卷 111〈晉紀三十三‧安皇帝隆安三年〉，頁 3488～3689。關於置
　　　　博士、增太學生員等事，亦見：《魏書》，卷 2〈太祖紀〉，頁 39，天興二年，
　　　　三月甲子。另外，《魏書》卷 33〈李先傳〉，頁 393，記載拓拔珪之提問爲：「天
　　　　下何書最善，可以益人神智？」敘述此事爲「班制天下，經籍稍集」，將拓拔
　　　　珪大肆搜括的行爲稍加美化，且並未繫年，故從《通鑑》。
〔註66〕後趙石勒在晉愍帝司馬鄴建興三年（315）左右，名義上仍爲漢趙之臣屬時（其
　　　　年漢趙封石勒爲東陝伯）便已自立太學。其次，瑯琊王司馬在稱帝前一年，
　　　　建武元年（317）年先自封爲晉王，亦立太學。而慕容廆任東庠祭酒，世子皝
　　　　就學，「時兩京傾覆」，也大約在此時。至於匈奴劉家方面，至太興三年（320），
　　　　劉曜改國號爲「趙」後成立太學。如果較深入地觀察，則可發現東晉立太學
　　　　的時機相當微妙，實爲司馬睿稱帝的政治性前置動作，象徵意味極強，史書
　　　　云成帝咸康三年（337）再立太學，可見中間曾一度廢輟。又穆帝永和八年（352）
　　　　九月殷浩「以軍興，罷遣太學生徒，學校由此遂廢」，比之十六國許多政權，

體，以利號召，故泰半僅具象徵意義而已。只是比起江南，北魏缺乏才力深厚的學者維持文教風氣；比起其他十六國政權，拓拔氏又太晚設立教育機構，更沒能如前秦苻堅、前燕慕容皝等君王那般親臨太學或以官職獎勵學習，亦未讓本族子弟入學就讀，以期從根本改變崇武輕文的習氣，故此國家機構的實質功能難以彰顯，自然無法對臣民產生太大的影響力，其餘文教措施亦不免同流於形式。

再者，史書裏雖有道武帝頗好讀書等浮泛記載，卻極少見其關注儒家經籍的相關敘述，隋朝魏澹直指：「道武出自結繩，未師典誥」，〔註67〕或許才是比較符合事實的評價。在拔擢採用人才方面，拓拔珪對臣下的文化素養並不看重，例如《魏書》卷三十三〈李先傳〉載：

> 太祖又問曰：「卿祖父及身官悉歷何官？」先對曰：「臣大父重，晉平陽太守、大將軍右司馬。父樊，石虎樂安太守、左中郎將。臣，苻丕尚書右主客郎，慕容永祕書監、高密侯。」太祖曰：「卿既宿士，屢歷名官，經學所通，何典為長？」先對曰：「臣才識愚闇，少習經史，年荒廢忘，十猶通六。」又問：「兵法風角，卿悉通不？」先曰：「亦曾習讀，不能明解。」太祖曰：「慕容永時，卿用兵不？」先曰：「臣時蒙顯任，實參兵事。」太祖後以先為丞相衛王府左長史。從儀平鄴，到義臺，破慕容驎軍，回定中山，先每一進策，所向克平。

後燕末年，李先歸順北魏，道武帝接見時曾經對其家世及所學所長展開一連串的提問。在這些問題裏，關於經史的比例極低，不過略作點綴而已，很顯然道武帝著重的是臣屬在軍事方面的才幹，期待李先專精兵法與測探風候等學識，能夠擔負戰場上的重任。因此儘管李先答覆時，上陳自己對經史的理解「十猶通六」，看似比閱讀兵法風角時「不能明解」的程度更為熟悉，但道武帝仍然對他從武的履歷較感興趣，而後派遣給李先的職務也以軍事為主。

《宋書》言道武帝「頗有學問，曉天文」〔註68〕，符合北朝史書「親覽經占」等記載。另一方面，《魏書》雖試圖加強太祖與儒家經書的關聯，但數次指稱「帝好黃老」，〔註69〕已說明道武帝閱讀時有其偏向，而卷一百十四〈釋

其太學功能低落許多。

〔註67〕《隋書》（臺北：藝文印書館，1972年，景印《二十五史》之一，用清乾隆武英殿本），卷58〈魏澹傳〉，頁703。

〔註68〕〔梁〕沈約，《宋書》（北京：中華書局，1997年），卷95〈索虜傳〉，頁592。

〔註69〕《魏書》，卷114〈釋老志〉，頁1451。其餘見下文所引。

老志〉又云：

> 太祖好老子之言，誦詠不倦。天興中，儀曹郎董謐因獻《服食仙經》
> 數十篇。於是置仙人博士，立仙坊，煮鍊百藥，封西山以供其薪蒸。
> 令死罪者試服之，非其本心，多死無驗。太祖猶將修焉。

在拓拔珪的觀念裏，黃老之學其實是自己原本已極感興趣的方術之延伸，與
鮮卑一族既有的宗教、巫占並沒有太大差異，無爲治術固不切其用，至於玄
學哲思更非其所關心。若與同時的敵國君王相比，則後秦姚興「講論道藝，
錯綜名理」，南燕慕容德「博觀群書，性清愼，多才藝」，〔註70〕都跳脫了以
書籍文章來勘測吉凶禍福、養體營生的侷限，甚至進入了審美的層次，而道
武帝對漢文化的吸收，就缺乏深刻的體會，內容也失之偏頗。

　　再從某些政策推行的細節來看，道武帝對漢文化仍帶著濃厚的抗拒與敵
意，多少製造了其與傳統之間的對立。例如天興元年（398），在遷都平城後，
道武帝雖已開始模仿漢人制度，但卻又「命朝野皆束髮加帽」，〔註71〕全面規
定無論臣子所屬族群、階級，在服裝儀容上皆必須拓拔鮮卑化。五胡政權中
如此苛求者，實絕無僅有，突顯出他們對異質文化的排擠。《魏書》卷一百八
之四〈禮志四之四〉亦云：

> 天興……六年，又詔有司制冠服，隨品秩各有差，時事未暇，多失
> 古禮。

北魏正名之後與江左外交，前兩次實爲東晉邊疆將領向北魏常山王乞師，使
節並未前往首都。唯有最後一次桓玄預報稱帝，使節到過平城，時即天興六
年（403），北魏的官服範則可能尙未制訂完成，也可能完成後仍不合禮法，
充滿許多缺漏。

　　南朝人習慣蔑稱北魏爲「索虜」，因此不難想像在雙方使節往還的過程
裏，南使在北魏朝廷看到滿殿束髮胡帽時所產生的強烈優越感，或者北使身
處南方朝廷時，因儀俗的落差而引發的輕視心。事實上，這在外交上也存在
實質的影響，讓北魏在以漢制爲主的交流中付出代價，長期接受著較低規格

〔註70〕 《晉書》，卷117〈姚興載記上〉，頁1924；卷127〈慕容德載記〉，頁2028。
〔註71〕 《通鑑》，卷110〈晉紀三十三・安帝隆安二年〉，頁3483。《隋書》，卷12〈禮
　　　　儀志七〉云：「帽，古野人之服也。董巴云：『上古穴居野處，衣毛帽皮。』
　　　　以此而言，不施衣冠，明矣。……後周之時，咸著突騎帽，如今胡帽，垂裙
　　　　覆帶，蓋索髮之遺象也。」則所謂要求臣民全體「束髮加帽」，即是「索髮」、
　　　　戴鮮卑帽。

的待遇。〔註72〕

　　觀察北魏在都城上的建設，亦可看出拓拔鮮卑文化發展的遲緩。議定國號之後，北魏始行遷都，意謂著先前各國使節與其交涉都必須遠赴盛樂，除了地處邊塞以外，代王復國後很長一段時間都未及經營宮室。《魏書》卷一百五之三〈天象志一之三第三〉云：

　　　天賜二年四月己卯，月犯鎮星，在東壁；七月己未又如之；十月丁巳又掩之，在室。夫室星，所以造宮廟而鎮司空也。占曰「土功之事興」。明年六月，發八部人，自五百里內繕修都城，魏於是始有邑居之制度。

此段記載說明，即使拓拔鮮卑一族遷徙至平城，也沒有立即進行全面的都城繕修建設，而是晚至天賜二年（405）才開始規劃相關的制度，其後未及四載，道武帝即駕崩。在〈太祖紀〉的記載裏，這段期間北魏僅於天賜五年三月曾與後秦有過外交活動，換言之，在道武帝一朝之內，絕大多數鄰國根本不曾見過邑居制度下的北魏，舉國上下的服飾與居住條件皆保持著強烈的鮮卑習俗，則拓拔氏朝廷給予外人的印象，恐怕無異於旃帳皮裘中的蠻酋夷首。〔註73〕

二、刑殺臣民與漢文化的負作用

　　除了衣飾、宮室等外在視覺方面的印象，北魏此時的人事政策也於形象有損。道武帝既對漢化存有抗拒心理，自然難以填補嚴重的文化鴻溝，甚至引發胡君－漢臣之間的緊張關係。如《魏書》卷三十二〈崔逞傳〉記載：

　　　太祖攻中山，未克，六軍乏糧，民多匿穀，問群臣以取粟方略。逞曰：「取椹可以助糧。故飛鴞食椹而改音，《詩》稱其事。」太祖雖銜其侮慢，然……以中山未拔，故不加罪。天興初，姚興侵司馬德宗襄陽戍，戍將郗恢馳使乞師於常山王遵，遵以聞。太祖詔逞與張袞為遵書以答。初，恢與遵書云：「賢兄虎步中原」，太祖以言悖君臣之體，敕逞、袞亦貶其主號以報之。逞、袞乃云「貴主」。太祖怒曰：「使汝貶其主以答，乃稱『貴主』，何若『賢兄』也！」遂賜死。

〔註72〕參考註53。
〔註73〕《南齊書》，卷57〈魏虜傳〉云：「什翼珪（拓拔珪）始都平城，猶逐水草，無城郭，木末（明元帝拓拔嗣）始土著居處」，可知齊、梁人士對北魏初年的大略印象。

《通鑑》錄敘崔逞死於天興二年（399）八月，距離前述諸般文教措施之採行不過半年，但拓拔珪卻毫不惜才地將臣屬中有限的漢族學者一殺一廢，〔註74〕兩事對照起來，顯得格外諷刺。所謂答書失旨，即因外交書信上稱謂遣詞之認知差異而引起兩國爭端，在外交史上屢見不鮮（如隋伐陳、絕交於日本），而代／魏初期這些事件的特殊處，乃在於受禍者皆為本國人士。過去，拓拔珪曾經在後秦指責下，屠戮奚牧以委曲求全，這樣的舉動正意謂承認己方有錯；如今，只是由於無法接受東晉將領對自己的稱呼不夠尊重，竟然賜死崔逞來洩忿，可見對漢臣完全沒有珍視之意，而兩件事又同樣顯示出拓拔珪在位期間尚未得到鄰國的平等尊重，外交方面的有力難伸。

事實上，答書失旨只是這場悲劇發生的引爆點，背後真正的原因還是長久以來拓拔珪自覺受到漢臣冒犯，很可能這些漢臣有意無意之間便對新建鮮卑政權流露出輕視的態度。類似的問題本身固然存在著漢人以漢文化水準來衡量北魏的沙文心態，也或許是崔逞等人言者無心，卻造成拓拔珪聽者有意的誤解，以致對漢臣引經據典之行為產生過度的反應。〔註75〕

何況，郗恢乞師一事為北魏議定國號之後，與東晉方面的首次接觸，崔逞等官員之所以在外交書信中沒有特別提高拓拔珪的身份、貶抑東晉君王的地位，極可能與代國過去作為兩晉之藩屬，而道武稱帝時又尚未朞年有關，〔註76〕故一時尚未習慣新的雙邊關係。此事在國際交流上尚留有後續效應，《魏書》卷三十二〈崔逞傳〉載：

> 後司馬德宗荊州刺史司馬休之等數十人為桓玄所逐，皆將來奔，至陳留南，分為二輩：一奔長安，一歸廣固。太祖初聞休之等降，大悅，後怪其不至，詔兗州尋訪，獲其從者，問故，皆曰：「國家威聲遠被，是以休之等咸欲歸闕，及聞崔逞被殺，故奔二處。」太祖深悔之。自是士人有過者，多見優容。

崔逞之死的傳聞流播至境外，導致東晉士人不肯歸附，改而投奔後秦（長

〔註74〕《北史》，卷24〈崔逞傳〉云：「帝怒其失旨，黜衰，遂賜逞死」；《魏書》，卷24〈張衰傳〉亦云：「後與崔逞答司馬德宗將郗恢書失旨，黜衰為尚書令史」，卷32〈崔逞傳〉此處但云「賜死」，僅指崔逞一人。

〔註75〕至十六國晚期，慕容鮮卑諸燕和羌族姚氏後秦都保留了談讌講論風氣。《魏書》雖聲稱拓拔珪曾親講黃老，但詳情或有可疑，至少不是以對談論辯方式進行。

〔註76〕郗恢卸任於東晉隆安二年九月左右（參見註54），然而北魏道武稱帝、改元天興卻是同年十二月之事，所以，郗恢修書時，北魏年號應仍為皇始三年，而拓拔珪的頭銜也還是魏王，至崔逞等回信時則難以確定。

安），甚至較弱小的南燕（廣固），這對北魏的政治號召及人才獲取，都可謂重大損失。然史書聲稱道武帝深覺後悔，此後每逢士人犯錯便多所包容，如果和其他史事相核對，可以發現這恐怕也是史家對事實的扭曲而已。例如《魏書》卷二十八〈李栗傳〉云：

> 栗性簡慢，矜寵，不率禮度，每在太祖前舒放倨傲，不自祗肅，咳
> 唾任情。太祖積其宿過，天興三年（400）遂誅之。於是威嚴始屬，
> 制勒群下盡卑謙之禮，自栗始也。

此段敘述完全與「多見優容」等語相悖反。又卷二十三〈莫含附孫題傳〉云：「栗坐不敬獲罪，題亦被黜爲濟陽太守」，同樣亦表現出道武帝對漢臣的嚴苛。以上各例都是累積了長期的不滿，對漢臣展開秋後算帳的行爲。

再進一步分析，李栗與後燕末年新近歸附的崔逞不同的是，他的父祖輩很早便北上歸附，三代皆爲拓拔氏舊屬；至於李栗本人「初隨太祖幸賀蘭部，在元從二十一人中。……時王業草創，爪牙心腹，多任親近，唯栗一介遠寄，兼非戚舊，當世榮之」，更有佐命之功，對北魏的貢獻更大，而同時間受到連坐降職的莫含亦三代服侍拓拔鮮卑。由嚴懲對象的背景看來，可發覺道武帝愈來愈不顧念與臣屬之間的舊時情誼。《魏書》卷二〈太祖紀〉敘述天興三年太史占象一事，有助於理解其心態及此事之因果脈絡：

> 時太史屢奏天文錯亂，帝親覽經占，多云改王易政，故數革官號，
> 一欲防塞凶狡，二欲消災應變。已而慮群下疑惑，心謗腹非。

由於迷信星占，使道武帝更加猜忌下屬，並嘗試藉著政治制度的改革來應合天象，導致他對創業功臣失去信任與耐性，遑論具有漢族血統的官員。《通鑑》卷一百十一〈晉紀三十三·安皇帝隆安四年〉即結合二事綜述：

> 魏太史屢奏天文乖亂。魏主珪自覽占書，多云改王易政，乃下詔風
> 勵群下，以帝王繼統，皆有天命，不可妄干。又數變易官名，欲以
> 厭塞災異。儀曹郎董謐獻《服餌僊經》，珪置仙人博士，立仙坊，煮
> 煉百藥，封西山以供薪蒸。藥成，令死罪者試服之，多死，不驗，
> 而珪猶信之，訪求不已。珪常以燕主垂諸子分據勢要，使權柄下移，
> 遂至敗亡，深非之。博士公孫表希旨，上《韓非》書，勸珪以法制
> 御下。左將軍李栗性簡慢，常對珪舒放不肅，咳唾任情。珪積其宿
> 過，遂誅之，群下震慄。〔註77〕

〔註77〕引文中所提及諸事，亦散見於《魏書》，卷33〈公孫表傳〉，頁389和卷114

《通鑑》的敘述對道武帝同時期的各種行為作了較完備的連結，依序陳列如下：天興二年，拓拔珪聽從李先的建議，命郡縣大索書籍，悉送平城，於是部份臣屬順應君命，亦各自獻書。三年，因為天文乖亂，道武帝即親閱占書，變易官名，除了依據《僊經》煮煉百藥以外，更參照《韓非》等法家思想，以法制統御下屬，隨即處死李栗，殺一儆百，以君王的威勢讓群臣遵行尊卑分明的禮儀。這個案例表現出漢文化帶給道武帝的負面影響，同時也顯現出在中國被視為學術正統的儒家，並未在北魏獲得太多的重視。

天興六年（403），道武帝刑殺曾經參與軍國大事的和跋，〔註78〕並為此事連坐漢族重臣，《魏書》卷二十四〈鄧淵傳〉載：

> 其從父弟（鄧）暉為尚書郎，兇俠好奇，與定陵侯和跋厚善。跋有罪誅，其子弟奔長安，或告暉將送出之。由是太祖疑淵知情，遂賜淵死，既而恨之。時人咸愍惜焉。

日後太武帝多次祭祀和跋，可見即使是皇室後代子孫，亦明白道武帝濫刑枉殺的錯誤，而當世對鄧淵之死亦寄予深沉的憐憫惋惜，因此道武帝統治的嚴峻苛刻應該是一公認的問題。在其變本加厲地濫施刑罰下，不僅鄰邦士人不敢歸附，連本國人士也在恐懼中出奔異邦，與《魏書》所謂「自是士人有過，多見優容」的描述全然相反！

道武帝最後一個年號乃「天賜」時期，在人生這最末五年餘，拓拔珪繼續濫施刑罰於部屬。《魏書》卷二十三〈莫含附孫題傳〉：

> 後太祖欲廣宮室，規度平城四方數十里，將模鄴、洛、長安之制，運材數百萬根。以題機巧，徵令監之。召入，與論興造之宜。題久侍頗怠，賜死。

當初莫題因李栗之罪而受到牽連被貶，在天賜三年（406）終不免慘遭逼殺。莫題的祖父莫含，曾為西晉末的并州從事，在拓跋猗盧受封為代王後，請求并州刺史劉琨讓莫含擔任自己的官屬，「琨遣入國，含心不願」，〔註79〕在劉琨的勸諭下勉強前往服侍拓跋氏。如同其祖父並非真誠地在北魏生活及任職，莫題「久侍稍怠」的原因，恐怕也不只是一時的鬆懈，而是因為在行為上失禮失格，觸犯了道武帝的禁忌，才會遭到與崔逞、李栗同樣嚴厲的賜死待遇。

〈釋老志〉，頁 1451。

〔註78〕《魏書》，卷 28〈和跋傳〉，頁 341。

〔註79〕《魏書》，卷 23〈莫含傳〉，頁 302。

　　次年，被後秦扣留多年而習染儒風的北部大人賀狄干等歸返國內，「因習讀經、史，舉止如儒者」，以致兄弟併遭屠戮，此事更反映出道武帝對儒學及漢服的厭惡。由新、舊漢臣與同族元勳先後受禍可知，令道武帝無法忍受的不僅是血統或族群的差異，更是自己無法熟悉的漢文化氛圍。

　　如前所云，道武帝對方術及法家的興趣特別濃厚，這種片面接收漢文化的問題，逐漸在實際的政治環境中發生不良效應。其中最明顯的，是道武帝展開屠殺的範圍擴大至拓拔鮮卑士人及百姓，造成舉國上下惶惑動蕩的狀況，例如《魏書》卷二十八〈庾業延傳〉云：

> 庾業延，代人也，後賜名岳。……天賜四年，詔賜岳舍地於南宮，岳將家僮治之。候官告岳衣服鮮麗，行止風采，擬儀人君。太祖時既不豫，多所猜惡，遂誅之。時人咸冤惜焉。岳葬在代西善無之界。後世祖討赫連氏，經其墓宅，愴然動容，遂下詔為立廟，令一州之民，四時致祭。求其子孫任為將帥者，得其子陵。從征有功，聽襲爵。

此與和跋之死皆是被道武帝誣殺在前、而太武帝追悼平反的事例。《魏書》時常出現「太祖不豫」這類敘述，一般認為是由於拓拔珪晚期服藥亂性所致，並被用來作為其倒行逆施、誅殺勳臣的主因。《魏書》卷二〈太祖紀〉即說明：

> 六年夏，帝不豫。初，帝服寒食散，自太醫令陰羌死後，藥數動發，至此逾甚。而災變屢見，憂懣不安，或數日不食，或不寢達旦。歸咎群下，喜怒乖常，謂百僚左右人不可信，慮如天文之占，或有肘腋之虞。追思既往成敗得失，終日竟夜獨語不止，若旁有鬼物對揚者。朝臣至前，追其舊惡皆見殺害，其餘或以顏色變動，或以喘息不調，或以行步乖節，或以言辭失措，帝皆以為懷惡在心，變見於外，乃手自毆擊，死者皆陳天安殿前。於是朝野人情各懷危懼，有司懈怠，莫相督攝，百工偷劫，盜賊公行，巷里之間人為希少。

如此可知在當時漢文化中流行的丹藥也得到道武帝的信賴，但長期服用下來，卻對其身心產生劇烈的影響，不但降低了處理政事的能力，也破壞了他與臣屬間的關係，而因道武帝之喜怒無常導致被殺害的官員人數頗多，甚至引起社會秩序的混亂，故知漢文化帶給北魏的並不全是正向的幫助。《魏書》卷十五〈昭成子孫列傳〉亦云：

　　　天賜六年（409），天文多變，占者云「當有逆臣伏尸流血」，太祖惡
　　　之，頗殺公卿，欲以厭當天災。儀內不自安，單騎遁走。太祖使人
　　　追執之，遂賜死，葬以庶人禮。……太宗追錄儀功，封南陽王以紹
　　　儀後。

〈太祖紀〉將巫者占卜之後，道武帝藉由殺害臣屬來消災解厄的過程加以省
略，此處得到了完整的補述。而卷一百一十一〈刑罰志〉也敘述：「季年災異
屢見，太祖不豫，綱紀褫頓，刑罰頗爲濫酷」，同樣指出道武帝身心狀態的反
常，改變了國家的律令及司法環境，最終連皇族成員亦不能倖免。除了衛王
拓拔儀以外，毗陵王拓拔順、常山王拓拔遵等或者受到貶謫，或者損及性命，
〔註80〕形成人人自危的集體恐慌年代。事實上，「太祖季年，威嚴頗峻，宮省
左右多以微過得罪，莫不逃隱，避目下之變」，〔註81〕甚至當年身爲太子的太
宗明元帝拓拔嗣本人，亦於父皇召喚時畏懼不已，「乃遊行逃於外」，直到道
武帝駕崩後才回朝即位，應是以族叔之遭遇爲殷鑑，心有餘悸的緣故。

　　〈昭成子孫列傳〉的記載主要凸顯出道武帝因迷信而導致各種亂象，這
與天興三年賜死李栗的背景頗爲雷同。其時道武帝由於服食丹藥使得暴行變
本加厲，但追溯這些舉措的來由，則出於其亟欲塑造君王威儀的觀念有關，
而此與法家思想又不脫干係。《魏書》卷三十三〈公孫表傳〉云：

　　　初，太祖以慕容垂諸子分據勢要，權柄推移，遂至亡滅；且國俗敦
　　　樸，嗜欲寡少，不可啓其機心，而導其巧利，深非之。表承指上《韓
　　　非》書二十卷，太祖稱善。

道武帝認爲後燕之所以覆滅，主要的原因就是中央不夠集權、勢力分化，所
以選擇《韓非子》作爲治國的參考；同時，爲了避免本國臣屬產生非份之想，
故嘗試引導他們對利益的看法，並從器物之僭越等問題開始防微杜絕。也因
此，加諸庾岳的罪名如「衣服鮮麗，行止風采，擬儀人君」等，時常被用來
施於臣屬之上，而和跋亦是因爲「好修虛譽，眩曜於時，性尤奢淫」，〔註82〕

〔註80〕　早在天興六年，道武帝已曾廢除皇族成員如毗陵王拓拔順的王位，原因爲「太
　　　　祖好黃老，數召諸王及朝臣親爲説之，在坐莫不祗肅，順獨坐寐欠伸，不顧
　　　　而唾」，參考《魏書》，卷2〈太祖紀〉，頁42；卷15〈昭成子孫列傳〉，頁198。
　　　　同卷又載：「常山王遵好酒，天賜四年，坐醉亂失禮於太原公主，賜死，葬以
　　　　庶人禮。」部份學者亦認爲屬於此一連串濫刑之列，參考：張金龍：《北魏政
　　　　治史（二）》，第七章〈道武帝晚期政局・一、道武帝晚年的暴戾〉，頁323。
〔註81〕　《魏書》，卷35〈崔浩傳〉，頁401。
〔註82〕　《魏書》卷28〈和跋傳〉，頁341。然由〈庾業延傳〉來看，道武帝服藥失常

才會受到君主的猜疑。另如《魏書》卷十五〈昭成子孫列傳〉云：

> 曲陽侯（拓拔）素延……豪奢放逸，……時太祖留心黃老，欲以純
> 風化俗，雖乘輿服御，皆去彫飾，咸尚質儉，而素延奢侈過度，太
> 祖深銜之。積其過，因徵，坐賜死。

本文先前曾經辨析過，道武帝對老子之言的喜好並非出自對哲理的追求，其
真正的興趣乃在服藥求仙，而此處又可證實所謂「尚質儉」、「去彫飾」亦非
源於對黃老之無爲治術的服膺，其重點乃在導正風俗，進一步鞏固王權，因
此如「器用奢麗」之類的罪名，事實上是「擬儀人君」的延伸，目的在阻止
臣屬侵犯自己的威儀。《魏書》卷二十八〈莫題傳〉亦記載：

> 昭成末，太祖季父窟咄徙于長安……。登國初，劉顯遣弟亢泥等迎
> 窟咄，寇南鄙。題時貳於太祖，遺箭於窟咄，謂之曰「三歲犢豈勝
> 重載」，言窟咄長而太祖少也。太祖既銜之。天賜五年，有告題居處
> 倨傲，擬則人主。太祖乃使人示之箭，告之曰：「三歲犢，能勝重載
> 不？」題奉詔，父子對泣，詰朝乃刑之。

此處敘述的高邑公莫題爲鮮卑族民，並非先前引文裏提及的漢人濟陽太守莫
題。道武帝處死莫氏父子的遠因，是復國之初，莫題曾屬意叔父拓拔窟咄爲
王，言語間透露出對道武帝的不敬之意；近因則是有人告發莫題之態度及行
爲傲慢，具有僭越君王的嫌疑。綜觀上述各例，儘管罪名的細節略有不同，
但目的皆在維護道武帝的君權，亦爲法家及黃老治術之影響的旁證。

從民族特性來說，拓拔鮮卑原本爲部落聯盟，諸部大人與領袖之間的關
係並不如漢制那般尊卑分明，〔註83〕是以君皇權威的觀念一時並未深入初步
帝制化的北魏人心。元老、臣屬習於傳統的上下關係，無法適應新的君臣綱
常與倫理，對從異文化嫁接而來的朝廷禮儀也不夠嫻熟，自然經常犯下錯誤
或逾舉，因而遭到貶斥屠戮。過去十六國時期其他政權進行漢化時，也曾出
現過類似的現象，以前秦爲例，《晉書》卷一百十三〈苻堅載記上〉敘其任用
王猛等漢族士人壓抑氐族豪強：

> 的時間可能在兩年前就開始了，而「追其舊惡」、「或以行步乖節，或以言辭
> 失措，帝皆以爲懷惡在心」等屠戮事由，更可追溯至十年前，因此這與道武
> 帝的政治需求及心態亦有關，無法全歸咎於服用丹藥。

〔註83〕相關研究可參考：呂一飛，〈論拓跋鮮卑的氏族制〉，《北朝研究》1989 年 1
期，頁 77～84；廖楊，〈鮮卑族宗法文化論略〉，《黑龍江民族叢刊》，2004 年
5 期，頁 62～67；唐長孺，〈拓拔國家的建立及其封建化〉，收入氏著，《魏晉
南北朝史論叢》，頁 204～205。

> 王猛親寵愈密，朝政莫不由之。特進樊世，氐豪也，有大勳於苻氏，
> 負氣倨傲，……（苻）堅怒曰：「必須殺此老氐，然後百僚可整。」
> ……命斬之于西廄。諸氐紛紜，競陳猛短，堅志甚，慢罵，或有鞭
> 撻於殿庭者。……自是公卿以下無不憚猛焉。……特進強德，（苻）
> 健妻之弟也，昏酒豪橫，為百姓之患。猛捕而殺之，陳尸於市。其
> 中丞鄧羌，性鯁直不撓，與猛協規齊志，數旬之間，貴戚強豪誅死
> 者二十有餘人。於是百僚震肅，豪右屏氣，路不拾遺，風化大行。
> 堅歎曰：「吾今始知天下之有法也，天子之為尊也！」

同樣都是政權轉型初期，下位者一時未能改變對領袖的態度，故上位者乃刑加元勳貴戚，以收殺一儆百之效，從而建立天子尊嚴。不同的是，苻堅委任漢族士人合力執行，除了邢罰之外又兼具法治效果；而拓拔珪較流於個人情緒的發洩，雖然仍能震懾群臣，卻反而紊亂朝綱，令臣屬無所適從。由此觀之，五胡十六國改革制度之切，族落民眾無法立即適應的情況，實為漢化引發之負面效應，而道武帝因迷於星占、服藥不當，以及選擇性地習用黃老與法家之學，導致晚年亂性，造成十年濫刑的狀況，也都可謂漢化之副作用。

　　十六國末期，五胡政權如後燕、南燕慕容氏和後秦姚氏之皇族成員，已多半具備相當的漢文化素養，與之比較起來，拓拔氏君王的所作所為只有反襯出北魏初期的野蠻形象。再者，既然崔逞之死導致東晉司馬休之等人不願投奔北魏，意謂著相關傳聞在國際間流播甚廣，而道武帝又未曾真正地悔悟改過，都延緩了拓拔鮮卑對漢文化的進一步理解。所以，自桓玄之亂乃至劉裕篡晉，當南方人士在向外尋求軍事援助時，都將國力較強的後秦與北魏當作主要對象，一旦政局演變為必須去國逃亡的情形，則幾乎所有的士人甚至民眾都選擇了後秦、南燕。例如司馬休之捨北魏而改投南燕後，因桓玄亂平又回到東晉。後因與劉裕無法相容再度出奔，此次選擇後秦，因為其時南燕已滅，而北魏名聲仍未好轉。等到劉裕殲滅後秦，司馬休之終於逃向北魏，但身死半途。〔註84〕另如《魏書》卷三十七〈司馬叔璠傳〉載：

> 桓玄、劉裕之際，叔璠與兄國璠北奔慕容超。後西投姚興。劉裕滅
> 姚泓，北奔屈丐。世祖平統萬，兄弟俱入國。

司馬國璠兄弟先逃至南燕、再投向後秦，最後前往大夏，東奔西顧地繞著北

〔註84〕《魏書》，卷 37〈司馬休之傳〉，頁 426。事實上，司馬休之本人從未真正臣
　　　　屬於北魏，僅追贈官位，《魏書》卻將他與同伴、後人一起收入列傳之中。

魏勢力範圍之外大半圈，才不得不成為其臣民。此外如桓玄覆滅之後，玄衛將軍、新安王桓謙、臨原王桓怡、雍州刺史桓蔚、左衛將軍桓謐、中書令桓胤、將軍何澹之及刁雍、王慧龍等皆奔後秦，直到後秦滅亡，部份人才轉入北魏。〔註85〕總而言之，東晉流亡人士無論其立場屬於保皇或叛晉，都有意識地避開了北魏，可見其國際名聲的低落。

同樣地，慕容鮮卑南燕末年的流亡者亦往往捨棄鄰近的北魏，附歸於較遠的後秦，而那些逃至北魏的人士之中，也有不少又再轉投他國。例如南燕主慕容超因寵信公孫五樓，誣殺重臣，宗室慕容凝、慕容鐘與慕容始即出奔後秦，至於慕容法、封融與段宏等雖先前往北魏，但封、段兩人卻在三年後離開，進入了東晉，〔註86〕慕容法則失去消息。《魏書》卷五十〈慕容白曜傳〉云：

> 慕容破後，種族仍繁。天賜末，頗忌而誅之。時有遺免，不敢復姓。

本文前引卷二〈太祖紀〉亦記載，天賜六年七月，慕容氏百餘家逃亡未遂，三百餘人伏誅，即稍早於封融與段宏逃往東晉的時間，故慕容法有可能就在被殺的慕容氏三百餘人之中。南燕降臣們之所以甘冒奇險，嘗試轉投對五胡政權歧視程度極深的東晉，與北魏局勢的混亂應有極大關係。如此看來，道武帝濫刑妄殺的影響的範圍極廣，造成國家的評價遲遲無法回昇，間接地阻礙了拓拔鮮卑對異文化的接觸。

三、道武帝時期的文學概況

北魏此一階段的漢文化發展既然有其局限，則需要深厚涵養來支撐的文學創作自然就更顯得低迷。代／魏舊臣之中，僅許謙、張袞等少數漢族臣民的文才受到史家稱許，但其撰述大抵以書信或奏章為主，數量有限，又皆未輯篇成集，很難表現出他們作品的價值。

在南向中原後的新附臣屬之中，崔宏曾居文化領袖地位，〔註87〕然而，《魏書》卷二十四〈崔玄伯傳〉載：

〔註85〕 《晉書》，卷117〈姚興載記上〉，頁1929；《魏書》，卷3〈太宗紀〉，頁49。

〔註86〕 《晉書》，卷128〈慕容超載記〉，頁2038。《宋書》，卷1〈武帝本紀上〉：「偽徐州刺史段宏先奔索虜，十月，自河北歸順」。《通鑑》，卷115〈晉紀三十七‧安帝義熙五年〉「封融詣劉裕降」。

〔註87〕 崔宏事，參考：陳寅恪，《隋唐制度淵源略論稿》（臺北：里仁），頁98。崔浩於明元、太武朝所受重視，非道武帝朝可比，故於下一章另加探討。

太祖征慕容寶，次於常山，玄伯棄郡，東走海濱。太祖素聞其名，遣騎追求，執送於軍門，引見與語，悅之，以爲黃門侍郎，與張袞對總機要，草創制度。……太祖常引問古今舊事，王者制度，治世之則。玄伯陳古人制作之體，及明君賢臣，往代廢興之由，甚合上意。未嘗謇諤忤旨，亦不謟諛苟容。及太祖季年，大臣多犯威怒，玄伯獨無譴者，由於此也。……尤善草隸行押之書，爲世摹楷。玄伯祖悅與范陽盧諶，並以博藝著名。……世不替業。故魏初重崔、盧之書。……玄伯自非朝廷文誥，四方書檄，初不染翰，故世無遺文。……始玄伯因苻堅亂，欲避地江南，於泰山爲張願所獲，本圖不遂，乃作詩以自傷，而不行於時，蓋懼罪也。及浩誅，中書侍郎高允受敕收浩家，始見此詩。

從此段敘述裏，可知崔宏的確以學養、文藝受到道武帝的重視，而其創作亦已超過實用文章範圍。然崔宏早在前秦時已成名出仕，「少有俊才，號曰『冀州神童』。苻融牧冀州，虛心禮敬，拜陽平公侍郎，領冀州從事，管征東記。出總庶事，入爲賓友」，「苻堅聞而奇之」；換言之，其創作的習慣在歸附拓拔鮮卑之前就形成了，因此並不是北魏培養的人才。更重要的是，崔宏自後燕入魏後，除公文之外即不另寫文章，更因畏懼獲罪，不敢公開詩作，由此可見，與前秦和後燕等統治區域比較起來，北魏初期的文學環境更爲惡劣，政治氛圍嚴重地壓抑了士人們的創作空間。又《魏書》卷三十五〈崔浩傳〉云：

太祖以其工書，常置左右。太祖季年，威嚴頗峻，宮省左右多以微過得罪，莫不逃隱，避目下之變，浩獨恭勤不息……

崔宏與其子崔浩，同樣都能在道武帝濫用刑罰的朝廷內避開禍害，不至如崔逞等人答書失旨而遭受罷黜或誅殺，箇中關鍵應該就是因爲他們謹言慎行、下筆有所節制。崔氏父子同被《周書》列舉爲魏初文章的代表人物，〔註 88〕但在道武帝一朝卻僅顯現出學識或書法上的才能，而不以創作見長，或許出於他們對自我的保護，也恰好因爲道武帝的興趣並不在詩歌或文筆之上。

《魏書》卷八十五〈文苑傳〉云：

永嘉之後，天下分崩，夷狄交馳，文章殄滅。昭成、太祖之世，南

〔註88〕《周書》，卷41〈庾信傳〉末史臣曰，頁307。《北史》卷83〈文苑傳・序〉蹈襲此文，僅用字稍異。

收燕趙，網羅俊乂。

傳中指稱五胡亂華而導致了文學的衰微，若與西晉時期相比，此說自是正理，然而全文將拓跋什翼犍與道武帝採納士人的舉措，置諸文苑討論，頗有魚目混珠之嫌。倘若仔細分判，則十六國政權中的後趙、諸燕、前秦與後秦等，統治期間雖難免造成文學的興衰起落，但皆未至「殄滅」的地步，反倒是義正詞嚴地指責這些政權的北魏，在前代國時期，對文學幾乎是全然無知的，即使到了道武帝一朝，對文學亦未予任何獎掖。另外，《周書》卷四十一〈庾信傳〉云：

> ……中州版蕩，戎狄交侵，僭偽相屬，士民塗炭，故文章黜焉。其潛思於戰爭之間，揮翰於鋒鏑之下，亦往往而間出矣。若乃魯徽、杜廣、徐光、尹弼之疇，知名於二趙；宋諺、封奕、朱彤、梁讜之屬，見重於燕、秦。然皆迫於倉卒，牽於戰爭。競奏符檄，則粲然可觀；體物緣情，則寂寥於世。非其才有優劣，時運然也。

指出十六國時期文學衰微的狀況，同時又詳細分析此時因戰亂而獨重符檄公文，使得創作體裁的運用被外在環境所制約，文士乃受限於時代而無法發揮才華，這同樣是北魏初期文學的困境。由於拓拔鮮卑漢化程度尚淺，加上道武帝之統治方式的干擾，此傾向在北魏其實是更為嚴重的。

整體而言，由其他政權轉而投效的崔宏等人，雖為北魏初期的文學記錄增色添華，只能算作個人的創作成績，並未能促成社會風氣的轉變，亦無法代表當時北魏文壇的真正水準。嚴格來說，從部落時期至道武帝一朝，拓拔鮮卑幾乎沒有文學可談，更遑論培養本國文學的根苗了。

小　結

由於起源地的位置偏遠、部落時期的國際地位低微，拓拔鮮卑之漢化狀態一開始就面臨了先天不良的問題，而後又因為君王識見的偏頗、國內政局的動蕩，使其漢化之進展被嚴苛的條件不斷拖延，持續地萎縮在後天失調的環境裏。

本章耗費了相當篇幅來闡述拓拔鮮卑初期的外交概況，目的並非以道德為準則，揭破、針砭其違反國際道義的各種行徑，更非以功利為取向，讚嘆其能屈能伸的靈活手腕，而是儘可能重建當時的政治局勢，再從文化的角度指出：由部落階段至拓拔珪領導前半期，代／魏的實力並不強大，因此必須

藉著和其他邦國的虛與委蛇掙得實際的軍政利益，循序漸進地提昇國家地位，而這種生存方式乃決定了拓拔鮮卑面對異文化的姿態。大體上，此階段的外交型態與國家政策，是促成代／魏推行漢化的主要因素。

南向中原以後，道武帝開始設置與漢文化相關的制度，然這些改革畢竟只是拓拔鮮卑爲了立足於國際之間的轉型措施，爲本族傳統習俗與漢族思想不自然的妥協，再加上這類方針多半侷囿於政府正式的節儀或單位，執行的官員只知其然卻不知其所以然，因此漢文化尚無法深入人心，實際的影響有限。如果與其他族群作對照，則十六國各政權皆曾進行過類似的改革，故道武帝的作爲並不特別突出，又由於其著手的時間較爲緩慢，所以北魏漢化的速度其實是大幅落後的。再者，道武帝稱帝後建立君主權威的方式產生了許多負面效應，使北魏的形象符合了東晉對五胡族群的刻板認知及蓄意誣衊，亦爲日後北朝與南朝締交，立下了不良的基礎。

第三章　北魏明元帝及太武帝時期
　　　　外交型態與漢文化的發展

　　明元帝一朝可說是北魏由邊陲小國轉型爲兼融並蓄之大國的過渡期，與先前的道武帝一朝相比，此時更加重視與他國的邦交，但成績卻極爲有限，與外族文化的接觸程度也就沒有特別的突破。然而在太武帝一朝，北魏平伏了殘餘的十六國政權，達成了統一北方的功業，〔註1〕在軍政告捷的同時，於人才與文物各方面皆頗有斬獲，因而對文學和儒學的發展便產生指標性的作用。此外，南北峙立格局的底定與北魏政策的改易，亦對魏、宋之互動產生了重大的影響，形成其推行漢化的主要力量。

第一節　明元帝的外交與魏初戰略對漢化之影響

一、外交政策的改易

　　北魏道武稱帝以後，與東晉的正式外交幾乎完全斷絕，而在天興七年（404）四月，公孫表出使桓玄之後，北魏與江左間非正式的使節亦停止往來，直至明元帝神瑞元年才又重啓兩方的溝通。〔註2〕《魏書》卷三〈太宗

〔註1〕　一般將北涼滅亡（439）視爲十六國時期結束，此後北魏還併吞後仇池氏族楊氏（443），又如宕昌、鄧至等更弱小偏遠的勢力，更至西魏才加以平定，這些政權雖建於十六國時期，但一般不被列入十六國中，於北魏漢化亦無影響，皆不在本文討論範疇。

〔註2〕　如果將郗恢、楊佺期等非東晉中央派任的使節扣除，則自天興元年（398）開始，魏、晉之正式外交已中斷將近十六年。按後文所述，北魏與劉裕在晉、

紀〉載：

> 秋八月戊子，詔馬邑侯元陋孫使於姚興。辛丑，遣謁者悦力延撫慰
> 蠕蠕，于什門招諭馮跋。詔平南將軍、相州刺史尉太眞與司馬德宗
> 太尉劉裕相聞，使博士王諒假平南參軍將命焉。姚興遣使來聘。

因此南北再次展開交流，是由北魏主動向東晉進行聯絡的。然而，所謂「相
聞」即爲互通信息，所以發信者與回信者並不直接接觸，只是彼此提供一些
資訊給對方而已。〔註3〕此次交流雖爲北魏朝廷所發起，卻採用駐外將領相州
刺史尉太眞的名義，與當時眞正執掌東晉大權的劉裕通信，嚴格說來亦非雙
方朝廷正式的外交。

《魏書》於此事之後，又記載了次年（415）夏四月，明元帝首次接受「司
馬德宗遣使朝貢」的概況。然仔細察索史書脈絡，就可提出合理的懷疑：既
然北魏是以相州刺史的名義和東晉太尉展開往來的，那麼東晉是否眞的會以
中央朝廷的名義出面回應呢？事實上，劉裕亦曾遣使至後秦、大夏等國，以
《晉書》卷一百十七〈姚興載記上〉爲例：

> 劉裕遣大參軍衡凱之詣姚顯，請通和，顯遣吉默報之，自是聘使不
> 絕。晉求南鄉諸郡，興許之。

劉裕不僅主動與後秦司隸姚顯聯繫，而且雙方進行過談和、易俘與領土等諸
多議題，晉、秦之間遣使的次數比起北魏更爲頻繁，關係也更密切。然東晉
與後秦建立外交之初，仍未使用中央朝廷的名義，而劉裕與大夏通使，情形
亦是如此，〔註4〕據此可以推判北魏亦應處於類似的局勢之中。

自桓玄、劉裕擁攬大權，南朝每逢改朝換代之際，新執政者爲了防止內
外受敵，往往希望鄰國能夠承認其已取代舊朝之正統地位，故對北方政權的
外交態度也就有所改變。因此，無論東晉中央朝廷本身的立場爲何，跨越鎖
國政策而展開實質的交流乃成爲難以避免的趨勢。

值得注意的是，北魏在聯絡劉裕的同時，還遣使至後燕、柔然和北燕，
可謂推行全面外交。一方面，特別通過非正式的管道，努力與東晉恢復往來，
亦急切地促成與後秦曾經失敗破局的聯姻，〔註5〕儘量向其他大國和平相

宋之交才頻繁往來，那麼可推算雙方正式外交大約中斷了二十年以上。

〔註3〕據《魏書》，卷29〈叔孫建傳〉記載：兩年後，泰常元年（416），東晉伐後秦，
明元帝亦曾「令（叔孫）建與（劉）裕相聞」。

〔註4〕劉裕與大夏赫連勃勃通使，詳見本章第二節，頁56。

〔註5〕《魏書》，卷3〈太宗紀〉記載，永興五年（414）「十一月癸酉，……姚興遣使

處；另一方面，卻對其他較小的國家擺出高傲的姿態，以表現自己力量的壯大。例如《魏書》卷八十七〈于什門傳〉記載北魏使節至北燕首都的情形：

> 太宗時爲謁者，使喻馮跋。及至和龍，住外舍不入，使人謂跋曰：「大魏皇帝有詔，須馮主出受，然後敢入。」跋使人牽逼令入，見跋不拜，跋令人按其項。什門曰：「馮主拜受詔，吾自以賓主致敬，何須苦見逼也！」與跋往復，聲氣屬然，初不撓屈。既而跋止什門。什門於群眾之中，回身背跋，被袴後襠以辱之。既見拘留，隨身衣裳敗壞略盡，蟣虱被體。跋遺以衣服，什門拒而不受。和龍人皆歎曰：「雖古烈士，無以過也！」歷二十四年。〔註6〕

儘管于什門的不屈氣節令人肅然起敬，但若從外交層面來談，其應對過於直接魯莽，處理的過程及用語上毫無技巧，甚至可能損及本國形象，未必稱得上是優秀的使節。〔註7〕此次外交所具備的歷史意義，乃在北魏對其他國家態度的轉變：過去代／魏之王曾經被後燕、前秦與東晉皇帝等國視爲藩屬，而今北魏皇帝卻以同樣的姿態對待其他國家君主。此一轉變乃反映出，在明元帝時期，北魏的國際地位逐漸提高，不僅聲威已足與後秦、東晉等國分庭抗禮，在外交上自然也希望能夠比照這兩個大國，並以弱小政權之宗主國自居。〔註8〕歷經這個階段之後，《魏書》中一再聲言的他國「朝貢」才比較具有可信度。

朝貢，來請進女，帝許之」。後一年，神瑞二年，「冬十月壬子，姚興使散騎常侍、東武侯姚敞，尚書姚泰，送其西平公主來，帝以后禮納之」，即明元昭哀皇后姚氏。然而，按《晉書》卷118〈姚興載記下〉云：「時魏遺使聘于興，且請婚。……興大悅，遺其吏部郎嚴康報聘，并致方物」，並記述姚興與其平陽太守姚成都議論聯姻與否之對話，可知此次聯姻乃是北魏主動求婚的。而《通鑑》，卷第116〈晉紀三十八‧安帝義熙九年（413）〉亦載：「十一月，魏主嗣遺使請昏於秦，秦王興許之」，時間早於《魏書》一年。《魏書》每每將拓拔氏向外族求親之事，改寫爲對方主動「進女」，如較早與慕容氏聯姻、後日與劉宋皇室聯姻始終未成，皆作如此敘述，至今學者仍不免誤承其說。

〔註6〕 《晉書》，卷125〈馮跋載記〉中亦載此事，但是北魏使節爲耿貳。

〔註7〕 日後，弱小國家假意稱臣而不受詔之事，亦時而可見，北魏使節多能恰當處理，如《魏書》，卷32〈封懿附封軌傳〉載：孝文帝時，「高麗王雲恃其偏遠，稱疾不親受詔。軌正色詰之，喻以大義，雲乃北面受詔」。

〔註8〕 當然，這樣的改變最初無法被北燕、高麗等國所接受，因此才會產生不受詔之類的反抗舉動，例如北燕一度扣留北魏使節，另再與拓拔鮮卑的世仇大夏建交；而柔然與北燕本有聯姻之誼，更進犯北魏以示威。

二、與江南外交的頻繁

明元帝泰常年間，北魏與江南的交流轉趨頻繁，但相關記載仍不詳明。
《宋書》卷九十五〈索虜傳〉云：

（義熙）十三年，高祖西伐長安，（拓拔）嗣先娶姚興女，乃遣十萬
騎屯結河北以救之，大爲高祖所破，事在朱超石等傳。於是遣使求
和，自是使命歲通。

《通鑑》卷一百十九〈宋紀一·高祖武皇帝三年（422）〉亦追述：

初，魏主聞高祖克長安，大懼，遣使請和，自是每歲交聘不絕。

二書所敘事因稍有不同，然皆指出在劉裕爭伐後秦首都長安的前後，兩國的
外交關係即大爲改變，時爲東晉安帝義熙十三年，亦即北魏明元帝泰常二年
（417）。不過，《魏書》卷九十七〈島夷劉裕傳〉卻如此記載：

……（劉裕）自號爲宋，改年爲永初，時泰常五年也。裕既僭立，
頻請和通，太宗許之。六年，裕遣其中軍將軍沈範、索季孫等朝貢。

與先前所列兩段史文相比，不僅在時間上晚了三年，外交的對象由東晉改變
爲劉宋，連主動與被動的立場也相反了。江左改朝易代之際，新政府的確時
常改變對北朝的外交態度，故《魏書》所言乃符合此種一再重演之現象。

綜觀《宋書》、《魏書》與《晉書》等歷史文獻，南朝向來疏於記錄雙方
外交事件，是爲常態；倘若北朝忽略而不加記載，反爲異常的情形。由《魏
書》同時期的記載可知，在劉裕北伐的過程裏，北魏對於是否應該援救聯姻
盟國後秦，頗爲猶豫；至於兩軍之間的戰況，卷二〈太宗紀〉既曰雙方「更
有負捷」，卷二十五〈長孫嵩傳〉又云本國「軍頗失利」，亦互相矛盾、言辭
閃爍，但仍可看出大致以東晉方面略佔上風。〔註9〕因此，應能判斷《宋書》
與《通鑑》所言爲眞——當時北魏處於弱勢，故以求和爲先。此時劉裕雖掌
握江左大權，然在他尚未篡代之前，名義上仍是晉臣，行師在外而與北魏互

〔註9〕 《魏書》，卷2〈太宗紀〉載：泰常元年，九月，「司馬德宗相劉裕，泝河伐姚
泓，……。兗州刺史尉建畏懦，棄州北渡，王仲德遂入滑臺。詔將軍叔孫建
等渡河，耀威滑臺，斬尉建於城下」，雖云耀威，然殺己方敗將示眾，實無任
何作用。次年二月，「詔司徒長孫嵩率諸軍邀擊劉裕，戰於畔城，更有負捷。
帝詔止諸軍，不克」。然而，如：卷25〈長孫嵩傳〉：「晉將劉裕之伐姚泓，太
宗假嵩節，督山東諸軍事，傳詣平原，緣河北岸，列軍次於畔城。軍頗失利」；
卷35〈崔浩傳〉：「太宗遂從群議，遣長孫嵩發兵拒之，戰於畔城，爲裕將朱
超石所敗，師人多傷」，另可參考卷29〈叔孫建傳〉等。大略而言，《魏書》
於〈帝紀〉中聲稱兩軍互有勝負，在〈列傳〉裏記載本國失利。

使，並非兩國之間正式的往來，故北朝史官爲了不在歷史上留下不光榮的記
錄，乃將雙方頻繁外交開始的時日紀錄推遲三年，省略過去和東晉權臣的交
流，直接書寫與劉宋武帝之間的互使。倘若依《宋書》和《通鑑》來推算，
則明元帝朝與劉裕之間的頻繁遣使大約歷時五年（泰常二年至六年）左右。

　　或許是因爲劉宋初年的外交乃爲東晉末的延續，故《魏書》雖云「裕既
僭立，頻請和通」，卻未留下具體的記載。首次敘述得較爲詳盡的魏宋通使事
件，見於《宋書》卷九十五〈索虜傳〉：

　　　高祖遣殿中將軍沈範、索季孫報使，反命已至河，未濟，（拓拔）嗣
　　　聞高祖崩問，追執範等，絕和親。太祖即位，方遣範等歸。

此處必須注意的是「和親」一詞，雖多指兩國之間的通婚，但考據南北朝史書
及其所引時人文章，另外如唐修《南史》與《北史》等，可知「和親」亦僅具
「連和親好」之意，也就是聘問外交的過程，未必全部與聯姻有關，〔註10〕故
此時劉宋與北魏之間很可能只有一般的往來。在《魏書》卷九十七〈島夷劉裕
傳〉裏，將此事重新整理並說明：

　　　（泰常）六年，（劉）裕遣其中軍將軍沈範、索季孫等朝貢。七年五
　　　月裕死。子義符僭立。太宗以其禮敬不足，遣山陽公奚斤等率步騎
　　　二萬於滑臺渡河南討。

由於宋武帝劉裕駕崩，北魏明元帝乃決定「乘喪伐之」，〔註11〕打算藉機攻
取洛陽、虎牢、滑臺等地，因此追捕在返國途中的沈範、索季孫，直至宋文
帝登基之後才予以放還。此種行徑雖可常見於戰略經營之中，然當時其他的
政權多半不能認同，例如《通鑑》卷一百一十六〈晉紀三十八・安帝義熙八
年（412）〉記載西秦內亂，乞伏乾歸被弑，「秦人多勸秦王興乘亂取熾磐，
興曰：『伐人喪，非禮也。』夏王勃勃欲攻熾磐，軍師中郎將王買德諫曰：『熾
磐，吾之與國，今遭喪亂，吾不能恤，又恃眾力而伐之，匹夫且猶恥爲，況
萬乘乎！』勃勃乃止」，也就是說，後秦和大夏都能依循古禮，不在敵國發
喪時侵略攻伐，而明元帝卻不聽崔浩勸諫，執意破壞與劉宋之間的邦誼。由

〔註10〕參考本章第四節，頁80所引顏竣〈與虜互市議〉。
〔註11〕《魏書》，卷35〈崔浩傳〉，頁404。然劉宋方面也未全遵守此一經義，例如
　　　劉裕曾乘姚興之喪侵伐後秦、其子宋文帝亦乘魏太武帝駕崩時北伐（《通鑑》
　　　卷126〈宋紀八・文帝元嘉二十九年（452）〉：「上聞魏世祖殂，更謀北伐」），
　　　漢文化正統與漢化最淺的國度都拋棄了此類訓示，但漢化較深的異族卻嚴加
　　　恪守，箇中區別頗耐人尋味。

此可顯示出當時拓拔鮮卑領導者對儒學服膺的程度，與羌族和鐵弗匈奴等相差甚遠，亦不太遵守國際道義與默契。正因《魏書》自覺北魏方面於情於理都有所虧欠，故隱去扣留使節之事，而《宋書》卻一反常態地對此次外交加以敘述。

　　總而言之，北魏之背信與不友善的行為，導致兩國建立未久的外交又告中斷，此後終明元帝一朝，北魏與江左未再相互遣使。所以，明元帝雖然曾企圖與東晉、劉宋建立友好關係，然而為時甚為短暫，再加上史料闕略，不易研判其對國內情勢的影響。但可以確定的是，此一時期的北魏使節仍不很出色，因而幾乎沒有相關史料留存，這同樣反映出明元帝的文化政策之進展有限，對漢文化的理解自然也比較淺薄。

三、軍政決策對漢化的影響

　　當時北魏的漢化進展之所以有限，與明元帝對南遷的遲疑態度是一致的。自道武帝遷都平城直至明元帝一朝結束，拓拔鮮卑南向的時間不過短短二十五年，仍屬新入中原的政權，他們對塞外區域的重視，自然比新據有的領土更加重視，此於遷都之議及與軍政相關的重大決策中皆可看出。《魏書》卷三十五〈崔浩傳〉記載：

> 神瑞二年，秋穀不登，太史令王亮、蘇垣因華陰公主等言讖書國家當治鄴，應大樂五十年，勸太宗遷都。浩與特進周澹言於太宗曰：「今國家遷都於鄴，可救今年之飢，非長久之策也。東州之人，常謂國家居廣漠之地，民畜無算，號稱牛毛之眾。今留守舊都，分家南徙，恐不滿諸州之地。參居郡縣，處榛林之間，不便水土，疾疫死傷，情見事露，則百姓意沮。四方聞之，有輕侮之意，屈丐、蠕蠕必提挈而來，雲中、平城則有危殆之慮，阻隔恒代千里之險，雖欲救援，赴之甚難，如此則聲實俱損矣。今居北方，假令山東有變，輕騎南出，燿威桑梓之中，誰知多少？百姓見之，望塵震服。此是國家威制諸夏之長策也。……」太宗深然之。

《魏書》卷二〈太祖紀〉曾載：「天興元年春正月，……帝至鄴，巡登臺榭，遍覽宮城，將有定都之意。乃置行臺」，故道武帝時已屬意將鄴城訂為首都。明元帝時，因國內發生饑荒，於是正式議論遷都之事，最終卻因崔浩、周澹反對而作罷。崔浩等人否定的理由，主要著重於平城居於北方，因此易於管

控南方、可以寡敵眾的戰略思想上，但背後也可能隱藏了對大夏、柔然等敵國的顧忌。此外，其未明言（或北魏官方史料不敢坦然承認）的原因，還有道武帝遷都所造成的損失。自道武帝從盛樂遷至平城後，拓拔鮮卑在中原的影響力逐漸增加，相對地，對過去稱雄的區域的約束力卻日漸減少。此時取代拓拔鮮卑「雄於北方」〔註12〕之地位的，正是被拓拔鮮卑向來視為臣屬的柔然，儘管北魏再三出軍反擊，柔然也偶爾假意屈服，但始終無法根本地解決問題。影響所及，不僅歷任代王們昔日平伏的高車等北方部落慢慢地脫離了掌控，甚至連故都盛樂亦曾為柔然攻破，〔註13〕是故崔浩等人才有遷平城而失盛樂、再遷鄴城則危及平城之憂慮。由此觀來，此時北魏對再度向南遷的遲疑，在軍政形勢上是極有道理的。〔註14〕

　　然由另一方面言之，鄴城自漢末以降便成為重要城市，曾歷曹魏、後趙與前燕等政權的建設經營，故日後北魏興築宮殿時仍需取法此處。所以，未能即早遷至鄴城以取用其間豐沛的文物資源，而繼續居留在「非可文治」、被定位為「用武之地」的平城，〔註15〕在漢化上就缺少了一個利多因素。

　　由代國到北魏初期，拓拔鮮卑的戰略考量向來重北輕南，此次否決再次遷都僅是其中一環。試觀拓拔珪割據中原以後的經略概況，首要目標似乎只鎖定於姻親慕容鮮卑，而在佔領了後燕大部份的領土後，「徙山東六州吏民雜夷十餘萬口以實代」，優先考量的仍是如何充實北方的問題，對於穩

〔註12〕《通鑑》，卷112〈晉紀三十四・安帝元興元年（402）〉：「柔然社崙方睦於秦，遣將救黜弗、素古延；辛卯，和突逆擊，大破之，社帥崙其部落遠遁漠北，奪高車之地而居之。……社崙於是西北擊匈奴遺種日拔也雞，大破之，遂吞併諸部，士馬繁盛，雄於北方」。在十六國時期，「雄於北方」一語亦曾用於描述前代王拓拔鬱律，以及被拓拔珪擊敗的劉顯之聲勢。

〔註13〕《魏書》，卷4〈世祖紀上〉記載：始光元年，「八月，蠕蠕率六萬騎入雲中，殺掠吏民，攻陷盛樂宮」。

〔註14〕〔清〕趙翼著，〔民國〕杜維運考證：《廿二史劄記》（台北：華世出版社，1977年9月），卷13〈北史合魏齊周隋書〉，「魏孝文遷洛」條，稱此次遷都不遂為「開國君臣之深識遠慮」。另可參考：勞榦，〈北魏後期的重要都邑與北魏政治的關係〉，《中央研究院歷史語言所集刊》外編第4種上，《慶祝董作賓先生六十五歲論文集》，1960年7月，頁229～269；曹文柱，〈論北魏初年都址的選擇及其對前期社會的影響〉，收入：氏著，《魏晉南北朝史論合集》（北京：商務印書館）

〔註15〕《魏書》，卷19中〈景穆十二王傳中・任城王〉，頁235～236載孝文帝語。另外，孝文帝欲遷都洛陽時，大臣如高閭等，亦曾建議改遷道武帝和明元帝曾屬意的鄴城。

固或經營南方就比較粗疏。遷都平城以後，道武帝亦未將重心放在偏南的敵對勢力（如後秦、南燕）上，〔註16〕也就不會學習這些位於漢人區域之政權的文化政策。此後，北魏用兵的對象仍然多半是塞外的部落，例如翰海的高車、庫狄等，反映出拓拔鮮卑著意鞏固既有的勢力範圍，對新佔據的領土一時還無法產生歸屬感，而這類以北方爲主的國家戰略，即是其漢化的阻力之一。

道武帝爲其子清河王拓拔紹所弒，造成國內動蕩不安，至明元帝初期更變亂時起，罕有寧日。繼位之年（490），內有朱提王拓拔悅謀反、外有柔然犯塞，此後明元帝不僅屢次派遣重臣要員鎮撫州縣，本人也經常巡視固有領土，〔註17〕換言之，明元帝一朝初期並無力擴張疆域，即使到了中期，仍極少對中國境內其他政權用兵。

此時江左正逢劉裕建功立業，逐漸掌握東晉軍政大權，先後出兵滅南燕、平西蜀與討伐後秦，在這段時期裏，北魏僅與行進時踏入其領土的東晉軍隊進行過小規模交戰。《魏書》卷二十五〈長孫嵩傳〉記載了北魏面對劉裕伐後秦的態度：

> 太宗……又敕簡精兵爲戰備，若（劉）裕西過者，便率精銳南出彭沛，如不時過，但引軍隨之。彼至崤陝間，必與姚泓相持，一死一傷，眾力疲弊。比及秋月，徐乃乘之，則裕首可不戰而懸。

明元帝的敕令頗有虛張聲勢之嫌，擊敗劉裕之目的亦未實現。不過，北魏統一北方的過程大體維持不變的原則：不急於窮兵黷武以擴張領土，而是保存儲備實力，等待後秦、大夏與涼州政權互鬥整合，並坐視東晉消滅南燕和後秦，然後再乘隙蠶食各股疲弊的勢力。

一般對十六國亂局的認知，以北魏統一北方作爲結束。不過，北魏並非憑一己之力而席捲所有敵對政權來成就大業，眞正被拓拔鮮卑直接平伏的政權其實寥寥無幾，曾經雄踞中原的南燕、後秦等，都被劉裕所領導的東晉軍隊擊滅，北魏只是坐收漁利而已。南燕與後秦的漢文化水準在十六國之中頗爲突出，北魏未能在爭戰之餘獲取文物，對其進一步漢化亦可謂錯失良機。

〔註16〕終道武帝一朝，僅有天興五年（402）與後秦曾發生柴壁之戰。此戰以北魏勝利作結，然並未侵佔後秦領土，更從未放棄與之聯姻通好。

〔註17〕例如永興四年（412）七月開始，明元帝便向東至于濡源、西巡北部諸落再往北至長城而還；次年四月再度西巡，八月還宮。

第二節　統一北方對漢文化之促進

切確說來，十六國之中眞正亡於北魏的政權，僅有大夏、北燕與北涼三國，而此三國皆於太武帝一朝被平伏，同時也接收了原有文物及士人，對北魏的漢文化亦產生一定的影響。

一、太武帝滅赫連氏大夏對北魏漢文化之影響

大夏爲赫連氏所建立，赫連氏出自鐵弗匈奴劉氏，拓拔鮮卑亦曾與之通婚。〔註18〕在什翼犍時期，劉衛辰不堪拓拔鮮卑多番侵擾，於是南遷投附前秦，並且成爲前秦滅亡代國的嚮導，其後，苻堅曾將拓拔氏部眾交由劉衛辰與獨孤部的劉庫仁兩者分統。

代／魏復國後，拓拔珪擊破了劉衛辰及其臣屬，在展開屠殺時，劉衛辰之子勃勃西逃，託庇於後秦，《晉書》卷一百三十〈赫連勃勃載記〉云：

> 勃勃乃奔于叱干部……送于姚興高平公沒奕于，奕于以女妻之。勃勃身長八尺五寸，腰帶十圍，性辯慧，美風儀。（姚）興見而奇之，深加禮敬，拜驍騎將軍，加奉車都尉，常參軍國大議，寵遇踰于勳舊。

此時拓拔鮮卑北部大人賀狄干同樣留滯在後秦，處於被軟禁的狀態，雖未能與後秦君臣相習，卻已濡染後秦學風而行止近似儒者，而赫連勃勃頗受姚興寵遇，姚興向來喜好「講論道藝，錯綜名理」〔註19〕，可見赫連勃勃對漢文化必然有一定程度的認識。

賀狄干被放還之後，赫連勃勃將魏國視爲世仇，於是以後秦與之建交爲理由，對姚興反目相向，「時河西鮮卑杜崙獻馬八千匹于姚興，濟河，至大城，勃勃留之，召其眾三萬餘人僞獵高平川，襲殺沒奕于而并其眾，眾至數萬」，刼恩主之物，又殺岳父奪其部眾，之後始建立大夏，並改姓赫連。

鐵弗匈奴與拓拔鮮卑原本的關係相當密切，舊有習俗亦十分相近。赫連勃勃與拓拔珪兩人皆曾流亡至漢文化水準較高的後秦，成長背景相仿，且同樣併吞姻親、恩將仇報以自立，然而大夏建國晚於北魏，故國內之制度的肇創較爲緩慢。《晉書》卷一百三十〈赫連勃勃載記〉曾云：

〔註18〕《魏書》，卷 95〈鐵弗劉虎附孫衛辰傳〉載：「昭成（拓拔什翼犍）以女妻衛辰」。

〔註19〕《晉書》，卷 117〈姚興載記上〉，頁 1924～1925。

> 勃勃歸于長安，徵隱士京兆韋祖思。既至而恭懼過禮，勃勃怒曰：
> 「吾以國士徵汝，柰何以非類處吾！汝昔不拜姚興，何獨拜我？我
> 今未死，汝猶不以我爲帝王，吾死之後，汝輩弄筆，當置吾何地！」
> 遂殺之。

赫連勃勃因疑忌漢族士人輕視自己而加以刑戮，此與前述拓拔珪的心態及行爲類似。舊俗未易、立國較晚、領袖未能眞正接納漢人……凡此種種，皆可謂大夏漢化的負面因素。值得注意的是，從赫連勃勃怒斥韋祖思的內容，可知他已設想到身後名聲的問題，亦即已意識到史筆褒貶的力量，因此其對文化層面某些領域的運作，可能比北魏先前諸帝更爲嫺熟。

相同的情況在外交上亦可察見一些端倪。東晉末劉裕北伐之際，爲避免多面受敵，曾以私人身份與許多政權領袖往來。在大夏方面，曾發生這樣的小插曲，《晉書》卷一百三十〈赫連勃勃載記〉云：

> 俄而劉裕滅（姚）泓，入于長安，遣使遺勃勃書，請通和好，約爲
> 兄弟。勃勃命其中書侍郎皇甫徽爲文而陰誦之，召裕使前，口授舍
> 人爲書，封以答裕。裕覽其文而奇之，使者又言勃勃容儀瑰偉，英
> 武絕人。裕歎曰：「吾所不如也！」

赫連勃勃本人未必擅長寫作，卻懂得在接見使節之前指示屬下代寫，背熟後假冒成當場口授書函的模樣，讓劉裕自嘆弗如。這場表演破除了東晉向來對北方政權的輕視，更直接抬高夏國的文化形象，可謂深諳漢族外交之道。此時劉裕甫滅後秦，即使是偏處於西北的北涼沮渠蒙遜等割據勢力，亦爲之憂惶不已，然赫連勃勃不僅看穿「裕取關中必矣。然裕不能久留，必將南歸；留子弟及諸將守之，吾取之如拾芥耳」的軍事大局，更懂得利用外交場合的言辭應對，來顯示自己才能出眾，以獲得對方的敬重，因此儘管夏國與後秦故土相接壤，反而顯得比其他邊遠部族更爲鎮定。

若以北魏當時的外交狀況相比，似乎未能展現出與大夏同樣的成績，拓拔鮮卑欲憑國際往來獲得南方領導者的敬重，還需要更長的時間醞釀，而這與其對漢文化的理解不足有關，上述記載恰好可以成爲北魏漢化程度未獲得君主大力提振的旁證。

後秦滅亡不久，東晉大軍果如赫連勃勃所預言的那樣班師回朝，大夏隨即乘機攻佔長安，並面臨遷都與否的重要抉擇。《通鑑》卷一百十八〈晉紀四十・恭皇帝元熙元年（419）〉：

> 群臣請都長安。勃勃曰：「朕豈不知長安歷世帝王之都，沃饒險固！
> 然晉人僻遠，終不能爲吾患。魏與我風俗略同，土壤鄰接，自統萬
> 距魏境裁百餘里，朕在長安，統萬必危；若在統萬，魏必不敢濟河
> 而西。諸卿適未見此耳。」皆曰：「非所及也。」〔註20〕

赫連勃勃指出，此時拓拔鮮卑北魏的風氣習俗和鐵弗匈奴赫連氏大夏約略相同，而他反對遷都的理由與北魏崔浩等人反對遷都鄴城的看法也頗爲近似，顯示出這兩個政權皆較重視保持原本的勢力範圍，對深耕新佔領的漢族區域不甚著意，自然也就不會積極地推動進一步的漢化。

另一方面，當大夏奪取關中時，北魏明元帝卻在崔浩的勸阻下打消搶先攻擊劉裕的念頭，轉而東巡祭岳、西渡大狩，在拓拔鮮卑舊有領土範圍內活躍。《魏書》卷三十五〈崔浩傳〉記載：

> （泰常）二年，司馬德宗齊郡太守王懿來降，上書陳計，稱劉裕在
> 洛，勸國家以軍絕其後路，則裕軍可不戰而克。書奏，太宗善之。
> 會浩在前進講書傳，太宗問浩……浩曰：「……秦地戎夷混并，虎狼
> 之國，裕亦不能守之。風俗不同，人情難變，欲行荊揚之化於三秦
> 之地，譬無翼而欲飛，無足而欲走，不可得也。若留眾守之，必資
> 於寇。孔子曰：『善人爲邦百年，可以勝殘去殺』。今以秦之難制，
> 一二年間豈裕所能哉？且可治戎束甲，息民備境，以待其歸，秦地
> 亦當終爲國有，可坐而守也。」……「王猛之治國，符堅之管仲也；
> 慕容玄恭之輔少主，慕容暐之霍光也；劉裕之平逆亂，司馬德宗之
> 曹操也」太宗曰：「卿謂先帝如何？」浩曰：「小人管窺懸象，何能
> 見玄穹之廣大。雖然，太祖用漠北醇樸之人，南入中地，變風易俗，
> 化洽四海，自與羲農齊列，臣豈能仰名。」太宗曰：「屈丐何如？」
> 浩曰：「屈丐家國夷滅，一身孤寄，爲姚氏封殖。不思樹黨強鄰，報
> 讎雪恥，乃結怨於蠕蠕，背德於姚興，撅豎小人，無大經略，正可
> 殘暴，終爲人所滅耳。」太宗大悅。

在這一席話中，崔浩以孔子之言來說服明元帝，並列舉管仲、霍光、曹操等歷史名人和近代賢豪相匹配，然談論之間用上古帝皇伏羲、神農來比擬道武帝，與《魏書》卷一〈序紀〉含蓄地描述拓拔鮮卑初始「淳樸爲俗，簡易爲

〔註20〕 《晉書》，卷130〈赫連勃勃載記〉，頁2059亦載此事，卻無「風俗略同」等字句。

化」頗有異曲同工之妙，都隱約透露出本朝先祖領袖們粗陋無文的狀態，如此，對拓拔珪「南入中地，變風易俗」之讚揚，亦委婉地反映出北魏對其所佔據的中原地區之漢文化的影響，恐怕不是正向的推進，倒可能產生被「漠北醇樸之人」破壞的後退傾向。

就軍政而言，崔浩對明元帝提出的建議乃爲相當高明的戰略，避免了國力的耗損，然於文化方面卻不免是種損失。長安在十六國時期先後作爲前趙、前秦與後秦的首都，原即籠聚了較多的人才物產，而前秦的漢文化水準在五胡十六國中可謂首屈一指，使得長安的漢文化資源頗爲豐厚，連由江左而來的劉裕都能在攻克長安之後，獲得意想不到的文物，〔註21〕而北魏卻坐視關中被其他勢力所奪，因而未能藉此良機取得新的文化挹注。

等到北魏按照崔浩的計畫攻據長安、滅亡大夏，已經又過了十五年，從明元帝時期改換至太武帝時期。大夏方面，赫連勃勃已死，由其子繼承王位。《魏書》卷三十六〈李順傳〉載：

> 及克統萬，世祖賜諸將珍寶雜物，順固辭，唯取書數千卷。

可見大夏官方的藏書對當時文籍疏略的北魏仍有一定的助益。又《魏書》卷一百五〈天象志〉記載：始光四年（427）六月「拔統萬，盡收夏器用」，故知拓拔鮮卑於佔領大夏首都時所得到的戰利品裏，也包括了與漢文化相關的事物。再如卷一百九〈樂志〉云：

> 世祖破赫連昌，獲古雅樂，及平涼州，得其伶人、器服，並擇而存之。……高宗、顯祖無所改作。諸帝意在經營，不以聲律爲務，古樂音制，罕復傳習，舊工更盡，聲曲多亡。太和初，高祖垂心雅古，務正音聲。時司樂上書，典章有關，求集中祕群官議定其事，并訪吏民，有能體解古樂者，與之修廣器數，甄立名品，以諧八音。詔「可」。雖經眾議，於時卒無洞曉聲律者，樂部不能立，其事彌缺。

西晉覆滅之後，中國雅樂輾轉流傳於北方諸政權，部份由南燕獻給後秦，等到姚氏亡於劉裕，大夏又從長安獲致雅樂。然而北魏獻文帝及先前諸帝因太過重視經略軍事，以致忽略了對漢文化的保存，直至高祖孝文帝展開全盤漢化時，才慮及追復大夏與北涼雅樂遺產的問題，但相關人才卻已凋零，因此

〔註21〕 如《宋書》，卷18〈禮志五〉：「指南車，……晉亂復亡。石虎使解飛，姚興使令狐生又造焉。安帝義熙十三年，宋武帝平長安，始得此車。記里車，未詳所由來，亦高祖定三秦所獲。」

無法成功。這段記載表現出北魏對漢文化的輕忽其實歷經了極長的時間，不僅只有初期幾位君主如此，甚至跨度到其國祚中期。

　　至於文學方面的人才，北魏君主接納的時間也較其他國家略晚。《魏書》卷五十二〈趙逸傳〉敘述其於大夏時曾官拜著作郎：

> 世祖平統萬，見逸所著，曰：「此豎無道，安得爲此言乎！作者誰也？其速推之。」司徒崔浩進曰：「彼之謬述，亦猶子雲之美新，皇王之道，固宜容之。」世祖乃止。拜中書侍郎。神䴥三年三月上巳，帝幸白虎殿，命百僚賦詩，逸製詩序，時稱爲善。

此時北魏君主尚未具備欣賞詩文的素養，亦未習慣臣屬以辭章來歌功頌德，故世祖太武帝對趙逸所作稱揚大夏政權之文章極爲反感，這自然也與魏、夏兩國立場不同有關。等到太武帝攻佔統萬之後，北魏於次年改元爲神䴥，其後赫連氏宗室歸降，對文學原本並不關心的太武帝才開始附庸風雅，「三年春正月……癸卯，行幸廣寧，臨溫泉，作〈溫泉之歌〉」，〔註22〕此舉乃應合了整個國家的勃興狀態。三月三日上巳，太武帝又於白虎殿發起拓拔氏政權史上首次領袖詔命賦詩的盛會，堪稱一大突破，可惜同類雅事在孝文帝一朝之前仍不常見。在此次盛會中，由新任中書侍郎趙逸製作詩序，既象徵了政治上文武趨勢的轉變，亦成爲文學上創作活動肇始的重要指標，顯示出大夏滅亡及其舊臣歸附，對北魏之漢文化的影響甚鉅。

　　從此以後，北魏吸收文學的速度有了較明顯的進步，例如《魏書》卷五十二〈胡方回傳〉記載太武帝讚賞臣屬上表：

> ……方回，赫連屈丐中書侍郎。涉獵史籍，辭彩可觀，爲屈丐〈統萬城銘〉、〈蛇祠碑〉諸文，頗行於世。世祖破赫連昌，方回入國。雅有才尚，未爲時所知也。後爲北鎮司馬，爲鎮修表，有所稱慶。世祖覽之，嗟美，問誰所作。既知方回，召爲中書博士，賜爵臨涇子。遷侍郎，與太子少傅游雅等改定律制。

胡義周、胡方回父子在大夏時期曾撰寫〈統萬城銘〉等贊頌文章，〔註23〕入北魏後又修表歎美太武帝，獲得嘉許。這類文章其實是趙逸「謬述」的變體，過去並不受北魏君王青睞，然經過短短幾年時間，太武帝從無法領會箇中樂

〔註22〕《魏書》，卷4上〈世祖紀上〉，頁56。
〔註23〕《魏書》，卷52〈胡方回傳〉，頁572僅記篇名，稱作者爲胡方回。《晉書》，卷130〈赫連勃勃載記〉，頁2059～2060，收錄〈統萬城銘〉全文，稱「秘書監胡義周之辭也」。

趣，轉變爲能夠欣賞其間妙處，除了反映文學觀念的發展之外，也說明大夏降臣改變了北魏官方文章的評價標準。

如果再觀照胡方回後來的仕履，可看出大夏降臣不僅助長北魏官方文學的風氣，對國家律制之創訂亦有貢獻，此外如佛教僧侶惠始，對於宗教典籍與思想的傳介亦頗有貢獻。〔註24〕另外，《魏書》卷九十一〈術藝傳・張淵〉載：

> 世祖平統萬，淵與（李）辯俱見獲。世祖以淵爲太史令，數見訪問。
> ……先是太祖、太宗時太史令王亮、蘇坦，世祖後破和龍，得馮文通太史令閔盛，……並知天文。

事實上，張淵亦是位文學家，《魏書》錄其〈觀象賦〉全文，爲書中同體裁之最早篇章，只是太武帝獨重其占候才能，故入北魏之後，於文壇便無甚表現。由異邦而來的眾多臣屬，或者無法及早受到禮遇，或者因較具實際功效的技能獲得重視，由此可知文學還無法成爲太武帝晉用人才的判斷標準。至於對經典學術的選擇，《魏書》卷一百一十四〈釋老志〉云：

> （道武）帝好黃、老，頗覽佛經。……太宗踐位，遵太祖之業，亦好黃、老，又崇佛法。……世祖初即位，亦遵太祖、太宗之業。

太武帝之後雖下詔滅佛，然於道教、方術之篤信程度，卻有不減反增的趨向。北魏諸帝對特定範疇的偏好，對拓拔鮮卑其餘領域的漢化之助益有限，甚至導致臣民投其所好、以致獨厚釋家及黃老的問題，形成顧此失彼的現象。

先前曾經提及，鐵弗匈奴與拓拔鮮卑兩族原本風俗相近，文化水準類似，但赫連勃勃託庇後秦的時間，比起拓拔珪入前秦更晚，且大夏建國較慢，割據漢族區域之歷史亦較短，因此其接受漢文化的程度理應不如北魏；然而十餘年後，大夏於文章、雅樂等項目都有一定的成績，君主也投以較高的重視，故北魏之漢化水準的提昇效率反倒落後於大夏。追究大夏領先的原因，與其佔領關中並獲取後秦之遺產有關。由於後秦的文物得自前秦，而前秦曾統一北方，聚收西晉殘留文物，又併合前涼與前燕之文教成果，故大夏在納入關中之後，整體的文化體質就得到了強化。考其臣屬，如：張淵「自云嘗

〔註24〕 見《魏書》，卷 114〈釋老志〉，頁 1443。原東晉人士如司馬國璠、毛脩之等亦自大夏再轉而歸附北魏，然與本文主題無關，故不贅述。相關研究可參考：張金龍：《北魏政治史（三）》，〈第四卷「太武帝時代」・第二章「滅大夏，佔領關隴」〉，頁 84～86。

事苻堅」、曾「仕姚興父子，為靈臺令」，〔註25〕而趙逸原為姚興中書侍郎、胡義周本為姚泓黃門侍郎等記載，則可明白當初大夏不僅接收了後秦的文物，同時也接收其優秀人才，使國內的漢化邁進一大步。

這些文物、人才在大夏滅亡後又轉入北魏，再次提昇了拓拔鮮卑的漢文化水準，但也反襯出拓拔氏諸帝昔日的政策對漢化所產生的減抑作用，導致國家整體的文章及學術不易發展。

二、北燕的漢文化水準與其對北魏的影響

北燕與大夏同年建國，但晚五年滅亡，本為後燕之殘餘勢力，被慕容氏義子慕容雲所篡而建立。故於文化上，北燕乃直接承襲了前燕及後燕，基本上屬於慕容鮮卑的範圍。

西晉末以來，慕容鮮卑開始重視文教，因此其漢化水準在五胡族群之中頗為優越。前燕滅後，慕容氏成員多受苻堅重視，因而在前秦仍不失漢文化的薰陶。直至北魏吞併後燕大半國土，慕容盛依舊沿續後燕政權的風格，嘗「聽詩歌及周公之事」，與群臣講論，「乃命中書更為〈燕頌〉」，雖僻處東北，仍未廢談辯與文章。〔註26〕等到末代慕容熙時，後燕文教才逐漸衰微。

篡立北燕的慕容雲本姓高，為高句麗人，登位不久後又被馮氏所取代。北燕的政權與文化皆受後燕影響，〔註27〕由《晉書》卷一百二十五〈馮跋載記〉觀之，北燕曾立太學，然史書並無詳細記述，推測應該遠不及前秦、前燕之盛行，但與同時期尚未振興文化的北魏相比，則兩者推廣教育之高下乃難以判別。

北魏明元帝時，于什門招諭馮跋未果之後，拓拔鮮卑曾兩度發兵攻打北燕，第二次明元帝更御駕親征，而北燕最後滅亡於太武帝一朝。由於過去後燕被北魏所破時，文物多流落南燕，故北魏並沒有從北燕方面得到太多挹注；至於人才，原北燕臣民入魏後較無作為，未能適時於太武帝時期貢獻所學。

部份學者認為，身為北燕皇室後裔的北魏文成帝皇后馮氏（即後日的文

〔註25〕《魏書》，卷 91〈術藝傳・張淵〉，頁 965。

〔註26〕《晉書》，卷 124〈慕容盛載記〉，頁 1995～1996。前秦分裂時，慕容盛「年十二」，則其幼年學養在前秦時培育。

〔註27〕參考：黎瑤渤，〈遼寧北票西官營子北燕馮素弗墓〉，《文物》，1973 年 3 期；李寧峰，〈遼寧朝陽兩晉十六國時期墓葬清理簡報〉，《北方文物》，1986 年 6 期；璞石，〈遼寧朝陽袁台子北燕墓〉，《文物》1994 年 11 期，頁 43～47。

明太后）對孝文帝及其後日之漢化具有重大影響力，〔註 28〕然而亦有部份學者持相反意見，認爲文明太后僅「粗學書計」，內涵素養有限，強調無論從個人至體制上，皆不應過度誇言她的貢獻。〔註 29〕不過，在文明太后臨朝的獻文帝、孝文帝時期，的確有幾位北燕臣民表現極爲突出，例如《魏書》卷五十五〈游明根傳〉：

> 父幼，馮跋假廣平太守。和龍平，明根乃得歸鄉里。游雅稱薦之，世祖擢爲中書學生。性貞愼寡欲，綜習經典。及恭宗監國，與公孫叡俱爲主書。……文明太后崩，群臣固請公除，高祖與明根往復。事在禮志。遷大鴻臚卿、河南王幹師，尚書如故。隨例降侯爲伯。又參定律令，屢進讜言。明根以年踰七十，表求致仕。詔不許，頻表固請，乃詔曰：「明根風度清幹，志尚貞敏，溫恭靜密，乞言是寄，故抑其高蹈之操，至于再三。表請殷勤，不容違奪，便已許其告辨。可出前後表付外，依禮施行。」引明根入見……高祖曰：「卿年耆德茂，服勤累朝，歷職內外，並著顯績，逮于耆老，履道不渝，是以釐革之始，委以禮任，遲能迂德，匡贊於朕。……夫七十致仕，典禮所稱；位隆固辭，賢者達節。但季俗陵遲，斯道弗繼。卿獨秉沖操，居今行古，有魏以來，首振頹俗，進可以光我朝化，退可以榮慰私門。」

游明根之父游幼，原本即爲北燕臣子，而游明根自燕入魏之後，不僅成爲獻文帝早期出使劉宋的優秀使節，亦參與了孝文帝之外交政策、禮儀和律令的設訂，極受君主稱譽。除了游明根之外，另如李訢、高道悅等，同樣都是父祖輩爲官於北燕，但本人曾在北魏接受教育的精英分子。〔註 30〕這些北燕臣子的後嗣，其學養是否全然得自故國，有待商榷。至於關鍵人物文明太后，「年十四，高宗踐極（452），以選爲貴人，後立爲皇后」，可知北燕滅亡（436）

〔註 28〕 參考：何茲全，〈北魏文明太后〉，《讀史集》，上海人民出版社，1982 年，頁235；朱大渭，〈孝文帝改革〉，收入作者《六朝史論續編》，學苑出版社，2008年，頁 290；李凭：《北魏平城時代》，社會科學文獻出版社，1999 年 12 月，頁 277～279。宋其蕤：《北魏女主論》，中國社會科學出版社，2006 年 11 月。

〔註 29〕 張金龍：《北魏政治史（五）》，〈第七卷「獻文帝時代」‧第一章「馮太后第一次臨朝聽政」〉，頁 192～193，198～199。

〔註 30〕 《魏書》，卷 46〈李訢傳〉：「父崇，馮跋吏部尚書、石城太守」，「入都，爲中書學生」；卷 62〈高道悅傳〉：「曾祖策，馮跋散騎常侍、新昌侯。祖育，馮文通建德令。值世祖東討，率其所部五百餘家歸命軍門」，「道悅少爲中書學生」。

時她尚未出生，因此很難由此斷定北燕文化對北魏的影響。

　　整體而言，在北魏滅亡的三國之中，北燕所帶來的漢文化推動力最爲微弱。近世學者認爲北燕馮氏是「鮮卑化的漢人」，〔註31〕故北燕在血統上雖可謂漢人政權，但在文化層面上卻未必如此。所謂「鮮卑化」一詞，意謂將鮮卑全然視爲「胡」，反之，亦將漢族全然視爲「漢」，然而，血統與文化間的關係絕非如此簡單就能劃定的。鮮卑族群繁多複雜，不僅各部彼此的差異極大，一部之內不同成員的生長脈絡及思想背景，往往相差甚遠。慕容氏自晉末百餘年來數代皆重視文教，可謂當時「漢化」最深的鮮卑族群，如果曾受其統治的馮跋「鮮卑化」屬實，則慕容氏與馮氏的血統與文化恰爲反比，彼此的純粹度雖各退了一步，但也代表胡漢雙邊向對方靠攏的融合狀態。由漢人執掌政權的北燕之漢文化水準，不如由慕容鮮卑建立的前燕與後燕，而其對北魏的直接影響亦弱於大夏與北涼，據此可知，一國之漢文化發達與否與上位者之種族並無必然的關係。

三、沮渠氏北涼的漢化與其對北魏的影響

　　《通鑑》卷一百二十二〈宋紀五・文帝元嘉十六年（439）〉云：「涼州自張氏以來，號爲多士。」胡三省注云：「永嘉之亂，中州之士避地河西，張氏禮而用之，子孫相繼，衣冠不墜，故涼州號爲多士。」涼州之漢文化發展情形，舊史已頗稱美，其對北魏漢化之助益，更是學界的重要課題，〔註32〕而北涼乃諸涼政權中唯一被北魏所滅者，涼州文物與人士多於此後傳入。

（一）北涼的漢化概況

　　北涼爲沮渠蒙遜所建。沮渠氏乃臨松盧水胡，曾爲後涼臣屬，於建國前已具備一定程度的漢文化素養，《晉書》卷一百二十九〈沮渠蒙遜載記〉云：

　　　　蒙遜博涉群史，頗曉天文，雄傑有英略，滑稽善權變，梁熙、呂光

〔註31〕　近代學者多將馮氏視爲鮮卑化的漢人，參考：馬長壽：《烏桓與鮮卑》，頁212；並進一步指出北燕爲鮮卑化政權，參考：田立坤、李智〈朝鮮發現的三燕文化及相關問題〉，《文物》，1994 年 11 期。然而，《宋書》，卷 76〈朱脩之傳〉載「鮮卑馮弘稱燕王」，故當時江左將馮氏視爲鮮卑人。三崎良章《五胡十六國の基礎の研究》，日本東京：汲古書院，2006 年 12 月，則研究了北燕的鮮卑化。

〔註32〕　參考：陳寅恪：《隋唐制度淵源略論稿》（台北：里仁書局景印，1982 年），頁6,23,42～44。以下徵引近人篇章皆以其說爲基礎，再加論辯。

皆奇而憚之。

沮渠蒙遜在脫離呂氏政權之後，並未立即自立，而是與族人先推舉後涼原本的建康太守段業爲君主，再取而代之。〈沮渠蒙遜載記〉云：「業，京兆人也。博涉史傳，有尺牘之才，爲杜進記室，從征塞表。儒素長者，無他權略」，對段業多所推舉，亦看重其漢族士人身份，由此可見沮渠氏與漢人頗有往來。

沮渠蒙遜即位之初，施行政令時便常引經據典，不論這些政令是否爲其親自執筆，至少顯示其任用之人已具備了與漢文化相關的學養。然而，以上所述並不表示北涼在開國時的漢文化水準已足以媲美前涼時期，沮渠蒙遜早年更重視具有實際效用的治理措施，故當時唯一與文教有關的政綱云：「養老乞言，晉文納輿人之誦，所以能招禮英奇，致時邑之美。況孤寡德，智不經遠，而可不思聞讜言以自鏡哉！內外群僚，其各搜揚賢儁，廣進芻蕘，以匡孤不逮」，〔註33〕此言僅有求賢訥諫之德，卻未眞正著手經營與學術有關的事業，比起張軌於西晉惠帝永寧時就任涼州刺史即「徵九郡冑子五百人，立學校」，〔註34〕以及慕容鮮卑建燕以前即興東庠，後趙、前秦於立國先後即建太學等，仍有不足之處。

在制度方面，《晉書》卷一百二十九〈沮渠蒙遜載記〉云：

> 俄而蒙遜遷于姑臧，以義熙八年（412）僭即河西王位，大赦境內，
> 改元玄始。置官僚，如呂光爲三河王故事。

沮渠氏獨立逾十年，才開始模仿後涼的官僚體系。後涼君主呂光原是苻堅任命討定西域之將領，於前秦分裂後進入涼州，其創設的典章制度與文化政策皆沿襲前秦，但並不完備，〔註35〕因此向後涼學習的北涼自然就更爲疏略。

因此，後秦姚氏在國勢興盛時，將諸涼視爲藩屬，儘管彼此有一定的交流，但仍不免輕視涼州文化，《晉書》卷一百十七〈姚興載記上〉云：

> （姚興）曰：「宗敞文才何如？可是誰輩？」（呂）超曰：「敞在西土，
> 時論甚美，方敞魏之陳、徐，晉之潘、陸。」即以表示超，曰：「涼
> 州小地，寧有此才乎？」超曰：「臣以敞餘文比之，未足稱多。琳琅

〔註33〕《晉書》，卷129〈沮渠蒙遜載記〉，頁2047。

〔註34〕《晉書》，卷86〈張軌傳〉，頁1462。若追溯立國之前，前涼在十六國之中最早興立官方學校。

〔註35〕呂光的政權建制受到河西史學者嚴屬指責，認爲只取用故國前秦制度中最糟的一面並加以強化，是導致後涼享國僅十餘年的重要原因之一。參考：賈小軍：《魏晉十六國河西史稿》（天津古籍出版社2009年9月），頁95～97。

　　出于崑嶺，明珠生於海濱，若必以地求人，則文命大夏之棄夫，姬

　　昌東夷之擯士。但當問其文彩何如，不可以區宇格物。」興悅。

在後秦君主眼中，涼州地理位置偏遠，貧狹的環境根本不足以培養人才，連身爲後涼宗室的呂超，亦不否認涼州的先天條件較差。涼州一再受到戰禍的破壞，過去苻堅曾於前涼滅亡後，「徙豪右七千餘戶於關中」，造成此地人才流失；至前秦末年，涼州便陷入割據狀態，而在後涼滅亡後，姚興又「徙河西豪右萬餘戶於長安」，另曾向其餘諸涼徵用士人，再次引發人才流失；是故直到北涼統一涼州，當地包括文化在內的各方面建設都受到重大打擊，與西晉張軌統治時期已無法相比。後人或爲在前涼之後、北魏之前，涼州地區的文教始終不墜，實未盡詳情，大抵說來，十六國中晚期的涼州雖不乏才學之士，但整體漢文化水準並未高於關中。

　　再從北涼的外交狀況來觀察其漢化情形。《晉書》卷一百二十九〈沮渠蒙遜載記〉云：「姚興遣使人梁斐、張構等拜蒙遜鎮西大將軍」，可見北涼曾經接受後秦的封號。此外，亦向東晉稱臣，「益州刺史朱齡石遣使來聘。蒙遜遣舍人黃迅報聘」，然北涼並非眞心臣服，《魏書》卷九十九〈盧水胡沮渠蒙遜傳〉敘述：

　　蒙遜聞劉裕滅姚泓，怒甚，有校書郎言事於蒙遜，蒙遜曰：「汝聞劉

　　裕入關，敢妍妍然也！」遂殺之。

《晉書》卷一百二十九〈沮渠蒙遜載記〉與《通鑑》卷一百十八〈晉紀四十・安帝義熙十三年（417）〉皆載此事，被沮渠蒙遜所殺者，乃東晉門下校郎劉祥，而「妍妍」作「研研」，《通鑑》注引楊正衡曰：

　　河西士民乃心晉室。蒙遜胡人，竊據其上，聞裕入關，慮其響應，

　　故斬祥以威眾，以鎮服其心也。姦雄之喜怒，豈苟然哉！《魏書》

　　〈沮渠傳〉作「妍妍」，華人服飾妍靡自喜，故蒙遜云然。

在上述記載裏，漢族服飾觸動了領袖蒙遜的殺機，可見沮渠氏對本族習俗仍多所維護，對異文化也採取排斥的態度。這一猜忌漢族士人之情狀，與北魏道武帝賜死崔逞的過程頗爲相似，據此可以思索，當時北涼的漢文化水準不一定在北魏之上。

　　再者，北涼在後秦滅亡後始設官分職，〔註36〕此事意謂著北涼初期大約

─────────────

〔註36〕《晉書》，卷129〈沮渠蒙遜載記〉將北涼設官分職記於劉裕滅姚泓、蒙遜城　　　健康二事之後，據卷10〈安帝紀〉，二事順序應相反，然皆發生於義熙十三年

有十五年左右，處於制度混亂的狀態，佔了沮渠蒙遜在位將近一半的時間。
這固然是多數五胡政權必經的階段，然若與前秦姚興、北魏明元帝等設置的
各種政策相比，其時北涼的漢化步調似乎是更加遲緩的。

因此，若非君主有特別積極的作為或額外的助益，北涼絕難於短時間內
提昇漢文化水準。《晉書》卷一百二十九〈沮渠蒙遜載記〉云：

> 其群下上書曰：「設官分職，所以經國濟時；恪勤官次，所以緝熙庶
> 政。當官者以匪躬為務，受任者以忘身為效。自皇綱初震，戎馬生
> 郊，公私草創，未遑舊式。而朝士多違憲制，不遵典章；或公文御
> 案，在家臥署；或事無可否，望空而過。至令黜陟絕于皇朝，駁議
> 寢于聖世，清濁共流，能否相雜，人無勸競之心，苟為度日之事。
> 豈憂公忘私，奉上之道也！今皇化日隆，遐邇寧泰，宜肅振綱維，
> 申修舊則。」蒙遜納之，命征南姚艾、尚書左丞房晷撰朝堂制。行
> 之旬日，百僚振肅。

在設官分職的過程中，被任命來主持大局的臣屬都來自外邦，如姚艾原為後
秦宗室及叛將，而房晷原為後涼呂光的侍中。如果再追溯北涼先前幾位領袖
段業、沮渠蒙遜的身份，則知他們昔日亦為後涼臣屬，而呂光、段業二人又
同樣來自前秦，由此可以判斷，北涼之官制應由後秦與後涼沿傳而來，並且
間接承襲了前秦。〔註37〕是故大量地任用其他政權人士，正是北涼之漢文化
水準得以提昇的重要助力。沮渠蒙遜在征伐涼州其他勢力時，對於新得人才
特別重視，例如南涼方面：

> ……及（禿髮）傉檀南奔樂都，魏安人焦朗據姑臧自立，蒙遜率步
> 騎三萬攻朗，克而宥之。……以敦煌張穆博通經史，才藻清贍，擢
> 拜中書侍郎，委以機密之任。

學術辭章成為張穆被聘用的主要條件，展現出沮渠蒙遜對文化層面的事務具
有相當程度的敬重。滅亡西涼後，北涼在教育上更有了重大前進，《魏書》卷

（417），而「蒙遜以安帝隆安五年（401）自稱州牧」。

〔註37〕呂思勉《兩晉南北朝史》，頁225：「氐、胡、鮮卑，皆不知治體，惟段業、李
暠為漢人，為治較有規模」，後學頗承其說，然云漢族以外皆不知治體，不免
以偏概全，且《晉書》，卷一百二十六〈禿髮烏孤載記〉載南涼領袖之言：「段
業儒生，才非經世，權臣擅命，制不由己」，段業在位不滿四年，且受制於沮
渠氏，僅憑其漢人身份而作出臆斷，將北涼制度之功盡數歸屬於他，於史無
徵。事實上，沮渠蒙遜取代段業之後，至此已二度易制，與已歿的段業全然
無關。

五十二〈劉昞傳〉：

> 劉昞，字延明，敦煌人也。父寶，字子玉，以儒學稱。昞年十四，就博士郭瑀學。……後隱居酒泉，不應州郡之命，弟子受業者五百餘人。李暠私署，徵爲儒林祭酒、從事中郎。暠好尚文典，書史穿落者親自補治，昞時侍側，前請代暠。暠曰：「躬自執者，欲人重此典籍。吾與卿相值，何異孔明之會玄德。」遷撫夷護軍，雖有政務，手不釋卷。……昞以三史文繁，著《略記》百三十篇、八十四卷，《涼書》十卷，《敦煌實錄》二十卷，《方言》三卷，《靖恭堂銘》一卷，注《周易》、《韓子》、《人物志》、《黃石公三略》，並行於世。蒙遜平酒泉，拜祕書郎，專管注記。築陸沉觀於西苑，躬往禮焉，號「玄處先生」，學徒數百，月致羊酒。牧犍尊爲國師，親自致拜，命官屬以下皆北面受業焉。時同郡索敞、陰興爲助教，並以文學見舉，每巾衣而入。

在西涼，劉昞與君主李暠相處融洽，個人著述頗豐，不過歸入北涼之後，劉昞對教育的貢獻更大，而這是因爲沮渠蒙遜給予他極高的尊崇，並善用其長才以提高北涼朝廷的整體素養。再由郡索敞、陰興的相關記載來看，當時北涼朝廷的確呈現出良好的文化氛圍。沮渠蒙遜統一涼州後，政權又延續了十八年左右，在沮渠牧犍繼位後，劉昞仍受到敬仰，不僅君王親自向他致拜，官員亦擴大參與學習，北涼的教育乃得以進入新一階段。

（二）北涼士人對北魏漢化的影響

《魏書》卷二〈太祖紀〉宣稱：天興四年（401），「盧水胡沮渠蒙遜私署涼州牧、張掖公。蒙遜及李暠並遣使朝貢」，此爲北涼與北魏外交的開始，然文中「朝貢」一語仍頗值得懷疑。沮渠蒙遜取代段業之初，曾向南涼、後秦稱臣，這是因爲此二國對本身有直接的威脅性；其後又向東晉稱臣，主要動機是想籠絡漢族，而當時劉裕又滅了後秦。回顧北魏與北涼的關係，當時北魏勢力偏於華北東部，兩國之間隔著後秦、胡夏等諸多政權，即使北涼試圖遣使示好以求遠交近攻之利，但兩國當時的交流並無太大的意義及後續互動。等到北涼再度遣使，已是二十五年後的太武帝始光三年（426）的事了。

太武帝太延五年（439），北魏滅北涼，統一北方，結束了十六國時期。《通鑑》卷一百二十二〈宋紀五・文帝元嘉十六年〉集中地敘述了北涼諸臣入魏後的發展：

沮渠牧犍尤喜文學，以敦煌闞駰爲姑臧太守，張湛爲兵部尚書，劉
昞、索敞、陰興爲國師助教，金城宋欽爲世子洗馬，趙柔爲金部郎，
廣平程駿、駿從弟弘爲世子侍講。魏主克涼州，皆禮而用之，以闞
駰、劉昞爲樂平王丕從事中郎。安定胡叟，……拜虎威將軍，賜爵
始復男。河內常爽，世寓涼州，不受禮命，魏主以爲宣威將軍。……
魏主以索敞爲中書博士。時魏朝方尚武功，貴遊子弟以講學爲意。
敞爲博士十餘年，勤於誘導，肅而有禮，貴游皆嚴憚之，多所成立，
前後顯達至尚書、牧守者數十人。常爽置館於溫水之右，教授七百
餘人；爽立賞罰之科，弟子事之如嚴君。由是魏之儒風始振。……
陳留江強，寓居涼州，獻經、史、諸子千餘卷及書法，亦拜中書博
士。魏主命崔浩監秘書事，綜理史職；以中書侍郎高允、散騎侍郎
張偉參典著作。浩啓稱：「陰仲達、段承根，涼土美才，請同修國史。」
皆除著作郎。

雖然部份學者認爲涼州士人入魏後，多數受到的待遇並不高，〔註38〕需要等
到孝文帝漢化以後，始於訂定典章制度方面產生顯著的影響，〔註39〕然而，
在太武帝一朝已有不少原屬於北涼的臣民爲其他文化領域作出貢獻，例如陰
仲達、段承根等人進行修史，而《魏書》卷五十二〈胡叟傳〉則記載：

（胡）叟既先歸國，朝廷以其識機，拜虎威將軍，賜爵始復男。……
後叟被徵至，謝恩，并獻詩一篇。高宗時召叟及舒，並使作檄劉駿、
蠕蠕文。舒文劣於叟，舒尋歸家。……其所知廣寧常順陽、馮翊田
文宗、上谷侯法俊……等數子，稟叟獎示，頗涉文流。……（高）

〔註38〕　參考：李智君：〈五涼時期移民與河隴學術的盛衰——兼論陳寅恪「中原魏晉
以降之文化轉移保存於涼州一隅」說〉，《中國史研究》，2006 年 02 期，數度
強調此事。

〔註39〕　陳寅恪：《隋唐制度淵源略論稿》〈敍論〉云：「北魏取涼州，而河西文化遂輸
入于魏，其後北魏孝文、宣武兩代所制定之典章制度遂深受其影響」，此說僅
就典章制度言，然後學受其影響，往往擴大其說，因而忽略了北涼人士早於
太武帝一朝已有提振北魏儒風之功，如賈小軍《魏晉十六國河西史稿》認爲：
「『北魏取涼州，而河西文化遂輸入于魏』，當時並未對北魏產生深刻影響，
只有到孝文、宣武，河西文化的影響才顯現出來。」此段話語便將陳寅恪所
云「典章制度」推衍成「河西文化」而造成誤導。事實上，涼州士人之後代
雖參與了孝文與宣武二朝訂制，卻非此活動之主導者，涼人於太武帝時期振
興北朝儒學之貢獻，可謂比起置立制度更爲重大。參考：陳寅恪：《隋唐制度
淵源略論稿》（台北：里仁書局，1982），頁 6；賈小軍，《魏晉十六國河西史
稿》，頁 125。

　　　　閣作〈宣命賦〉，叟爲之序。

胡叟寫作詩賦檄文，並不時獎懿後進，增添了太武帝一朝的文學氣息。在儒學方面，北涼國師劉昞年壽已高，「世祖平涼州，士民東遷，奶聞其名，拜樂平王從事中郎。世祖詔諸年七十以上聽留本鄉，一子扶養。昞時老矣，在姑臧，歲餘，思鄉而返，至涼州西四百里韭谷窟，遇疾而卒」〔註40〕，雖未及對北魏相關領域產生直接貢獻，亦被當作太武帝重視文化的象徵指標。其助教索敞盡傳其業，對北魏官方教育頗有建樹，《魏書》卷五十二〈索敞傳〉記載：

> 索敞，字巨振，敦煌人。爲劉昞助教，專心經籍，盡能傳昞之業。
> 涼州平，入國，以儒學見拔，爲中書博士。篤勤訓授，肅而有禮。
> 京師大族貴遊之子，皆敬憚威嚴，多所成益，前後顯達，位至尚書
> 牧守者數十人，皆受業於敞。敞遂講授十餘年。……後出補扶風太
> 守，在位清貧，未幾卒官。

除了將儒學傳授給當時北魏的多位官員，更培養大族貴遊子弟，爲北魏後世的漢文化發展打下穩固的基礎。另外，常爽更可謂開創了北魏教育的新局面，《魏書》卷八十四〈儒林傳·常爽〉云：

> 常爽，字仕明，河內溫人，魏太常卿林六世孫也。祖珍，符堅南安
> 太守，因世亂遂居涼州。父坦，乞伏世鎮遠將軍、大夏鎮將、顯美
> 侯。爽少而聰敏，……篤志好學，博聞強識，明習緯候，五經百家
> 多所研綜。州郡禮命皆不就。世祖西征涼土，爽與兄仕國歸款軍門，
> 世祖嘉之。賜……爽爲六品，拜宣威將軍。是時戎車屢駕，征伐爲
> 事，貴遊子弟未遑學術，爽置館溫水之右，教授門徒七百餘人，京
> 師學業，翕然復興。爽立訓甚有勸罰之科，弟子事之若嚴君焉。尚
> 書左僕射元贊、平原太守司馬眞安、著作郎程靈虬，皆是爽教所就。
> 崔浩、高允並稱爽之嚴教，獎屬有方。

比起以中書博士身分任教的索敞，常爽自行置館收攬門徒，教學對象更加廣泛，影響亦更大，平城的學術因此蓬勃起來，改變了北魏尙武輕文的習性。常氏一門於前秦分裂後始進入涼州，故其學術的淵源可以追溯至前秦，卻與西晉和前涼關係較遠。

　　關於北涼舊臣對北魏教育的貢獻，受到部份學者懷疑，認爲當時平城亦

〔註40〕《魏書》，卷52〈劉昞傳〉，頁579。

有清河崔氏、范陽盧氏與趙郡李氏等其他各地士人，不應將振興儒學的貢獻歸功於涼州學者。〔註41〕然而，崔、盧等雖受任中書博士，卻多半以此職作為日後仕途晉昇的跳板，於中書學授受無甚實績，更不公開設帳講學，例如崔浩、李靈與高允等，只擔任皇帝或太子侍講，而未教授其他貴遊子弟，因此崔、盧等的學識僅對同族或皇室少數成員產生直接影響。再者，神䴥年間，太武帝始下詔文治理天下，之前由於北方未能平定，北魏貴遊子弟崇尚武功，「未遑學術」，即使平城不乏飽學之士，在此種大環境宰制下亦無法發揮。總而言之，涼州人士對北魏教育的經營之所以能夠得到豐碩的成果，實乃時勢所趨：一方面，更高的權位已被崔、盧等大族門閥所壟斷，無法輕易取得，〔註42〕故轉向教育等其他領域尋求發展，另一方面，北魏於此時逐漸產生較高的漢文化需求，也擴大了相關教育市場。

在文物方面，《魏書》卷一百九〈樂志〉云「及平涼州，得其伶人、器服」，故知北涼補充了北魏音樂上的不足；《隋書》卷十四〈音樂志中〉載北齊尚藥典御祖珽上書，言之更詳：

> 至太武帝平河西，得沮渠蒙遜之伎，賓嘉大禮，皆雜用焉。此聲所興，蓋符堅之末，呂光出平西域，得胡戎之樂，因又改變，雜以秦聲，所謂秦漢樂也。

太武帝採用的北涼音樂，內容主要是由後涼呂光將西域胡樂參雜入前秦聲律，與西晉和前涼的關係已經相當淺淡，可說是涼州文化對北魏官方音樂的獨特貢獻。此外，《魏書》卷一百七上〈律曆志〉記載：

> 世祖平涼土，得趙歐所修《玄始曆》，後謂為密，以代《景初》。

《玄始曆》又稱《甲寅元曆》，曆法內容比北魏原本使用的《景初曆》更加精確縝密。太武帝平北涼時獲取此書，文成帝登基後開始採行，是北魏使用時間最久的曆法。〔註43〕這部與生活習習相關的書籍，可說是涼州文化對北魏

〔註41〕 參考：李智君，〈五涼時期移民與河隴學術的盛衰——兼論陳寅恪「中原魏晉以降之文化轉移保存於涼州一隅」說〉；張金龍，〈河西士人在北魏的政治境遇及其文化影響〉，《蘭州大學學報》1995年第2期，然張氏後作《北魏政治史（三）》中並未堅持此一懷疑，並詳述了涼州人士入魏後的際遇。

〔註42〕 崔氏一族自拓拔氏南遷時即開始服侍道武帝，至此已經歷三朝、逾四十年之久，與較晚入魏的涼州人士，立足點並不相當。倘若因崔、盧等族與其他涼州士人在太武帝時期皆同居於平城，便認為他們所享資源及影響力平等，是對個人背景疏於考辨所造成的嚴重謬誤。

〔註43〕 文成帝興安元年（452）採用，至正光三年（522）廢止，共七十年，參考：《魏

另一重大影響。

　　北涼人士保存的書籍，對北魏也有貢獻，《魏書》卷九十一〈術藝傳〉云：

> 江式，字法安，陳留濟陽人。六世祖瓊，字孟琚，晉馮翊太守，善
> 蟲篆、詁訓。永嘉大亂，瓊棄官西投張軌，子孫因居涼土，世傳家
> 業。祖彊，字文威，太延五年，涼州平，內徙代京。上書三十餘法，
> 各有體例，又獻經史諸子千餘卷，由是擢拜中書博士。

江氏書法與家學最早承自西晉，後因戰亂而留徙涼州，江彊乃向北魏官方進
獻典籍及書法體例，爲相當珍貴的文化助益。相對於江彊的個人貢獻，北魏
官方在蒐羅北涼文物時，並沒有特別注意漢族典籍的保存，然《通鑑》卷一
百二十三〈宋紀五・文帝元嘉十三年〉卻提及在北涼滅亡之前不久，喜愛文
學的末代君王沮渠牧犍曾向劉宋索求書籍：

> （沮渠）牧犍遣封壇如魏，亦遣使詣建康，獻雜書及敦煌趙歐所撰
> 《甲寅元曆》，並求雜書數十種，帝皆與之。

由此可見沮渠牧犍對漢文化有所嚮往，並且嘗試透過外交管道擴增國內的藏
書。相對而言，北魏在孝文帝時才向蕭齊作出同樣的請求，〔註44〕拓拔氏對
與漢族相關知識的渴望直至此時始趨強烈，就過程發展來說仍是比較緩慢
的。

　　比起道武帝時期，太武帝一朝對由敵國取得的人才與文物，已經有更深
的理解。然而，在教育、伎樂乃至書籍各方面，大夏與北涼均能補充北魏之
不足，甚至產生指標性的變革作用，故知其時拓拔鮮卑雖統一了北方，對漢
文化的接納程度並不如赫連氏與沮渠氏。正如前一章所述，五胡各族多半在
統治漢人以後，才會開始關注學術、文藝等領域，〔註45〕而國家整體的文化
環境，又特別受到主政者之心態及政策的牽引。因此，拓拔鮮卑一旦成爲華
北割據的最後勝利者，初期領導階層對漢文化的輕怠，多少降低了整個北朝
的漢文化水準。

　　　書》，卷 107 上〈律曆志三上〉，頁 1279～1280。
〔註44〕《南齊書》，卷 47〈王融傳〉載：「虜使遣求書」，確實時間不詳，然時北魏爲
　　　孝文帝朝則無疑。
〔註45〕前趙匈奴劉氏部份成員因長期於西晉首都洛陽爲質，故爲特例。參考《晉書》，
　　　卷 101〈劉元海載記〉。

第三節　太武帝對劉宋外交策略的調整

一、南北外交漸趨頻繁

　　明元帝雖然曾經嘗試恢復與江左的頻繁外交，但爲時甚爲短暫。然而，在北魏進入太武帝一朝的同時，劉宋亦開始由文帝掌政，此後南北之間的外交便快速發展起來。《魏書》九十七〈島夷劉裕傳〉記載：

　　　　……（劉）義隆，號年元嘉。遣使趙道生朝貢。

劉宋元嘉元年，即北魏始光元年（424），南方先行向北方遣使。次年，太武帝指派龍驤將軍步堆、謁者僕射胡覲擔任首次至江左出使的任務，雙方的往來關係重新啓動。關於此事，不同的史書略有出入，根據〈島夷劉裕傳〉之敘述，宋文帝所派遣的主使官銜多爲「殿中將軍」，而趙道生的姓名前並未具官銜，故此事能否當作南北正式復交的起點，值得商榷。另外，《通鑑》卷一百二十〈宋紀二・太祖文皇帝元嘉二年〉云：「魏主遣龍驤將軍步堆等來聘，始復通好」，將南北復交的時間往後移了一年，並且認爲是由北魏主動遣使的。

　　其時南北兩國之所以發展外交，各有不得已的原由。宋武帝駕崩後，魏明元帝曾扣留宋使並南向攻侵，劉宋敗師喪土，加上少帝被廢、文帝初立，內鬥方興未艾，因此無法拒絕北魏談和；另一方面，北魏在南侵奪得大片土地後，由於明元帝突然駕崩，再加上柔然大舉冒犯，甚至攻陷了故都盛樂行宮，使得北魏難以兩面兼顧，因此改變態度而與南方議和。兩國能夠順利議和，必然與北魏放還宋武帝時的使節沈範、索季孫等人有關，然而孰先孰後，主動、被動之情形如何，甚至開始談判的時間，皆未留下確實的紀錄。

　　無論如何，此後魏、宋往來便逐漸趨於頻繁。初時大約輪流隔年遣使，保持每年接觸的狀態，慢慢地在一載之間互有聘問，〔註46〕溝通次數愈來愈多，即使在神䴥年間發生南北大戰，也僅中斷派遣使者一年左右。

　　始光三年（426）八月，劉宋殿中將軍吉恆來聘。次年，《魏書》卷四上〈世祖紀〉載：

　　　　夏四月丁未，詔員外散騎常侍步堆、謁者僕射胡覲等使於劉義隆。

此次正、副使人選與上回相同，而步堆的官銜有所改易，此後，北魏便多以（員外）散騎常侍作爲主使官銜，而劉宋則仍維持以「殿中將軍」的官銜出

〔註46〕參考：《魏書》，卷2〈太宗紀〉；卷97〈島夷劉裕傳〉。

使。

　　始光五年，北魏改元神䴥（428），連續三年未曾派出使節，反倒是劉宋首度連續兩年向北方遣使。《魏書》九十七〈島夷劉裕傳〉載：

　　　　神䴥二年，（劉義隆）又遣殿中將軍孫橫之朝貢。三年，又遣殿中將軍田奇朝貢。

然而，劉宋看似勤於遣使，卻非抱持著善意的表現，《魏書》卷一百三〈蠕蠕傳〉記載：

　　　　二年四月，……會江南使還，稱劉義隆欲犯河南，謂行人曰：「汝疾還告魏主，歸我河南地，即當罷兵，不然盡我將士之力。」

宋文帝先向北魏使節宣言欲戰之意，希望能夠要回失地，同月再派孫橫前來，[註47]自然與此事有關，故劉宋兩次單方面遣使行為，其實並非聘問朝貢等友好的外交活動，主要是對先前兩方的衝突進行談判。孫橫之後，田奇再度使魏，更罕見地記載於向來疏於錄述南北外交的《宋書》，卷九十五〈索虜傳〉云：

　　　　太祖踐阼，便有志北略。七年三月，……先遣殿中將軍田奇銜命告（拓拔）燾：「河南舊是宋土，中為彼所侵，今當修復舊境，不關河北。」燾大怒，謂奇曰：「我生頭髮未燥，便聞河南是我家地，此豈可得河南！必進軍，今權當斂戌相避，須冬行地淨，河冰合，自更取之。」

雙方的關係急遽惡化。劉宋元嘉七年（430），即北魏神䴥三年，文帝於四月下詔北伐，最終各軍皆告敗退。次年六月，北魏又恢復遣使，《通鑑》卷一百二十〈宋紀二・太祖文皇帝元嘉二年〉載：

　　　　魏主遣散騎侍郎周紹來聘，且求昏，帝依違答之。

《宋書》卷九十五〈索虜傳〉亦載：

　　　　……（拓拔）燾又遣使通好，并求婚姻，太祖每依違之。

過去明元帝南侵時，劉宋已然喪失了土地，此次北伐又再度落敗，軍事上北強南弱的形勢愈來愈明顯。於是太武帝便乘著勝利聲勢，開始要求兩國聯姻，而且數度提出此議，宋文帝不敢直接拒絕，故模稜兩可地答覆。

　　如同過去《魏書》時常將拓拔鮮卑向他國稱臣，改寫為對方前來朝貢的事件，此次亦將本國主動要求聯姻而受到答允的過程，記述成劉宋「遣使請

────────────────

〔註47〕《魏書》，卷4上〈世祖紀〉亦載：「夏四月，治兵于南郊。劉義隆遣使朝貢」。

薦女」，〔註48〕特別強調出北魏的尊嚴，可能因為如此，故《魏書》在記載周紹出使時，就有意地省略了求婚未遂的經過。兩年後，即延和二年（433）《魏書》九十七〈島夷劉裕傳〉又載：

> 二月，詔兼散騎常侍宋宣使於義隆，且為皇太子結親。……三年……
> 六月，義隆女死，不果為婚。

對照《通鑑》的說法，則清楚地表現出劉宋政府的心情：

> 魏主如河西，遣兼散騎常侍宋宣來聘，且為太子晃求婚。帝依違答之。

可見宋文帝公主之死，應該只是回絕兩國通婚的藉口而已。無論如何，有了不損及本國顏面的適當理由，《魏書》才願意將北魏求婚於劉宋的過程記載下來。

在這段時期，南北之間建立了常態而對等的外交關係，但北魏所派遣的三位主要使節，包括周紹以及先前的步堆、胡覲，都是史書匆匆帶過的角色，〔註49〕對其出使之事的記載亦頗為疏略，與往後的情況迥異。不過，在步堆兩次出使中，確立了北朝以散騎侍郎為主使的制度，而由周紹開始，北魏向劉宋提出了前後橫跨十餘年多次的聯姻要求，因此我們或許可以將太武帝這三回遣使，視為北魏對劉宋外交之觀察階段、擬策階段。

二、神䴥四年九月壬申詔書與徵士

神䴥四年（431）在許多方面都是北魏重要的轉捩點，《魏書》卷四〈世祖紀上〉載：

> 六月，……詔散騎侍郎周紹使于劉義隆。……八月乙酉，沮渠蒙遜遣子安周入侍。吐谷渾慕璝遣使奉表，請送赫連定。……九月……癸亥，詔兼太常李順持節拜河西王沮渠蒙遜為假節，加侍中，都督涼州及西域羌戎諸軍事、行征西大將軍、太傅、涼州牧、涼王。壬申，詔曰：「頃逆命縱逸，方夏未寧，戎車屢駕，不遑休息。今二寇

〔註48〕 如：《魏書》卷1〈序紀〉：昭成皇帝（拓拔什翼犍）四年「十二月，慕容元眞遣使朝貢，并薦其宗女。」；卷3〈太宗紀〉：「姚興遣使朝貢，來請進女」。

〔註49〕 《魏書》卷113〈官氏志〉云：「步鹿根氏，後改為步氏」，「神元皇帝時，餘部諸姓內入者」，故知步堆為鮮卑人，與北魏往後多以漢人擔任主使的情況不同。然而步堆之出身並無明確的證據，姚薇元：《北朝胡姓考》（臺北：中華書局，1962年），頁198～199亦僅存疑。

摧殄，士馬無爲，方將偃武修文，遵太平之化，理廢職，舉逸民，拔起幽窮，延登俊乂，昧旦思求，想遇師輔，雖殷宗之夢板築，周以加也。訪諸有司，咸稱范陽盧玄、博陵崔綽、趙郡李靈、河間邢穎、勃海高允、廣平游雅、太原張偉等，皆賢俊之冑，冠冕州邦，有羽儀之用。詩不云乎，『鶴鳴九皋，聲聞于天』，庶得其人，任之政事，共臻邕熙之美。易曰：『我有好爵，吾與爾靡之。』如玄之比，隱跡衡門、不耀名譽者，盡敕州郡以禮發遣。」遂徵玄等及州郡所遣，至者數百人，皆差次敘用。

所謂「二寇摧殄」，指的是北伐失利的劉宋，以及大夏殘餘勢力赫連定。大夏滅亡以後，北涼和北燕向北魏稱臣，在形式上，拓拔鮮卑可說初步統一了北方。加上擊退南方政權的侵襲，吐谷渾、柔然亦透過外交釋出善意，表面上局勢已稍穩固，[註50] 故於九月壬申，太武帝乃下達國家政策路線修正的詔書。這份詔書宣示偃武修文的決心，固然象徵意義大於實質意義，然而其後徵召而至的盧玄等漢族士人們，卻對日後北魏的外交與文化發展有著極大的影響。

次年，北魏改元延和。比起戰前，南北外交又更加頻繁，不僅在一載中彼此互相聘問，北魏甚至於同年之內二次遣使，而且，派出的使節也在史書中也被著墨較多。

（一）鄧穎

延和元年（432），「五月，義隆又遣趙道生朝貢」，[註51] 故北魏乃在隔月派送兼散騎常侍鄧穎出使，《魏書》卷二十四〈鄧淵附子穎傳〉載：

> ……爲太學生，稍遷中書侍郎。世祖詔太常崔浩集諸文學，撰述國書，穎與浩弟覽等俱參著作事。駕幸漠南，高車莫弗庫若干率騎數萬餘，驅鹿百餘萬，詣行在所。詔穎爲文，銘于漠南，以紀功德。兼散騎常侍，使於劉義隆。進爵爲侯，加龍驤將軍。

道武帝入中原後，曾於天興二年設立太學，至明元帝改爲中書學，太武帝始

〔註50〕 事實上，局勢絕非如太武帝所言那般穩定：劉宋軍事上雖處於弱勢，雙方交戰仍持續未決，而北燕、北涼僅於形式上稱臣，還有待出軍平伏。至於吐谷渾請送赫連定，不過是貪求財物回報，但北魏「財不周賞」，無法滿足慕（容）瓚，吐谷渾「貢使至魏者稍簡」，隨即又向劉宋稱臣，「遣其司馬趙叔入貢」，立場反覆。至於柔然，終北魏之世都是重要的邊患。

〔註51〕 《魏書》，卷97〈島夷劉裕傳〉，頁1059。

光三年再立太學。鄧穎之父鄧淵於天興六年被賜死，鄧穎襲其爵位，故推算其為太學生應在道武帝時。

《魏書》裏名成行立的太學生並不多，屬道武帝一朝者更少，其他如尉撥、張昭等人，大抵武勝於文，並無甚才學可言。卷三十三〈張蒲附子昭傳〉云：「天興中，以功臣子為太學生」，〔註 52〕可知當時入選太學者，往往為功臣後代，比較接近一種褒獎及榮耀的形式。整體而言，在太武帝統一北方之前，國內風氣重武輕文，故太學生身份於日後仕途沒有太大助益，而太學裏的師生亦未必認真授受。〔註 53〕然與同時期諸生相比，鄧穎為罕有的才學兼備份子，只是他的素養極可能來自淵厚的家學，而非魏初疏陋的官方教育所培養。〔註 54〕鄧穎出使劉宋回國後即加官進爵，其外交成績受到北朝政府肯定，自此，擔任主使便成為北魏漢族士人進昇的重要管道之一。

（二）宋宣與盧玄：神䴥四年徵士擔任主使

延和二年（433），政府於二月派遣宋宣出使，十二月又派遣盧玄出使，宋、盧兩人皆為神䴥四年徵士。細察史書，則可注意在太武帝九月壬申詔書頒下之後，僅有一次以舊臣鄧穎作為緩衝，此後北魏即開始指派新近徵召人才擔任赴宋使節。

試觀詔書所列名單：「范陽盧玄、博陵崔綽、趙郡李靈、河間邢穎、勃海高允、廣平游雅、太原張偉等」，除了李靈、高允和崔綽，餘人皆曾出使劉宋。其中高允雖未曾出使，然其弟高推卻擔任過主使；而李靈亦未曾出使，但趙郡李氏後代仍成為著名的使節家庭，故七人之中，可說只有事功不顯的崔綽與外交全然無關。〔註 55〕

另外，《魏書》卷四十八〈高允傳〉錄其〈徵士頌〉，其中保留了更詳細

〔註 52〕 《魏書》，卷 30〈尉撥傳〉，頁 363；卷 33〈張蒲附子昭傳〉，頁 388。

〔註 53〕 《魏書》卷 4 下〈世祖紀下〉：太平真君五年（444），太武帝詔曰：「自頃以來，軍國多事，未宣文教，……今制自王公已下至於卿士，其子息皆詣太學」，官員子弟較普遍入學讀書，然而，卷 53〈李孝伯附李郁傳〉又載：「自國學之建，諸博士率不講說」，北魏官方教育機構長久以來都有徒具形式的現象。

〔註 54〕 《魏書》，卷 24〈鄧淵傳〉記載鄧淵父祖原為前秦官員，父鄧翼又曾事後燕，故鄧淵本人入魏之前已「博覽經書，長於易筮。太祖定中原，擢為著作郎。……為尚書吏部郎。淵明解制度，多識舊事，與尚書崔玄伯參定朝儀、律令、音樂，及軍國文記詔策，多淵所為」，對魏初的制度有極大貢獻。

〔註 55〕 《魏書》，卷 49〈崔鑒傳〉云：「父綽，少孤，學行修明，有名於世。與盧玄、高允、李靈等俱被徵……。尋以母老固辭，後為郡功曹而卒。」

的神廳徵士名單，由此份資料可以看出，這一群徵士中曾經出使過的成員，尚包括宋宣、高濟與宋愔。歸納起來，在壬申詔書下達以後，除了最早的鄧穎、其中一任高推（仍與徵士關係密切的）之外，太武帝一朝十餘年間的七位使節：宋宣、盧玄、游雅、邢穎、張偉、高濟與宋愔，皆出自神廳四年徵士，這批徵士集結成此一時期的外交重心，也決定了未來數朝的外交風格。

關於在鄧穎之後出使南方的宋宣，其生平附於族兄宋隱的傳記下，《魏書》卷三十三〈宋隱傳〉云：

> 宋隱，……曾祖奭，晉昌黎太守。後爲慕容廆長史。……隱叔父湛，爲慕容垂尚書。……湛第四子宣，字道茂，……後與范陽盧玄、勃海高允及從子愔俱被徵，拜中書博士。尋兼散騎常侍，使劉義隆。
>
> 加冠軍將軍，賜爵中都侯，領中書侍郎，行司隸校尉。

比起前任主使鄧穎具撰文修史等顯著事蹟，宋宣的才學相對黯淡許多，然其曾祖宋奭曾爲晉朝昌黎太守，爲過去歷任主使所未具備的家世背景。自此開始，北魏派至南朝的使節，除了必須擁有足夠的能力識見，並明瞭各種制度掌故外，更注意到他們的身家條件，以先世爲魏、晉之舊官員的背景爲佳，此點由神廳四年九月壬申詔書稱揚徵士們「皆賢俊之胄」的話語看來，似乎已現端倪。

任用魏、晉舊士人之後裔作爲國家使節的效用，在下一任主使盧玄的事蹟中展現得最爲明顯。《魏書》卷四十七〈盧玄傳〉載：

> 盧玄，字子眞，范陽涿人也。曾祖諶，晉司空劉琨從事中郎。祖偃，父邈，並仕慕容氏爲郡太守，皆以儒雅稱。神廳四年，辟召儒儁，以玄爲首，授中書博士。司徒崔浩，玄之外兄，每與玄言，輒歡曰：「對子眞，使我懷古之情更深。」……後轉寧朔將軍、兼散騎常侍，使劉義隆。義隆見之，與語良久，歎曰：「中郎，卿曾祖也。」既還，病卒。

令宋文帝喟歎的盧玄曾祖盧諶，兩晉之交時曾經擔任劉琨的從事中郎，並與劉琨相互詩歌贈答而名留文學史。〔註56〕此時北魏選擇外交官員時，不僅懂得借重能夠理解漢文化的人士，甚至已經考慮到利用這些家族的先祖聲名，來引發江南君臣的故舊之情，從而達到「以漢制漢」的效果。事實上，盧玄雖承續淵源的家學，本人因言談儒雅而受到崔浩贊歎外，並沒有太多足以稱

〔註56〕〔梁〕蕭統：《文選》（臺北：藝文印書館，1983 年），卷 25，頁 365～368。

道的特長。北魏對於表現優良的使節，往往加官晉爵，即使如高推死於出使任務的過程中，事後仍予以追封，但盧玄返國卻未獲得相關榮耀，因病卒逝後亦未見官方追贈官位，也未見他人憫惜，或許可藉此推測其出使的個人表現，並不讓北魏感到滿意。

　　然而，派遣盧玄至南方聘問，呈現出北魏將顯赫家族搬上外交舞台的策略，也預示了外交性質丕變的趨勢。此後在北魏外交史上，更有幾個家族表現得特別亮眼，包括：范陽盧氏、開封鄭氏，還有被稱譽為「仍世將命」的河間邢氏以及號為「四使之門」的趙郡李氏等。其中，范陽盧氏可謂首開先河，以盧玄作為起點，連續五代皆有家族成員擔任過遠赴南朝的使節。

　　另外，在神䴥徵士被派往江南之前，李靈的從父弟李順，便已擔任北魏外交人員，不過出使的對象為北涼。李順於神䴥四年九月癸亥，亦即在族兄李靈名列壬申詔書的數天之前，經崔浩推薦而以兼太常身份「持節拜河西王沮渠蒙遜為假節，加侍中，都督涼州及西域羌戎諸軍事、行征西大將軍、太傅、涼州牧、涼王」，〔註57〕此後成為北魏對北涼的最重要使節，「凡使涼州十二回，太武稱其能」，〔註58〕就出使的次數而言，南北兩朝無人能出其右。

　　值得注意的是：多次成功出使北涼的李順，卻從未被派往南方。其外交工作的實際內容，包括充任說客、刺探情報、為軍事行動評估籌畫等，與本文上一章所敘，道武帝時期的使節張濟較為類似，卻與日後被派往南梁或南陳，號稱「一門四使」的曾孫輩族人李渾、李繪等不同，甚至也與至劉宋出使的同僚盧玄頗有差異。由此可知：北朝的外交策略，不但隨時間的前進而改變，也依敵邦的國情和雙方關係來調整。〔註59〕

（三）游雅與高推

　　北魏在與南朝的接觸過程中，耗費了極大的心力持續地修正方針，故轉變的幅度也特別明顯。高推的出使就是一個實例，《魏書》卷四十八〈高允傳〉載：

〔註57〕《魏書》，卷4上〈世祖紀上〉，頁57。
〔註58〕《魏書》，卷36〈李順傳〉，頁415。
〔註59〕李順之後，趙郡李氏的外交功業並沒有立即延續下去。其中一個主要原因，則出於個人的政治操守：李順收受沮渠氏賄賂，向國內傳達不實情報，意圖阻止北魏消滅北涼，有負國家所託，如此也影響了自己與家族的聲望。另一個原因，是南朝與北方敵國的形勢和文化都不同，所以擅長出使北涼等國的人員，未必適合派遣南朝。

　　（高）允弟推，字仲讓，小名檀越，早有名譽。太延中，以前後南
　　使不稱，妙簡行人，游雅薦推應選。詔兼散騎常侍使劉義隆，南人
　　稱其才辯。遇疾卒於建業。朝廷悼惜之。喪還，贈輔國將軍、臨邑
　　子，諡曰恭，賜命服衣冠。允爲之作誄。

高推是從延和二年宋宣出使以來，直至太平眞君六年宋愔出使這十餘年間，
唯一位非屬神麚徵士的重要外交人員。不過究其背景，其兄爲神麚徵士高允，
又受到另位神麚徵士游雅的推薦，依然與這個群體的關係匪淺。

　　高推被推舉的原因是「前後南使不稱」，而他在太延四年（438）十二月
出使，其前任使節正是太延二年七月的游雅，〔註60〕所以，這些不稱職的前
後使節，至少包括了游雅與盧玄，甚至宋宣。這意謂：北魏神麚徵士出使，
一開始並未達到預期效果。於是，游雅在出使歸來後，北魏政府檢討外交失
利的情形，特別選派出原本不屬神麚徵士中的新人高推。

　　高推的外交成績獲得北魏極大的肯定，其中史書提及「南人稱其才辯」，
很可能這正是先前各使節所缺乏的優點。據此亦可看出遠赴南方的外交人
員，不僅要有較深厚的漢文化基砥，還得具備足以表達的能力。如此，對北
魏歷屆使節的特質加以考察，能夠發現外交人才在選擇標準上，是逐漸變化
的，而這標準的變化必然是按照南北溝通的成績，以及南朝人士對北朝使節
的褒貶，一點一滴地慢慢修正，除了希望使外交事務更加順遂之外，也期盼
透過人才的展示與互動，減緩南朝對北朝的輕視，再進一步獲得邦國的尊重。

　　過去道武帝商議國號、稱帝與立制等各種作爲，只是揀拾中原殘存的漢
文化，講求在最短時間內，讓轉型爲中原政權的北魏步上軌道，既非深度而
全面的漢化，也還未產生向南朝學習之想法。然而太武帝在神麚四年詔書宣
告後，啓動了國家政策的新階段，從偃武修文的方向、新晉人員之背景與長
才的選擇，乃至於外交方式的調整等，皆可謂北魏主動以南朝爲文化方面之
標竿的開端。

三、太武帝一朝漢文化的局限

　　神麚徵士們毫無疑問是太武帝朝使節的主力。在高推之後，擔任使節的
人員仍不脫這份名單：太平眞君元年，「二月己巳，詔假通直常侍邢穎使於

〔註60〕游雅與高推出使時間，見《魏書》，卷4上〈世祖紀上〉，頁61～62，惟「高
　　　　推」因形近訛爲「高雅」。

劉義隆」；二年，「秋八月辛亥，詔散騎侍郎張偉等使劉義隆」；五年，八月
壬午，「詔員外散騎常侍高濟使於劉義隆」；六年春正月辛亥，「詔兼員外散
騎常侍宋愔使劉義隆」，〔註61〕總覽太武帝時期，僅太武帝在位最後一年餘
的主使，並非出自神䴥徵士，而太平眞君十一年（450）二月至正平元年（451）
十月，正是太武帝御駕南征的非平常時期。

神䴥四年詔書之所以會宣示偃武修文、延登俊傑，乃是爲了因應拓拔鮮
卑入主中原的局勢，爲了統治能夠日漸穩固而作出的政策轉變，此項政策需
要更廣泛、更大量地擢用漢族知識份子始得以達成。

昔日拓拔氏堅守原有部族的政治權力，對漢人參政自然多所限制，而官
方對教育未投以高度的重視，漢文化的基礎並不穩固；相對地，在北魏生活
的漢人世族又頗以家學自矜，除了少數幾位如高允、李靈等曾教授儲君經書
之外，對漢文化亦無太大貢獻。現在，爲了與具有深厚漢文化內涵的江左人
士互相交流，北魏必須擴大並改變用人的範圍，於是神䴥徵士便在此時脫穎
而出。所以，這次下詔雖不是爲了專門的外交目的而徵才，但對外交的影響
力卻特別明顯。

然而，神䴥徵士推進了北魏對漢文化的接受度，並不意味著此時漢文化
各領域都受到同等關注。例如：日後在外交過程中佔有極重要地位的文學，
此時就未獲得北魏政府的眞正重視。

在神䴥徵士中，就文學才華而言，以高允和游雅最爲知名，但高允本人
始終未曾擔任使節。此外，〈徵士頌〉中有幾位因文辭而受到高允稱讚的學
者：

> 茂祖縈單，凤離不造，克己勉躬，聿隆家道。敦心六經，遊思文藻
> ……
>
> 宗敬延譽，號爲四俊，華藻雲飛，金聲凤振。中遇沈痾，賦詩以訊，
> 忠顯于辭，理出于韻。
>
> 高滄朗達，默識淵通，領新悟異，發自心胸。質侔和璧，文炳雕龍，
> 燿姿天邑，衣錦舊邦。

此三人即崔綽、邢潁與高濟。其中，崔綽未曾出使，而邢、高二人的文學才

〔註61〕《魏書》，卷4下〈世祖紀下〉，頁65～67。這四人之中，僅張偉見於卷84〈儒
　　　林傳〉，記載較詳。其餘皆附其親人傳記中，極爲簡略：邢潁見卷53〈邢巒傳〉；
　　　高濟見卷48〈高允傳〉；宋愔見卷63〈宋弁傳〉。

華在史書中亦不見相關記載。神䴥徵士爲使七人之中，只有二人擅長文學，比例偏低，意味著在當時的政治環境裏，需要以詩歌辭章來表現的機會有限，亦透露出北魏政府尚未深刻理解文學在外交場合所能發揮的作用，故未將之列爲選才項目。〔註62〕

再者，由神䴥徵士出身的使者在文學方面毫無表現，尤其是自負才華、輕視同儕的游雅，被史書記載出使「不稱」，無法符合南北兩方的期待，多少顯示了此階段的北魏文學，在南朝人物眼中尚不值得一提的狀態。

參看與游雅相關的資料，如《魏書》卷四十八〈游雅傳〉云：

> 少好學，有高才。世祖時，與勃海高允等俱知名……。雅性剛戇，好自矜誕，陵獵人物。高允重雅文學，而雅輕薄允才。

另外《魏書》卷八十四〈儒林傳・陳奇〉記載：

> 時祕書監游雅素聞其名，始頗好之，引入祕省，欲授以史職。後與奇論典誥及《詩》、《書》，雅贊扶馬、鄭。至於《易・訟卦》天與水違行，雅曰：「自蔥嶺以西，水皆西流，推此而言，《易》之所及自蔥嶺以東耳。」奇曰：「易理綿廣，包含宇宙。若如公言，自嶺以西，豈東向望天哉？」奇執義非雅，每如此類，終不苟從。雅性護短，因以爲嫌。嘗眾辱奇，或爾、汝之，或指爲小人。奇曰：「公身爲君子，奇身且小人耳。」雅曰：「君言身且小人，君祖父是何人也？」奇曰：「祖，燕東部侯釐。」雅質奇曰：「侯釐何官也？」奇曰：「三皇不傳禮，官名豈同哉？故昔有雲師、火正、鳥師之名。以斯而言，世革則官異，時易則禮變。公爲皇魏東宮內侍長，侍長竟何職也？」由是雅深憾之。……雅製昭皇太后碑文，論后名字之美，比諭前魏之甄后。（陳）奇刺發其非，遂聞於上。詔下司徒檢對碑史事，乃郭后，雅有屈焉。

從游雅與陳奇互相質難的內容，可以觀察到此時漢文化與文學的水準已顯著提高。但游雅的性格倨傲，即使從北朝的眼光來看，其才氣頗值得稱揚，然一旦身處南朝，卻成爲了坐井觀天、自矜自誇的蠻邦文人，反倒更受鄙薄。

〔註62〕太武帝時期，選才用人往往未以文學作爲聘任條件，例如高允，雖然爲當時重要文人，受到官方徵召的原因仍爲「以儒舊見重於時」（見《魏書》，卷33〈賈秀傳〉），所擔任的職務如「帝使允授太子經」等，大多以儒學爲考量，而與文學的關係較遠。

此時南北雙方漢文水準的落差仍大，導致北魏士人難以在同一層次上與南朝士人對話，〔註63〕即使神麚徵士們也無力改變，必須等到後代君王調整及整體社會風氣改變，才能逐漸彌補這道鴻溝。

第四節　南北外交態度之落差

一、南北交戰時的雙方應答

　　自太平眞君六年（445）正月，以至正平元年（451）十月左右，整整超過五年的時間，北魏未曾向劉宋遣使。《魏書》雖宣稱太平眞君九年（448），「正月，義隆遣使獻孔雀」，〔註64〕卻罕見地未記載使節姓名，而從史書看來，北魏亦未回聘，故此事的眞實性大有可疑之處。另外，《宋書》卷九十五〈索虜傳〉記載：

> 先是，（拓拔）燾遣員外散騎侍郎王老壽乘驛就太祖乞黃甘，太祖餉甘十簿、甘蔗千挺。并就求馬，曰：「自頃歲成民阜，朝野無虞，春末當東巡吳、會，以盡游豫。臨滄海，探禹穴，陟姑蘇之臺，搜長洲之苑，舟楫雖盛，寡於良駟，想能惠以逸足，令及此行。」老壽反命，未出境，虜兵深入，乃錄還。

這是同一時期，劉宋留下紀錄，北魏卻未加記載的一次遣使，殊爲罕見，可作爲北方史料所謂南朝「獻」物之詳情的參考。事實上，此與北朝史家曲筆製造「朝貢」假象的作法相似，皆利用文字將南北兩方的立場改換、把外交活動所牽繫的國際問題刪除，以誘導讀者產生錯誤的理解。

　　元嘉二十七年（450），即北魏太平眞君十一年，《魏書》卷九十七〈島夷劉裕傳〉云：

> 十一年二月，世祖欲獵於雲夢，發使告義隆，勿相猜阻，義隆請奉詔。世祖南巡，義隆邊城閉門拒守，世祖忿之，乃攻懸瓠。

所謂「欲獵雲夢」，其實就是侵入劉宋領土，希望對方「勿相猜阻」，自然形同痴人說夢。無論如何，這段期間連北魏方面也對派遣使節等外交事宜疏於

〔註63〕　參考：牟發松，〈南北朝交聘中所見南北文化關係略論〉，《魏晉南北朝隋唐史資料》，14，1996，頁30～38。

〔註64〕　《魏書》，卷97〈島夷劉裕傳〉，頁1060；卷4下〈世祖紀下〉，頁69亦載宋使前來，然均未記使節姓名。

記載，《魏書》卷四下〈世祖紀下〉即載：「九月辛卯，輿駕南伐」，由於南北兩國頻繁交戰。雙方循正式管道而建立的往來幾乎中斷。

　　不過，在太武帝御駕親征期間，南北兩國都向對手採取武嚇間雜文攻的行為，雖沒有正式的聘問活動，卻提供了南北朝官員更多言辭交鋒的機會。其中最值得注意的，便是太平真君十一年——即元嘉二十七年十一月，太武帝親征，兵臨彭城時，派遣尚書李孝伯與宋武陵王劉駿長史張暢應答之事。《宋書》卷五十九〈張暢傳〉載：〔註65〕

> 世祖鎮彭城，暢為安北長史、沛郡太守。元嘉二十七年，索虜托跋燾南侵，……燾復遣使令孝伯傳語曰：「魏主有詔語太尉、安北，近以騎至，車兩在後，今端坐無為，有博具可見借。」暢曰：「博具當為申啟。但向語二王，已非遜辭，且有詔之言，政可施於彼國，何得稱之於此。」孝伯曰：「詔之與語，朕之與我，並有何異。」暢曰：「若辭以通，可如來談；既言有所施，則貴賤有等。向所稱詔，非所敢聞。」孝伯又曰：「太尉、安北是人臣與非？」暢曰：「是也。」孝伯曰：「鄰國之君，何為不稱詔於鄰國之臣？」暢曰：「君之此稱，尚不可聞於中華，況在諸王之貴，而猶曰鄰國之君邪。」……暢曰：「二王貴遠，啟聞難徹。」孝伯曰：「周公握髮吐哺，二王何獨貴遠？」暢曰：「握髮吐餐，本施中國耳。」孝伯曰：「賓有禮，主則擇之。」暢曰：「昨見眾賓至門，未為有禮。」……暢便回還，孝伯追曰：「長史深自愛敬，相去步武，恨不執手。」暢因復謂曰：「善將愛，冀蕩定有期，相見無遠。君若得還宋朝，今為相識之始。」孝伯曰：「待此未期。」……孝伯言辭辯贍，亦北土之美也。暢隨宜應答，吐屬如流，音韻詳雅，風儀華潤，孝伯及左右人並相視歎息。

《宋書》卷四十六〈張邵附兄子暢傳〉和《魏書》卷五十三〈李孝伯傳〉亦有同事記載，儘管所述大同小異，卻可見南北雙方史家皆有刻意維護己方、避忌刪改的狀況，故此處僅節引部份。在這場辯駁之中，李孝伯與張暢時常引經據典、褒己貶敵，並譏刺對方行徑失禮、夸言本國舉措合宜，話語間以學養文章作為攻守進退的利器，足見雙方具有豐厚的學養。值得注意的是，北魏從開國以來，至此尚無一使節，能在外交任務中留下類似記載，南北交

〔註65〕今本《宋書》張暢有二傳，分別見於卷46〈張邵傳〉所附，與卷59〈張暢傳〉。按：《宋書》，卷46，〈校勘記〉云：此卷北宋初已闕失，後人以《南史》及《高氏小史》補之。

流史上首次值得記載的對談，竟然發生於戰場之上。

另外，張暢的舉止優雅、談吐風度不凡，令北方人士大開眼界，猶如經歷了一場文化洗禮，而李孝伯能與張暢平分秋色，藉著華美的言辭圓滿地完成使命，都對日後的漢化產生了推進作用。《魏書》卷五十三〈李孝伯傳〉記載了此事的後續發展：

> 孝伯風容閑雅，應答如流，（張）暢及左右甚相嗟歎。世祖大喜，進爵宣城公。……孝伯美名，聞於遐邇，李彪使於江南，蕭賾謂之曰：「孝伯於卿遠近？」其為遠人所知若此。

經過這次應答，北方官員的文化水準逐漸獲得南人的肯定，而從太武帝的狂喜、史書大張旗鼓的記載方式，乃至於在正式外交場合的持續效應，〔註66〕足見北朝視此為南北交流史上的一大盛事。反過來說，北魏於此之前，尚無一使節能展現這樣的外交成績，在與南朝的往來上大概受到了不少挫折，這些挫折顯然與軍事、國力的強弱無關，而是因為當時多數北方官員的程度還無法跟得上重視文化素養的國際場合。

二、由派遣使者之官銜論南北對外交的態度

進一步分析李孝伯與張暢最早的對話，《宋書》卷五十九〈張暢傳〉載：

> ……暢於城上視之，虜使問：「是張長史邪？」暢曰：「君何得見識？」虜使答云：「君聲名遠聞，足使我知。」暢因問虜使姓，答云：「我是鮮卑，無姓。且道亦不可。」暢又問：「君居何任？」答云：「鮮卑官位不同，不可輒道，然亦足與君相敵耳。」……城內有具思者，嘗在北國，義恭遣視之，思識是虜尚書李孝伯。思因問：「李尚書，若行塗有勞。」孝伯曰：「此事應相與共知。」思答：「緣共知，所以有勞。」孝伯曰：「感君至意。」

事實上，魏尚書與宋武陵王長史，這兩個官銜的地位並不均等。在此次應答中，雙方派遣的使者之級別不對稱的情形，在過去兩國的正式外交中亦常出現。以北魏太武帝一朝的使節為例，除了首任主使步堆之官銜為龍驤將軍、末任主使郎法祐之官銜為殿中將軍以外，其他都以散騎常侍、散騎侍郎等職來擔任主使，甚至於戰陣中派出的夏侯野亦不例外。另一方面，劉宋文帝一

〔註66〕李彪首次出使出使南朝，在北魏孝文帝太和七年（483），距此（450）已逾三十餘年。

朝的使節，僅劉熙伯一人為散騎常侍，其他使者的官銜幾乎全是殿中將軍，甚至有官職不明者。〔註67〕由《魏書》卷一百一十三〈官氏志〉來看，魏初散騎常侍列於第二品下，龍驤將軍列於第三品上，通值散騎常侍列於第三品下，員外散騎常侍列於從第三品上，散騎侍郎列於第四品上，殿中將軍列於第五品中；〔註68〕而由《宋書》卷四十〈百官志下〉來看，散騎常侍與龍驤將軍列於第三品、散騎侍郎列於第五品，殿中將軍為第六品。也就是說，北魏大多派遣三、四品的官員至南方出使，而劉宋幾乎以六品左右的官員充任，故雙方對外交與敵國之重視程度的高低，不言可喻。

從劉宋方面觀察，這些使者的職位同為皇帝近侍，然殿中將軍所傳內容多屬武事詔令，遣之為使，意謂著南北兩國處於敵對狀態。南朝向來保持重文輕武的風氣，因此派遣殿中將軍出使，背後即帶有否定北魏國情與文化的意味。

除了雙方的官銜不對等以外，太武帝時期多數的北魏使節，皆在《魏書》中佔有一席之地，神䴥徵士更是學行及家世兼備，且歷屆出使人員鮮少重複，〔註69〕可見選取過程是極其慎重的。另一方面，宋文帝派遣的使節卻幾乎全屬名不見經傳的人物，〔註70〕並往往由同人一再出使，挑選上並不多耗費心思。

在前述記載中，李孝伯稱揚張暢的聲名遠聞，而《宋書》卷八十五〈謝莊傳〉又載：

> 元嘉二十七年，索虜寇彭城，虜遣尚書李孝伯來使，與鎮軍長史張暢共語，孝伯訪問（謝）莊及王微，其名聲遠布如此。

〔註67〕官職不明者為趙道生與黃延年，此二人皆曾三度前往北魏，在同時期雙方使節中的影響較大。趙道生是宋文帝派遣至北魏的首位使節，而黃延年在魏太武帝南征時前往敵營談判。至於兩人的出使次數為何如此頻繁，並且得以在特殊局勢中擔任使者的原因，是否與其官銜不明有關，限於史料，皆無從考察。

〔註68〕後來，在孝文帝年間，北魏官職次序曾有改訂。

〔註69〕太武朝僅步堆與其副使胡覲兩度出使，二人生平事功皆不詳。

〔註70〕宋文帝時期派遣至北魏的諸使節中，只有三度出使的趙道生，在《宋書》，卷48中被提及：一次是明帝泰始元年（465），晉安王劉子勛爭奪帝位，「始安內史王曇之、建安內史趙道生、安成太守劉襲，並舉郡奉順」；另一次是「晉安太守劉瞻據郡同逆，建安內史趙道生起義討之」，然文中僅記其官職姓名，沒有任何個人資料。此外，黃延年同樣出使三次，並於北魏太武帝南侵臨江時至軍營談判，然如此外交幹才，在南朝史書裏竟完全不著名姓。

劉宋與蕭齊時期，北魏使節往往對南朝士人有相當的認識，但南朝官員卻對北方所知不多。由這種情況可以推測，北魏對江南的理解及興趣，遠遠超過江南對北魏的理解及興趣，此種往來的落差，愈早期就愈明顯，反映出南北雙方對敵國的關注程度，亦透露出漢人一直對胡人抱持著歧視與偏見。

　　漢人對五胡等非我族類的輕蔑固不待言，進而對曾經受過其他族群統治的漢人，也時常帶著鄙薄的眼光，這在十六國初期即可找到不少例證。如：西晉愍帝建興三年（315），北魏的前身代國發生六修之亂，箕澹和衛雄帶領漢人們脫離拓拔氏的統治歸附劉琨，便曾指稱：「此雖晉人，久在荒裔，未習恩信，難以法御」。〔註71〕箕、衛二人曾擔任代國官員，對跟隨他們南遷，生活習性已鮮卑化的北方漢人尚心存此等疑慮，難怪百餘年以後，長期拒絕與北方交流的江左人士，不僅沒有減低他們的歧視，反而懷著更高的排斥感。《晉書》卷八十四〈楊佺期傳〉載：

　　　（楊佺期）自云門戶承籍，江表莫比，有以其門地比王珣者，猶恚恨，而時人以其晚過江，婚宦失類，每排抑之。

《宋書》卷六十五〈杜驥附兄坦傳〉亦云：

　　　晚渡北人，朝廷常以傖荒遇之，雖復人才可施，每爲清塗所隔。

東晉與劉宋時代的朝廷及世家大族，對較晚南渡的人士多所貶抑，因此造成這群遲到的遷徙者無法在政治上施展抱負，連婚配都受到影響。至於那些更長時間淪陷於中原、受過鮮卑統治的北朝漢人，更被當作「久在荒裔」的化外份子，遭受的抵制自然更甚。

　　如果就個人條件來看，北魏自太武帝神䴥徵士以後，便極爲重視使節的家世背景；相對地，劉宋文帝所派遣的使節幾乎無一出自豪族。此種現象絕非只是朝廷方針不同所致，而是由於南方許多豪族士人不願與北魏接觸，同樣表現出根深柢固的抗拒心態。因此，神䴥徵士雖然爲精挑細選的北地俊傑，但十餘年來七人的外交成績卻十分貧乏，只有盧玄之祖盧諶引發宋文帝感觸一事，〔註72〕能夠傳載於史冊，最終甚至留下「前後南使不稱」的譏評。由此推測，太武帝採用魏晉世家冑裔出使南方的效益，恐怕沒有想像中來得卓著，主要的因素可能就來自江左對北地極度的偏見。

〔註71〕《晉書》，卷62，〈劉琨傳〉，頁1129。
〔註72〕七人之中，並不包括「才辯爲南人所稱」的高推。

三、魏宋國婚與互市之議

　　北朝在外交上的心理弱勢，也表現在某些單方面的要求裏。除了與經濟、民間交流有關的互市協議之外，〔註73〕北魏最積極爭取的，就是兩國的和親通婚。此事自北魏神䴥四年　（431），即劉宋元嘉八年首次提出，其後不僅於正式交聘中多次再議，甚至將近二十年後，太平眞君十一年（450）十二月，太武帝亦於南征時的談判中提及，《魏書》卷四下〈世祖紀下〉載：

> 癸未，車駕臨江，起行宮於瓜步山……諸軍皆同日臨江，所過城邑，莫不望塵奔潰，其降者不可勝數。甲申，義隆使獻百牢，貢其方物，又請進女於皇孫以求和好。帝以師婚非禮，許和而不許婚，使散騎侍郎夏侯野報之。

《宋書》卷九十五〈索虜傳〉亦記述此事，只是雙方立場相反：

> （拓拔燾）遣使餉太祖駱駝名馬，求和請婚。上遣奉朝請田奇餉以珍羞異味。燾得黃甘，即噉之，并大進酈酒，左右有耳語者，疑食中有毒，燾不答，以手指天，而以孫兒示奇曰：「至此非唯欲爲功名，實是貪結姻援，若能酬酢，自今不復相犯秋毫。」又求嫁女與世祖。〔註74〕

當時北魏太武帝挾破竹之勢向南征伐，兵臨長江，威脅到劉宋首都建康，竟然允諾只要南人答應通婚便立即撤兵，足見此事對北魏而言意義重大。軍事上，劉宋當時處於下風，的確有意求和，而北魏乘勝再次要求聯姻，亦合乎情理，據此能夠推判《魏書》的記載有可疑之處。

　　事實上，南朝史家並不諱言當時在危阨之際，兩國曾進行關於聯姻的商議，而劉宋內部不僅愼重考慮，贊成與反對兩方還發生過激烈的衝突。《宋書》卷七十一〈江湛傳〉載：

> 索虜至瓜步，……虜遣使求婚，上召太子劭以下集議，眾並謂宜許，（江）湛曰：「戎狄無信，許之無益。」劭怒，謂湛曰：「今三王在

〔註73〕可參考：逯耀東，《從平城到洛陽：拓跋魏文化轉變的歷程》，第六章〈北魏與南朝對峙期間的外交關係〉，五〈使節交聘與貿易的關係〉，頁259～263。

〔註74〕根據《尚書》〈禹貢〉，黃柑爲島夷進貢的方物之一。堀內淳一，〈馬と柑橘——南北朝間の外交使節と經濟交流〉，《東洋學報》，88：1，2006認爲北魏要求南朝贈送黃柑，主要的用意在貶抑南朝，並宣示自身的正統性。不過，北朝史料雖統稱南朝贈物（包括北朝方面主動索求者）爲「貢」，卻未再於個別物項上作文章，故此推論或有穿鑿附會之嫌。

阨，詎宜苟執異議！」聲色甚厲。坐散俱出，劭使班劍及左右推之，
殆將側倒。劭又謂上曰：「北伐敗辱，數州淪破，獨有斬江湛，可以
謝天下。」上曰：「北伐自我意，江湛但不異耳。」

江湛的看法可以代表反對派的普遍意見。以太子劉劭爲首的眾臣，原本傾向
接受北魏求婚，後來此議之所以被推翻，並非受到江湛言語的影響，而是當
時皇上的堅持，這與《宋書》卷九十五〈索虜傳〉中北魏數次求婚而「太祖
每依違之」的記述相符合。對於北魏此類要求，宋文帝的態度始終一貫，只
是這次戰爭的局勢特別嚴峻，才使他的想法略爲鬆動。

反對與北魏交流的意見，在稍後的互市之議中更爲強烈，《宋書》卷七十
五〈顏竣傳〉載：

（元嘉）二十八年（451），虜自彭城北歸，復求互市，竣議曰：「愚
以爲與虜和親無益，已然之明效。何以言其然？夷狄之欲侵暴，正
苦力之不足耳。未嘗拘制信義，用報其謀。昔年江上之役，乃是和
親之所招。歷稔交聘，遂求國婚，朝廷羈縻之義，依違不絕，既積
歲月，漸不可誣，獸心無厭，重以忿怒，故至於深入。幸今因兵交
之後，華、戎隔判，若言互市，則復開釁黷之萌。議者不過言互市
之利在得馬，今棄此所重，得彼下駟，千匹以上，尚不足言，況所
得之數，裁不十百邪。一相交關，卒難閉絕。寇負力玩勝，驕黠已
甚，雖云互市，實覘國情，多贍其求，則桀傲罔已，通而爲節，則
必生邊虞。不如塞其端漸，杜其觖望，內修德化，外經邊事，保境
以觀其釁，於事爲長。」

顏竣強調，北魏南侵的導火線即是雙方表示友好的外交活動，各種層面的往
來使蠻夷之人得寸進尺，才會妄想從聘問轉成兩國通婚，並指出劉宋朝廷採
取砌詞搪塞的方式，終究無法應付北魏一再的要求，故建議完全杜絕與北魏
的接觸，包括禁止邊境經濟的實質交流，徹底截斷北魏探察劉宋之國情虛實
的管道。

由於南北向來處於敵對的狀態，而宋文帝又久存爭伐之心，故劉宋政府
拒絕聯姻的決定並不唐突。然而，劉宋在國家傾危之際，仍嚴厲抵抗與北魏
的交流，可見兩國通婚一事，已成爲超乎軍政利益的深遠象徵，其中最主要
的因素，就在漢人仍認爲雄踞中原的鮮卑人是鄙野不文的民族。南朝人士所
恐懼的是：一旦應允兩國和親通婚，漢與胡的區分界線將會變得模糊、進而
發生崩壞。《後漢書》卷三十六〈鄭范陳賈張列傳〉記載，東漢明帝時，鄭眾

等人嘗上疏指北匈奴：「當揚漢和親，誇示鄰敵，令西域欲歸化者局足狐疑，懷土之人絕望中國耳」，即說明了這種疑慮。同樣地，劉宋亦擔憂與北魏進行通婚之後，類似的效應便會在西域、甚至中原淪陷地區產生，影響到自身的國格及地位，屆時還可能動搖與藩屬小國間的實際外交利益。

此外，《宋書》卷四十八〈毛脩之傳〉云：

> 初，荒人去來，言脩之勸誘（拓拔）燾侵邊，并教燾以中國禮制，
> 太祖甚疑責之。

可見南朝人士將文化輸出與軍事危害相提並論，認為這削減了漢人的優勢。因此，不只拓拔鮮卑本身抗拒漢化，其實連南朝人士亦不希望北魏漢化，這種心態在蕭齊時期研議是否贈書給北魏時，表現得更為明顯。

再者，當時南方的門閥世家，極重視締結姻親必須門當戶對。如前所述，東晉楊佺期一家因為遷徙至江左的時間較晚而遭到排抑，導致無法找到合宜的婚配對象。宋孝武帝大明五年（461）甚至「詔士族雜婚者皆補將吏」，利用官位仕途來遏阻家世不對等的婚姻。〔註75〕在這種風氣之下，對北方戎狄與漢族後裔多所輕視的南朝人士，又怎麼能夠接受皇室與蠻夷通婚？

在隨後的宋孝武帝時期，孝建元年（454），北魏重提互市之議，《宋書》卷九十五〈索虜傳〉載：

> 世祖即位，索虜求互市，江夏王義恭、竟陵王誕、建平王宏、何尚
> 之、何偃以為宜許；柳元景、王玄謨、顏竣、謝莊、檀和之、褚湛
> 之以為不宜許。時遂通之。

孝武帝最終雖同意雙方邊境可以進行商業交流，但當時劉宋諸臣的意見卻頗為分歧。從北魏太武帝臨江求婚至兩次互市之議，顯示出劉氏宗室基於現實政治考量，對北魏的態度逐漸緩和。然而，反對和北魏交流的臣子包括了顏延之之了顏竣與謝莊等，可見士人們對北魏的惡劣觀感極為強烈，無法如國家政策那般隨著時勢改變。

此時具有代表性的南朝士人，大多站在反對與北魏交流的一方。在元嘉二十八年互市之議中，顏竣並不因本國軍事失利而憂心，反而為戰爭導致雙方關係疏遠而欣喜。對他來說，雙方交流不僅模糊了宋、魏與南、北的地域劃分問題，更干擾了「華、戎」之間的文化隔判。孝建元年，在同樣反對兩

〔註75〕北魏也在十多年後孝文帝太和二年（478）模仿跟進，《魏書》，卷7上〈高祖紀上〉載：「五月，魏禁皇族、貴戚及士民之家不顧氏族，下與非類婚偶；犯者以違制論。」

國互市的謝莊之疏文中，亦存著此類歧視觀點，《宋書》卷八十五〈謝莊傳〉載：

> 世祖踐阼，除侍中。時索虜求通互市，上詔群臣博議。莊議曰：「臣愚以爲獯獫棄義，唯利是視，關市之請，或以覘國，順之示弱，無明柔遠，距而觀釁，有足表強。且漢文和親，豈止彭陽之寇；武帝修約，不廢馬邑之謀。故有餘則經略，不足則閉關。何爲屈冠帶之邦，通引弓之俗！樹無益之軌，招塵點之風。交易爽議，既應深杜；和約詭論，尤宜固絕。……」

顏竣曾以「獸心」形容北魏，然這只是當時用來貶低敵國的習慣性譬喻，而謝莊雖未以言辭直接辱罵北魏，卻向君主極力宣稱，即使拓拔鮮卑放棄軍政侵略南方，也沒有與劉宋來往的資格，字裏行間深植了引申自華夷之辨的大漢沙文心態。

晉室南渡後，外族勢力破天荒地入主中原，並與漢人政權形成分庭抗禮的局面，異族之地位大爲提升，這些現象造成南朝漢人比過去更加仇視北地居民。例如晉明帝並非純種漢族，「生母荀氏，燕國人，故貌類焉」，[註 76] 具有慕容鮮卑血統及混血兒面容，在東晉初尚能被選爲儲君且順利繼位，日後卻被王敦痛罵爲「黃鬚鮮卑奴」、「黃頭鮮卑奴」。此外，南方漢人完全漠視北方各政權的漢化與發展，一逕將故土中原醜化爲「蠻夷區域」，也與這種敵強己弱的國際情勢有關。

宋武帝於篡立後二年駕崩，少帝在位僅一年餘。文帝登基時，距離東晉亡國實僅四年，故仍承襲了過去將拓拔魏視爲蠻族兼藩屬的心態，也因此，處理南北問題的政策便往往取法舊史。《史記》卷一百八〈韓長孺列傳〉載：「漢與匈奴和親，率不過數歲即復倍約。不如勿許」；《漢書》卷九十四下〈匈奴傳〉云：「逮至孝文，與通關市，妻以漢女，增厚其賂，歲以千金，而匈奴數背約束，邊境屢被其害。……此則和親無益，已然之明效也」，都對與外族通婚的效益大加質疑。前述宋文帝與江湛等人所作「戎狄無信，許之無益」的判斷，即將本國擬喻爲漢朝，將北魏視爲匈奴。但此時兩國的軍事政治實力已與漢朝的情形有了差距，盤據於中原地區且在戰役裏屢佔上風的拓拔鮮卑，絕非昔日避游於牧塞之外、受過漢武帝嚴重打擊的匈奴可比，所以不免

[註 76] 《世說新語》，卷下〈假譎第二十七〉，頁 456，引《異苑》。《晉書》，卷 6〈明帝紀〉亦云：「帝母荀氏，燕代人，帝狀類外氏，鬚黃」。

被既定的成見影響了相關的決策。

　　早於元嘉十九年，何承天上〈安邊論〉即云：「漢世言備匈奴之策，不過二科，武夫盡征伐之謀，儒生講和親之約，課其所言，互有遠志」，〔註77〕認為主張談和與主張攻伐兩派各有立場，所謀求的利益也略有差別，但皆不失為對應外族的良方。順著此種觀點，至宋文帝末年，反對與北魏交流的江左人士便揉合前述兩種主張，也就是謝莊所說的「有餘則經略，不足則閉關」，但當時劉宋既處於弱勢，因此整個國家自然朝著封鎖的方向前去。是故「何為屈冠帶之邦，通引弓之俗！樹無益之軌，招塵點之風」等言語，其實都在替「閉關」提出合理的解釋，建議君王中止南北一切交易及和約，進入完全不接觸的狀態，比起東晉時期更刻意強調對異族的歧視。

　　顏竣與謝莊等人認為北魏請求互市或其他交流，主要目的在窺探南方國情，所以提倡斷絕往來，然而卻未考慮到，一旦交流中止，南朝亦無從了解北方的形勢。此時除了產生苟安江左的想法外，〔註78〕也逐漸產生將中原視為蠻虜之地的觀點，不僅不打算收復，反倒開始貶低故土。由此可看出南朝已從防胡心理轉向仇胡心理，連帶地排斥與異族相關的任何物事。

　　察閱北朝的史料，從未見過君臣討論如何拒絕遣使或通商的事例，倒常有君王垂詢臣子是否應主動修好，重啟外交之事。從軍政的角度來看，南朝偏居江左的心態較為強烈，北魏則懷著統一中國的渴求，而在文化與經濟等方面，也一直都是北魏希望能夠維持交流，雙方的落差頗大。

四、史料記述方式反映的南北朝外交態度

　　綜觀南北史書對外交的記述方式，亦能發現兩方在重視程度上的差距：〔註79〕例如南朝沈約所著《宋書》，從〈武帝紀〉至〈文帝紀〉五卷，對於

〔註77〕《宋書》，卷64〈何承天傳〉，頁1706。
〔註78〕《宋書》，卷86〈劉勉傳〉載其答明帝問，云：「臣竊尋元嘉以來，傖荒遠人，多干國議，負儋歸闕，皆勸討虜。魯爽誕說，實挫國威，徒失兵力，虛費金寶。凡此之徒，每規近說，從來信納，皆詒後悔。界上之人，唯視強弱，王師至境，必壺漿候塗，裁見退軍，便抄截蜂起。……」已發展成厭戰偏安的心態，甚至將罪責歸諸較晚南渡的人士。
〔註79〕關於以雙方遣使次數的差距，來呈現南北對外交的重視程度不同，已有學者作了完整的論述。然謝興志統計宋明帝以前，宋遣使數較少（15次）而魏遣使數較多（19次），並據以推斷劉宋對北魏遣使並不積極。另外，張金龍針對太武帝時期進行統計（與謝氏所統計的時間重疊而稍短），卻認為宋遣使較多（14～15次），魏遣使較少（13次），以此說明北魏比劉宋更重視雙方的外交

「索虜」的記載僅止於南侵入寇之事，雙方通使的過程則全部闕漏，直到卷六〈孝武帝紀〉，才於大明四年（460）十二月首次出現「索虜遣使請和」的簡單敘述，此後兩國通使也幾乎未加記錄。同樣地，卷九十五〈索虜傳〉亦多述兩國交兵的狀況，偶爾提及雙方的交流也相當疏略，意味著南方史家刻意忽視從劉宋開國即已開始的南北外交歷程。劉裕主導江左政局時，北魏居於劣勢而主動請和，但《宋書》卻在與國政大事最為密切的〈帝紀〉中，對君主的勝利榮光一字不載，可見與北魏互動之事的確牽動了南人幽微的心理，最後經常選擇將之省略。另一方面，北朝魏收所撰《魏書》在諸〈帝紀〉中，對於宋、齊、梁朝歷次遣使必有記載；〈島夷傳〉更詳細列出南朝每回聘問的年月及使節姓名。兩相比較，南朝似乎以與北魏外交為恥，而北朝卻亟欲憑藉與南朝間外交的紀錄來證明自身的地位。

對於己方派出的使節，《魏書》幾乎全部加以記載，〔註80〕並且皆在帝紀與使節本傳中出現，然《宋書》卻都未予登錄。再依按《魏書・島夷傳》詳載的南朝使節名姓，覆查於《宋書》中，就會發現這些使節多數沒有進入南方史書，泰半為不見經傳之人。對南朝臣員而言，被派至北魏並非值得重視的功績，甚至被視為負面、吃力不討好的任務；但對北朝官員而言，出使南朝卻是值得稱揚的大事，無論外交成績如何，都能成為個人的重要履歷。〔註81〕

在語詞的運用上，《魏書》向來直呼敵國君王名諱，並以「朝貢」等言辭來矮化南朝地位。然若再細加區辨，則可注意《魏書・帝紀》雖有將南朝貶抑為藩屬的意圖，但記載時卻特別安排，例如卷五〈高宗紀〉和平三年，「三月甲申，劉駿遣使朝貢。高麗、莖王、契嚙、思厭於師、疏勒、石那、悉居

關係。謝、張二文統計的次數多寡相反，但導出的結論相似，可知遣使次數與重視外交與否並無決定性的關係，同時也必須考慮史書有漏載的可能。參考：謝興志，〈南北朝通使中的兩個問題〉，《北朝研究》（1993：3），頁80；張金龍，《北魏政治史（四）》，頁418

〔註80〕 少數出使南朝的使節，於北朝正史中未被記載，例如：李璧、高州都與逢哲。參考《漢魏南北朝墓誌彙編》〈北魏・李璧墓誌銘文〉、〈魏故員外郎散騎常侍西陽男高（廣）府君墓誌〉、〈北齊・君諱哲（逢哲）墓誌〉，頁118、195、453～454。。

〔註81〕 北魏使節自江左回國後，大多昇官封侯。又如：太武帝時的張偉是少數至北方國家和南朝出使的官員，然自北涼沮渠無諱處歸返後，僅「遷散騎侍郎」，職位並無太大變動，但自劉宋歸來之後，旋即「拜給事中、建威將軍，賜爵成皋子」，可見至南方出使是北朝官員極大的榮譽。

半、渴槃陀諸國各遣使朝獻」，將劉宋與高麗等國分開，隱約透露出對南朝的另眼對待。相對地，《宋書‧帝紀》通常不記載北魏君主之名，偶爾以「索虜」來統稱之，並未把對方視爲一個正式的國家體系，而用模糊的稱謂來表示那只是一個落後的部族。更有趣的是，與其他眞正以藩屬地位進貢的國家相比，《宋書》對勢力均等的敵國北魏的敘述反而更爲疏略，試圖徹底將之塑造爲一個反覆無常的外患。不過，這也恰好反映出南朝人士深切地感受到北魏的威脅。

關於南北朝地位的高低，可分不同的層次來看待：首先，南人以北人爲「索虜」，北人以南人爲「島夷」，透露了當時雙方皆以正統自居，並在主權所及的區域不斷地自我確立，這種確立也透過貶抑對方來完成。〔註82〕但是，當軍政上沒有明顯的勝負時，雙方地位的差距也會被漢文化程度所決定，如此一來，北朝政權自然處於劣勢，這就是爲何兩國進行交流時，南朝總能擺出較高的姿態，而北朝卻只能默默承受對方輕蔑的緣故。特別在南朝初年，經過了十六國時期東晉長期的鎖國，南北罕少往來，漢人對五胡的認識遠比西晉時期更爲淺少，不免用偏頗的想像來放大北方的野蠻形象。一旦以漢文化之純雜來作爲判別的基準，兩方的上下關係幾乎就沒有改變的機會了。

北魏太武帝朝的漢文水準，比起前二朝，已有明顯進步，在選擇使節方面並注意到相關條件，不過，在南朝的偏見心態下，並未受到正視。從北魏初期政權形態來看，以宋文帝爲首的反對交流份子引援匈奴爲例，固然大有偏差，而且，以儒學和家世爲主的選才標準，能力也不足以應付外交場合，所派任的人員表現不佳，意謂北方人士沒有足以撼動江左歧視的文化水準，尚不足以讓南朝眞正感受到其文明的一面。

第五節　漢化的阻礙：北魏前期的文字獄氛圍

在太平眞君六年正月（445）派遣宋愔至南方之後，由於宋文帝支持北地人蓋吳對抗北魏等事，造成南北關係緊張，太武帝連續三年未再遣使。至太平眞君十一年（450）二月，又派遣王老壽赴劉宋，然此時太武帝已決意南征，故任務的性質與和平期間的往來不同；兩方對陣之際，夏侯野於駐紮

〔註82〕現代學者持平地認爲南北雙方乃對等的政治實體，然而，在當時強烈的競爭局勢裏，此種觀點幾乎沒有存在的空間。

瓜步時自軍營派出與劉宋談判，其意義也與一般聘問有所差距。

正平元年，即劉宋元嘉二十八年（451）冬十月，雙方重新恢復正式外交，北魏方面「詔殿中將軍郎法祐使於義隆」。這是太武帝派遣的最後一位使節，其官職並非散騎常侍，郎法祐的出身、能力、事功亦不明。〔註 83〕如此破例安排，應是兩國連年交戰，〔註 84〕導致南北關係詭譎，選擇使節的考量也因而產生變易；另外，亦可能受到前一年崔浩國史案的影響。

國史案內情晦亂複雜，〔註 85〕其誅連之廣，乃是魏初以來最大文字獄，從文化層面而言，影響也很深遠。「眞君十一年六月誅浩，清河崔氏無遠近，范陽盧氏、太原郭氏、河東柳氏，皆浩之姻親，盡夷其族。……其祕書郎吏已下盡死」，從崔浩當時的地位來看，此案餘波所及，還可能造成其他漢族官員不被君王信任，故當時以漢族官員爲主幹的外交活動自然也受到影響，神麚四年的徵士們乃自此退出南北外交第一線。

不過在國史案之前，北魏已具有相當濃厚的文字獄氛圍，對書寫撰述的

〔註 83〕 張金龍《北魏政治史（四）》，頁 422，註 2 提出高允〈徵士頌〉中有郎苗，認爲郎法祐可能出身中山郎氏。不過，張氏以爲太武帝朝使節全爲漢人，與姚薇元《北朝胡姓考》認爲步堆可能本姓步鹿根意見相左。事實上，步堆、胡覲、周紹與郎法祐生平皆不詳，難以確論。

〔註 84〕 郎法祐出使，乃回應同年「十月，（劉）義隆遣其將軍孫蓋等朝貢」。據《魏書》，卷 97〈島夷劉裕傳〉，宋文帝多數派「殿中將軍」出使，唯獨此次官銜僅云「將軍」，或亦反映局勢不同於雙方和平之時。

〔註 85〕 關於國史之獄，崔浩被誅的原因，古今中外之學者前賢探討極多。古籍方面，如：〔唐〕劉知幾撰，〔清〕浦起龍釋：《史通通釋》，卷 17〈雜說中・後魏書〉，頁 491；〔南宋〕葉適：《習學記言》（上海：上海古籍出版社，1992 年），卷 34〈魏書・崔浩傳〉，頁 306；〔清〕王夫之：《讀通鑑論》（北京：中華書局，1998 年），卷 15〈宋文帝十九〉，頁 435。近人論著，如：谷霽光，〈崔浩國史之獄與北朝門閥〉，收入《谷霽光史學文集》（江西：江西教育出版社，1996 年），頁 152～166，原本發表於《益世報》第 11 期，1935 年 9 月；陳寅恪，〈崔浩與寇謙之〉，收入，《陳寅恪先生全集》，（臺北：九思出版有限公司，1977 年），頁 567～599；孫同勛，〈北魏初期胡漢關係與崔浩之獄〉，收入《拓拔氏的漢化及其他——北魏史論文集》（臺北：稻鄉出版社，2005 年），頁 179～196，原本發表於《幼獅學報》，卷 3，第 1 期，1964 年 1 月；田餘慶，〈《代歌》、《代記》和北魏國史——國史之獄的史學史考察〉，收入《拓拔史探》（北京：三聯書店，2003 年），頁 217～243，原本發表於《歷史研究》，2001 年第 1 期。或承《魏書》所記，指崔浩因直筆修史而被誅；或近乎《宋書》之說，以爲崔浩爲胡漢衝突之犧牲品；或進而推求當時崔浩之政敵，如太子拓拔晃與長孫嵩等。諸論勝義互見，本文僅討論北魏初期的類似現象與後續效應，至於國史案之成因，筆者實不敢妄生別論。

壓制頗爲嚴密。以下先回顧道武帝以後的相關事件，並延伸至太武帝至更晚的獻文帝時期，進行較完整的討論。

一、魏初的文字獄氛圍與國史之獄

　　文人對書寫撰述可能招引禍害的憂慮，從道武帝時期即展現出一些端倪。例如崔浩之父崔宏，在倉猝之際爲國家議定國號，並總裁建國初期的大小制度，「深爲太祖所任，勢傾朝廷」，然而《魏書》卷二十四〈崔玄伯（宏）傳〉卻云：

> 玄伯自非朝廷文誥，四方書檄，初不染翰，故世無遺文。……始玄
> 伯因苻堅亂，欲避地江南，於泰山爲張願所獲，本圖不遂，乃作詩
> 以自傷，而不行於時，蓋懼罪也。及浩誅，中書侍郎高允受敕收浩
> 家，始見此詩。

崔宏雖逝於明元帝泰常三年（418），但主要的服務對象乃道武帝，因此這種作詩「懼罪」的心理產生時間必須往前回溯。儘管崔宏位高權重，仍必須提防自己不愼將情緒思想透露在文字間，可見以書寫撰述的內容來羅織罪名的狀況，在當時的確存在，這可能與道武帝賜死崔逞和鄧淵諸事有關。〔註86〕

　　崔宏所作詩歌，對自己南奔不遂多所感歎，其內容涉及了南北政權的分立及胡漢之辨，當然應該細心隱藏。直至其子崔浩被太武帝誅殺抄家，都未敢將這件作品示人，也反映出當時此種懼罪心理尚未解除。在崔浩本人的書寫行爲中，亦能察見同樣的謹愼，例如《魏書》卷三十五〈崔浩傳〉載：

> 浩既工書，人多託寫《急就章》。從少至老，初不憚勞，所書蓋以百
> 數，必稱「馮代強」，以示不敢犯國，其謹也如此。

史游《急就章》含有人名「馮漢強」，崔浩抄寫時都將「漢」字改爲「代」字，以表示對國家的忠誠不二。從少至老，由代至魏，崔浩都堅持這種作法，正顯示出北魏前三朝持續的文字獄氛圍。事實上，當時在胡／漢、南／北與政權間的議題極爲敏感，《魏書》卷三十八〈王慧龍傳〉載：

〔註86〕陳識仁，〈北魏修史略論〉，收入黃清連主編，《結網編》（台北，東大圖書公司，1998 年），頁 233～273 認爲道武帝之賜死鄧淵爲猜疑之故（可參見本文第二章，頁 38～39 亦引此事爲道武帝濫刑之例）。田餘慶，〈《代歌》、《代記》和北魏國史──國史之獄的史學史考察〉一文中，廣陳氏之說，指出道武帝時鄧淵之獄爲濫觴，而其所及的結果，即太武帝時崔浩之獄，故而兩者之間的明元帝一朝史事「廢而不述」，見《拓跋史探》，頁 235～239：242。

> 初，崔浩弟恬聞慧龍王氏子，以女妻之。（崔）浩既婚姻，及見慧龍，曰：「信王家兒也。」王氏世齄鼻，江東謂之齄王。慧龍鼻大，浩曰：「眞貴種矣！」數向諸公稱其美。司徒長孫嵩聞之，不悅，言於世祖，以其嘆服南人，則有訕鄙國化之意。世祖怒，召浩責之。浩免冠陳謝得釋。

王慧龍在劉裕掌權時，由東晉逃亡至後秦，後再轉投北魏。崔氏與之結親，對他的稱讚竟然召致太武帝怒責，所謂「嘆服南人，訕鄙國化」，是同時涉及了政權抉擇與文化分判的重大罪名，據此可看出當時整體政治環境的緊張程度。

在獲罪之前，崔浩可說是最受太武帝重視的北魏漢臣。由於崔浩極爲博學，又擁有豐厚的政治實力，故在北魏漢文化許多範疇之中，都佔著領導的位置。《魏書》卷四十八〈高允傳〉載：

> 是時，著作令史閔湛、郄 性巧佞，爲（崔）浩信待。見浩所注詩、《論語》、《尚書》、《易》，遂上疏，言馬、鄭、王、賈雖注述六經，並多疏謬，不如浩之精微。乞收境內諸書，藏之祕府。班浩所注，命天下習業。并求敕浩注《禮傳》，令後生得觀正義。浩亦表薦湛有著述之才。既而勸浩刊所撰國史于石，用垂不朽，欲以彰浩直筆之跡。

由此段記載，可以推測崔浩在經學與史學方面的地位。《魏書》卷五〈高宗紀〉於和平元年（460）陳述：「崔浩之誅也，史官遂廢，至是復置」，故知國史案發生後，首當其衝的領域是北魏的史學，不僅造成史官廢除十年之久，也影響了其後北魏史官的撰述態度。

至於崔浩的文學地位則稍有爭議，魏收《魏書》卷三十五〈崔浩傳〉云：

> 朝廷禮儀、優文策詔、軍國書記，盡關於（崔）浩。浩能爲雜說，不長屬文，而留心於制度、科律及經術之言。

然《周書》卷四十一〈王褒、庾信傳〉卻將崔氏父子同許爲魏初重要文人：

> 當時之士，有許謙、崔宏、宏子浩、高允、高閭、游雅等，先後之間，聲實俱茂，詞義典正。〔註87〕

後人對其創作成績的評價分歧，但多半肯定他書寫奏章詔誥的能力。不過，崔浩自明元帝時期已總攬朝廷典章公文，其餘撰述亦豐，在創作人士較少、

〔註87〕此說並爲《北史》，卷83〈文苑傳〉完全襲用。

文學風氣衰頹的北魏初期，仍具有舉足輕重的地位。國史案對文學風氣的打擊比較不容易估計，但肯定是存在的，例如《魏書》卷五十二〈張湛傳〉載：

> 張湛，字子然，一字仲玄，敦煌人，魏執金吾恭九世孫也。湛弱冠知名涼土，好學能屬文，沖素有大志。仕沮渠蒙遜，黃門侍郎、兵部尚書。涼州平，入國……。司徒崔浩識而禮之。浩注易，敘曰：「國家西平河右，敦煌張湛、金城宗欽、武威段承根三人，皆儒者，並有俊才」……湛至京師，家貧不粒，操尚無虧，浩常給其衣食。每歲贈浩詩頌，浩常報答。及浩被誅，湛懼，悉燒之。

張湛在案件發生後，不敢留存自己與崔浩的贈答詩文，親手燒毀了當時仍屬罕見的文學篇章，可見國史案對文士間的集體創作亦產生阻絕的效應。與張湛同樣受到崔浩稱譽的另外二人，更受到嚴重的牽連，《魏書》卷五十二〈段承根傳〉載：「浩誅，承根與宗欽等俱死」，〔註88〕段承根與宗欽皆擅長四言詩，遭逢此害對當時文壇又是一大損失。

二、太武帝至獻文帝時期的文字獄氛圍

繼崔浩之後被舉為重要文人的高允，亦曾預修國史。〔註89〕高允攏集天文災異的相關記載為篇章，以供御覽，獲得太武帝讚賞，至文成帝時「拜允中書令，著作如故」，「自高宗迄于顯祖，軍國書檄，多允文也」，更在相當程度取代了崔浩的地位。《魏書》卷四十八〈高允傳〉敘述：

> 初，（崔）浩之被收也，……世祖召（高）允，謂曰：「國書皆崔浩作不？」允對曰：「太祖記，前著作郎鄧淵所撰。先帝記及今記，臣與浩同作。然浩綜務處多，總裁而已。至於注疏，臣多於浩。」

在著述國史的三人中，高允編撰的比例可能是最高的。國史案發生之後，高允徹底地改變了他的撰述態度，〈高允傳〉云其「雖久典史事，然而不能專勤屬述」，認為他掌管官史的時間很長，卻極少親自撰寫，與昔日著力於傳注的

〔註88〕《魏書》，卷 52〈段承根傳〉，頁 578。段承根「好學、機辯，有文思，而性行疏薄」，「世咸重其文」，「甚為敦煌公李寶所敬待」，曾贈李寶四言詩，《魏書》載於其傳中；宗欽在北涼曾上〈東宮侍臣箴〉，入魏則有與高允書，信中包括四言詩作，《魏書》亦錄其全文。

〔註89〕《魏書》，卷 48〈高允傳〉載太武帝云：「崔浩誅時，允亦應死」，故知國史案時，高允幾乎獲罪受誅。

情形大不相同。《魏書》卷六十二〈李彪傳〉亦云：

> 自成帝以來至于太和，崔浩、高允著述國書，編年序錄，爲《春秋》
> 之體，遺落時事，三無一存。

爲了避免詳實記錄會爲執筆者引致災難，只好省略一些重要的事件，使這套官方記載充滿許多闕漏。

　　除了史著及公文以外，高允還曾向君主上〈代都賦〉，爲北魏早期稀有的賦作，對文學的貢獻可說更甚於崔浩。可是，晚年高允作〈徵士頌〉懷想神麚四年徵士，〈序〉云：「不爲文二十年矣！」〔註 90〕由獻文帝時期（466～471）推回二十年（446～451），即爲太武帝太平眞君年間，也正是國史案發之時（450）。在這二十年間，高允於文成與獻文兩朝奉詔著述，並且作爲北魏文壇代表性人物，不可能沒有寫過任何文章，故此語乃在感歎寫作無法自由任心。可見國史案影響所及，不只改變了史學編纂撰著的環境，也使文學創作受到打擊；不只侷限住官方著作，也窘抑了私人篇章。

　　《周書·文苑傳》所舉六位魏初文士中，名列高允之後的游雅，被《魏書》卷五十四〈游雅傳〉批評：「徵爲祕書監，委以國史之任。不勤著述，竟無所成」〔註 91〕，與先前幾個案例相合，透露出國史案影響的並非零星的文士，而是一整個世代的北魏文學生態。

　　由道武帝自太武帝，前後三代統治者在位時期，超過半世紀的時間，北魏內部都瀰漫著一定程度的文字獄風氣，餘威更延續至獻文帝朝，前後橫跨八十餘年。北魏初期的政治局面既壓縮了當時文士的創作空間，亦對其創作體裁與內容造成刪選的效應。崔宏不敢流傳及崔浩被焚燬的作品，或者高允用以掙脫束縛、打破沈默的〈徵士頌〉，〔註92〕皆顯現出那段期間的政治氛圍，對與個人情志密切相關的詩歌體裁干擾最大。十六國時期，「迫於倉卒，牽於戰爭。競奏符檄，則粲然可觀；體物緣情，則寂寥於世」〔註 93〕，原本就以實用的公文、散文爲長，代國與北魏初期，不僅此種局面猶存，再加上前三朝的文字獄氛圍，自然無法將這種傾斜調整過來。

〔註90〕《魏書》，卷 48〈高允傳〉，頁 540
〔註91〕魏初士人不勤著述現象，可參考：宋冰，〈北魏早期漢族士人的文學觀念與散文傳統形成之關係〉，《晉陽學刊》，2006 年 1 期。
〔註92〕同註 90，高允〈徵士頌·序〉云：「然事切於心，豈可默乎？」
〔註93〕《周書》，卷 41〈庾信傳〉末史臣曰，頁 307。《北史》，卷 83〈文苑傳·序〉蹈襲此文，僅用字稍異。

小　結

太武帝時期是北魏一個重要的轉捩點：在政治上統一了北方，確立南北對峙形勢；在軍事上更經歷過無數次的勝負交迭，終於形成北強南弱的局面。然而，從文化的角度來說，太武帝一朝既是重要的發展期，卻也可以視為強烈的扼殺期，例如政府雖然宣告重視文教，並任用北涼士人來振興儒風，卻又明令禁止私學；雖然在大夏等國的士人引領下，創作風氣一度勃發，卻又因國史案而掩抑了創作活動。

《宋書》卷九十五〈索虜傳〉曾經引錄北魏太武帝詔書，其中即具含「武功既昭，而文教未闡，非所以崇太平之治也」等宣誓改革的文句，而《南齊書》也承認由拓拔燾時期開始，敵國「稍僭華典」，顯示此時連南方都清楚地感受到北魏在漢文化方面的進步，這些成績往往與外交政策的轉變有很大的關係。整體而言，太武帝一朝的外交活動並未真正減除江左人士對北魏的歧視，但卻對本國經學、文學與史學等領域產生刺激，從而提昇了水準，為未來幾代的漢文化打下較堅實的基礎。

第四章　文成帝與獻文帝時期
　　選才標準的改易

　　北魏太武帝正平元年，即劉宋文帝元嘉二十八年（451），兩位執政時間近乎重疊的君主各派出最後一次使節。不久以後，二帝皆遭弑逆，加上隨之而來一連串的內部鬥爭、易主改朝，南北國勢俱見耗弱，長達九年未曾進行正式外交。劉宋人士自評：「議者必以爲胡衰不足避，而不知我之病甚於胡矣」，〔註1〕說明了這段時期兩國都處於蹇困艱難的狀態。

　　劉宋方面，由於文帝時期在南北交戰中屢次受挫，江左的政局愈來愈不穩定，孝武帝一朝對北魏的態度便有了大幅的變化，而原本就對雙方外交較爲重視的北魏亦予以積極回應。北魏太武帝之後的文成帝與獻文帝，執政時間均不長，獻文帝與其子孝文帝年幼登基，初期都曾由文明太后馮氏臨朝，主持國家事務，加上南北雙方忽戰忽和，往來亦時斷時續，因而極難判斷政策出自何位掌政者。不過，大抵而言，這段時期外交活動的內涵逐漸改易，除了不再死守儒學和世家兩項過去主要的選拔標準以外，使節的口才和文才也受到重視，對日後發展具有頗爲深遠的影響。

第一節　南北局勢的轉變

一、宋孝武帝朝外交政策的改變

　　南北互市啓動之後，北魏和平元年（460）正月，文成帝「詔散騎常侍馮

〔註1〕　《宋書》，卷82〈周朗傳〉：「世祖即位（453），除建平王宏中軍錄事參軍。時普責百官讜言，朗上書」。

闡使於劉駿」，〔註2〕兩國進一步恢復通使；而《魏書》卷九十七〈島夷劉裕傳〉記載，此年七月，「（劉）駿使其散騎常侍明僧暠朝貢」，很可能是劉宋對先前遣使一事的回應，〔註3〕時爲孝武帝大明四年。

（一）宋孝武帝首位使節的官銜與名聲

從宋孝武帝任用的第一位使節開始，即透露出南朝外交態度改變的端倪。〔註4〕首先，其官銜爲散騎常侍，而不再是殿中將軍，於位階上作了調整。《魏書》卷九十七〈島夷劉裕傳〉之〈校勘記〉指出：「按自劉駿（宋孝武帝）以來，宋魏遣使，通常正使爲散騎常侍，副使爲散騎侍郎」，自此以後大致成爲慣例。關於散騎常侍一職，《宋書》卷八十四〈孔覬傳〉載：

> 初，晉世散騎常侍選望甚重，與侍中不異，其後職任閑散，用人漸輕。孝建三年（456），世祖欲重其選，詔曰：「散騎職爲近侍，事居規納，置任之本，實惟親要，而頃選常侍，陵遲未允，宜簡授時良，永置清轍。」……世祖不欲威權在下，其後分吏部尚書置二人，以輕其任。

宋孝武帝初期，在平定南郡王劉義宣之亂後，推行了許多削弱宗室與臣下權勢的政策，其中包括推重散騎等近侍、壓抑選部，〔註5〕這一系列改革持續至南北復交之前不久。因此，孝武帝以自己重視的散騎常侍擔任前往北魏的主使，意謂著對雙方外交較爲關注，而非只用敷衍的態度來處理。

除了官銜規例之建立外，此次任務的人選於當時社會具有一定程度的聲望，不再如過去的使節那般，皆是沒沒無聞的角色。在《南齊書》卷五十四

〔註2〕 《魏書》，卷5〈高宗紀〉，頁77。

〔註3〕 《魏書》，卷97〈島夷劉裕傳〉，頁1064。

〔註4〕 關於南朝遣使態度轉變的時間，有以下幾種說法：梁滿倉根據統計資料次數，認爲在宋明帝以後，吳慧蓮認爲在蕭齊以後。參考：梁滿倉，〈南北朝通使芻議〉，收入：《漢唐間政治與文化探索》（貴陽：貴州人民出版社，2000），頁308～309；吳慧蓮，〈魏宋之間的和戰關係〉，收入：《鄭欽仁教授榮退紀念論文集》（台北：稻鄉出版社，1999），頁165～166。轉變是持續發生的，對「轉變」之定義不同，所作出的結論也就有所差異。

〔註5〕 關於此政策實行的時間，《通典》，卷23〈職官五·尚書下〉認爲在大明二年，《通鑑》，卷129〈宋紀十·孝武帝大明二年（458）〉亦同，並將之繫於其年六月。其他相關政策尚包括：分割荊、揚，更置新州，改革諸王車服制度等，同時也規定「長王臨藩，素族出鎮，典籤皆出納教命，執其樞要，刺史不得專其職任」。後來，這些改革中的一部份被廢除或遭忽視，但當時孝武帝是頗爲重視的。

〈高逸傳・明僧紹〉裏，可見其弟明僧暠的簡短傳記附於末尾，這是南朝使
節首位進入史書的人物。〔註6〕不過，明僧暠的生平只有寥寥二十八字：

> ……弟僧暠，亦好學，宋孝武見之，迎頌其名，時人以爲榮。泰始
> 初，爲青州刺史。

內容極爲疏略，很難從中得知明僧暠爲何被選爲主使的原因，也反映出他的
成就有限，並非國家的中流砥柱或特定領域的代表。返宋後，明僧暠又於次
年北魏游明根聘問時，擔任對接工作，〔註7〕故在宋孝武帝時期的外交官員
裏，是表現較爲突出的一位。

　　儘管明僧暠具有某種程度的知名度，但《南齊書》仍全未提及他出使北
魏之事。〔註8〕而在唐初李延壽撰述的《南史》卷五十〈明僧紹傳〉中，其生
平同樣附於兄長傳後，內容即以出使北魏的過程爲主：

> 僧胤次弟僧暠亦好學，宋大明中再使魏，于時新誅司空劉誕。孝武
> 謂曰：「若問廣陵之事，何以答之？」對曰：「周之管、蔡，漢之淮
> 南。」帝大悅。

明僧暠於大明四年出發至北魏，其時劉宋剛平定了竟陵王劉誕，由於牽涉到
兄弟鬩牆的問題，預想北魏可能據此提出質疑，所以孝武帝特地事先詢問主
使將如何回答。這是關於南朝君臣討論出使應對的最早紀錄，反映出劉宋君
王確實比過去關切外交事宜及結果。

　　由引文中「再使」與其後「再辱」等字詞判斷，明僧暠應曾二度出使，
而《魏書》與《南史》所記，皆爲其中較晚者。那麼首次出使究竟在何時？

〔註6〕　南朝過去使節如趙道生、黃延年，或只見於北朝史書，或在南朝史書中僅載
　　　　其名，出身、生平和事功均不詳。北魏多以世家弟子出使，並引以爲榮，而
　　　　劉宋卻多派身份低微者出使，以表貶抑之意，這種現象持續了很長一段時間。
　　　　參考：吳慧蓮，〈魏宋之間的和戰關係〉，頁165；李廣健，《南北朝對峙時期
　　　　的文化接觸——以媒介人物爲討論中心》，頁26。然而，南朝對北方的輕視並
　　　　不只見於國家政策，更是當日社會的共同趨向，即使進入蕭齊之後，政策經
　　　　過調整，江左士人不願使魏的心態仍未改。

〔註7〕　《魏書》，卷5〈高宗紀〉記載和平元年（460），「冬十月，詔假員外散騎常侍
　　　　游明根、員外郎昌邑侯和天德使于劉駿」；卷55〈游明根傳〉述其「使於劉駿，
　　　　直使明僧暠相對」。

〔註8〕　這或許與明僧暠存歿的時代有關：明僧暠雖隨著兄長傳記而名入《南齊書》，
　　　　卻於劉宋明帝初年故世。劉宋時期對南北外交的記載原本就非常簡略，所以
　　　　明僧暠的外交事蹟未蒙南朝官方史書記述，而從南齊的角度來看，他也沒有
　　　　任何功績可以載錄。

依據《宋書》卷六〈孝武帝紀〉的記載：大明三年（459），「秋七月己巳，尅廣陵城，斬（劉）誕」，而明僧暠首次出使時，孝武帝尚無考慮相關譏評的需要，所以首次出使的時間點很可能在事發（大明三年）之前，比北魏和平元年（460）正月派遣馮闡至南方更早。因此可以推論魏文成與宋孝武時期的復交，大約比《魏書》所記早了至少半年。至於上述宋孝武帝增崇近侍選望與壓抑選部的措施，則完成於大明二年六月，即平劉誕前一年，因此明僧暠初次出使是否即具此官銜？增崇散騎常侍之選望，是否與遣使有更深關聯？惜因史料不足而未能進一步考核。

　　再者，南北史書在某一階段的外交展開之初，往往指稱對方先「遣使請和」，以顯示本國的強盛，而北魏卻省略了明僧暠首次來使，從而可以推測，此階段復交應由北方主動議和。若果如此，則北魏史料不僅省略了明僧暠首次來使的紀錄，甚至可能還隱瞞了本國更早的一次遣使。

（二）正史闕漏的使節

　　雖然《魏書》較詳細地記載了南北雙方的使節名姓，然而仍有少數使節由於不明緣故而未入史籍，例如高州都。〈魏故員外郎散騎常侍西陽男高（廣）府君墓誌〉云：

> 父州都，舉秀才，應對□方。文成皇帝憚之，徵員外郎，俄遷祕書郎，加散騎常侍。于時南僑請和，皇上以才過王蕚，器邁伊藉，愍勉簡遣，便充國使。宣揚此化，多非彼僭，而齊主諱過，無理見終。皇上悼惜，世加榮品。〔註9〕

魏文成帝一朝僅比宋孝武帝早約兩年開始、晚一年結束，兩者近乎重疊，所以，高州都出使的對象絕不可能是蕭齊，而應為劉宋。墓誌又云：高廣「春秋七十七，以孝昌二年（526）歲次丙午七月薨於洛陽」，則撰文時江左已是蕭梁時期，執筆者大概是推測其父出使對象為當時「南僑」政府之前朝，故誤指宋為齊。由此可知，包括執筆者在內的高家子弟們，對南朝的理解有限，

〔註9〕　〈魏故員外郎散騎常侍西陽男高（廣）府君墓誌〉，收入趙超：《漢魏南北朝墓誌彙編》（天津：天津古籍出版社，2008 年 7 月），頁 195。「州都」應為官稱，而並非高廣父親之名，因當時避親諱之故，部份墓誌記述先人以官位代名。例如另位正史未載的北使李璧，在〈李璧墓誌銘文〉亦稱「高祖司空」、「曾祖尚書」、「祖東莞」、「考齊郡」，皆不著其名。李璧、高州都與逢哲都曾出使南朝，但正史中並未記載。參考：《漢魏南北朝墓誌彙編》，〈北齊‧君諱哲（逢哲）墓誌〉，頁 453～454。

而對高州都出使的詳情也不很清楚。其時南北外交正陷入一次長期停頓，自太和十九年（459）至孝昌二年，六十七年間只有北魏曾遣使至蕭梁一次，這可能是北魏人士對南朝理解不深的重要緣故。

再者，由「于時南偽請和」的文句看來，高州都負責的是南北復交後的初次出使任務，而前文根據所引《南史》中明僧暠出使的記述，推論：在和平元年北魏派任馮闡的記載之前，文成帝時期尚有一次被漏載的遣使，這才是雙方真正復交的開始，那麼高州都極可能正是此次的使節。

另外，前文曾經述及宋孝武帝即位之初，北魏重議互市，此事亦應派遣使節進行提案才是，而這次提案的使節也未被《魏書》記載。是否即高州都出使的任務，自然無法判斷。

同時期的南朝使節中，亦有未被《魏書》記載的狀況。在先前所引《宋書》卷八十八〈沈文秀傳〉裏，與明僧暠同時被殺的崔元孫便曾出使北魏，《南齊書》卷五十五〈崔懷慎傳〉附錄其出使之事：

> 崔懷慎，清河東武城人也。父邪利，魯郡太守，宋元嘉中，沒虜。……邪利後仕虜中書，……懷慎從叔模爲滎陽太守，亦同沈虜……。大明中，懷慎宗人冀州刺史元孫北使，虜問之曰：「崔邪利、模並力屈歸命，二家子姪，出處不同，義將安在？」元孫曰：「王尊驅驥，王陽回車，欲令忠孝並弘，臣子兩節。」

崔元孫與明僧暠同樣在宋孝武帝時身歿，出使事迹卻都至《南齊書》才得到記述，顯示出劉宋對南北外交仍是比較忽視的。另外，崔元孫更是少數被《魏書》失載的南方使節，因此儘管史書云其於大明年中出使，但切確的日期則無法確定。事實上，《魏書》其他章帙中曾提及崔元孫，其子崔亮於慕容白曜平三齊時，被迫內徙桑乾，後來在北魏歷仕孝文、宣武、孝明三朝，故卷六十六〈崔亮傳〉傳首簡短地記載了崔元孫的生平：「父元孫，劉駿尚書郎。劉彧之僭立也，彧青州刺史沈文秀阻兵叛之。彧使元孫討文秀，爲文秀所害」。〔註10〕可惜在南北史書中皆言之不詳。

總而言之，南北外交發展至此，仍有許多史料闕漏、過程不明的地方。一方面是由於雙方關係變化劇烈，難免會產生無法直書詳述之情事；另一方面，儘管國家政策制度改變，也不一定能立刻對士人造成影響，故江左官員

〔註10〕又，《魏書》，卷92〈列女傳·房愛親妻崔氏〉云：「清河房愛親妻崔氏者，同郡崔元孫之女。性嚴明高尚，歷覽書傳，多所聞知」。

之輕北心態遲遲未改，而北魏在國史案後，史官罷廢了很長一段時間，所以雙方在史事記敘上都有導致偏差的因素。不過，從史書的記載看來，崔元孫與明僧暠的出身、家學與個人仕履皆優於過去南朝各任使節，顯示出政府對兩國外交逐漸重視的趨勢。

二、南北雙方態度的落差

　　明僧暠爲南朝首位較具聲名的使節，而在北魏負責迎送他的裴駿，亦爲目前南北外交史上首位可見姓名的接待官員。《魏書》卷四十五〈裴駿傳〉載：

> 裴駿，……弱冠，通涉經史，好屬文，性方檢，有禮度，鄉里宗敬焉。……會世祖親討蓋吳，引見駿，駿陳敘事宜，甚會機理。世祖大悦，顧謂崔浩曰：「裴駿有當世才具，且忠義可嘉。」補中書博士。浩亦深器駿，目爲三河領袖。轉中書侍郎。劉駿遣使明僧暠朝貢，以駿有才學，乃假給事中、散騎常侍，於境上勞接。

史書指出裴駿具有寫作的能力，不過太武帝對他的器重，主要仍在政務方面，因此很難據此判斷文成帝派其接待明僧暠，是否與文才有關。

　　《魏書》並未對明僧暠與裴駿的互動多作記述，而《南史》卷五十〈明僧紹傳〉則簡略地記述了明僧暠出使時與北魏人士的一番對答：

> 及至魏，魏問曰：「卿銜此命，當緣上國無相踰者邪？」答曰：「聰明特達，舉袂成帷，比屋之旺，又無下僕。晏子所謂『看國善惡』，故再辱此庭。」

面對北魏官員在自己二度出使之事上借題發揮，明僧暠引用了春秋時代晏子使楚所說的「其賢者使使賢主，不肖者使使不肖主」，令北魏的官員陷入「自抑抑人」、「抑人者亦自抑」的邏輯困境，在言辭上獲得一次勝利。事實上，此種同人再使的現象，在劉宋初期的確常見，亦是南朝人士輕視北朝的一種表現。

　　異國使節自入國境之內，直至任務完成而後離開，接觸的人員相當繁多，故此處的發問者未必即是裴駿。不過，《北史》和《南史》都記載了不少北魏在外交場合應對失利的事件，與《魏書》對照起來，即可發現魏收在敘述北魏、東魏與異國使節的交涉狀況時，往往避重就輕、隱惡揚善。這種扭曲或遮掩史實的現象，一部份延承自北朝過去的史料，一部份則是魏收刻意的窮抑，基本上都爲了維護己方的尊嚴。其中，有些外交過程雖未出現在

當事人的傳記中，卻於其他卷帙裏約略提及，例如前文所述，盧玄、游雅等「南使不稱」，必須參閱〈高推傳〉始得以推知；有些不良紀錄更完全被排除，而需要以《北史》與《南史》彌補，例如魏收本人的外交事跡。

相反地，劉宋使節明僧暠與崔元孫辯駁時作了得體的回應，同樣也不見於南朝史書，但其意義卻與北朝藏匿史事具有極大差別。一方面是因為當時南朝使節受到的重視有限，另一方面則是由於南朝向來視北朝為蠻夷之邦，故認為這些勝利並無值得誇耀之處。換句話說，北魏將外交當作展示人才的重要場合，南朝卻只重視外交的實質作用，而不把與「索虜」間文化層面的交流當成一回事，雙方對彼此的期待仍有落差。

然而，南北外交的情勢的確不斷地在改變之中。《魏書》卷五〈高宗紀〉載：「十有一月，詔散騎侍郎盧度世、員外郎朱安興使於劉駿」，指出北魏在和平元年中二度派出使節，而《宋書》卷六〈孝武帝紀〉亦於大明四年云：「十二月……辛丑，……索虜遣使請和」，此乃南朝史書第一筆正式的雙方外交記載，再次反映南朝逐漸看重與北魏的關係。

不過，在這劃時代的事件裏，盧度世卻表現得荒腔走板，使北魏顏面盡失，故《魏書》卷四十七〈盧玄附子度世傳〉載：

> ……除散騎侍郎，使劉駿。遣其侍中柳元景與度世對接，度世應對失衷。還，被禁劾，經年乃釋。

在太武帝時期的國史案裏，盧度世受到牽連而幾乎獲罪，直至文明帝一朝，才繼承父業，出使劉宋，但成績卻比父親盧玄更加不如，回國後便遭到歷來使節罕遇的嚴厲譴責。至於劉宋的接應官員柳元景，《宋書》卷七十七〈柳元景傳〉云：

> 元景少便弓馬，數隨父伐蠻，以勇稱。寡言有器質。……起自將帥，及當朝理務，雖非所長，而有弘雅之美。

柳元景協助宋孝武帝即位，討伐弒父稱帝的太子劉劭，繼而平定南郡王劉義宣之亂，於大明三年「遷尚書令，太子詹事、侍中、中正如故」，位高權重，其整體事功聲望遠在明僧暠之上。然柳元景乃武人出身，自少習武而未從文，卻能在言談上勝過學行兼備的北魏使節，[註11] 可見南方官員仍比北朝官員

[註11]《魏書》，卷47〈盧玄附子度世傳〉云：「幼而聰達，有計數。為中書學生，應選東宮。弱冠，與從兄遐俱以學行為時流所重」，可見盧度世的學問智計都相當優秀。

更長於掌握外交辭令。值得注意的是，《宋書·柳元景傳》篇幅不小，卻完全沒有記載他在此次接對的成就，由此亦可證明南朝早期並不太在意與北朝外交上官員的表現優劣。

　　儘管盧度世的外交活動受到了挫折，但其後任使節游明根，卻獲得南朝罕見的高度禮遇。《魏書》卷五十五〈游明根傳〉載：

　　　　假員外散騎常侍、冠軍將軍、安樂侯，使於劉駿，直使明僧暠相對。

　　　　前後三返，駿稱其長者，迎送之禮，有加常使。

和平二至四年（461～463），游明根連續三年於十月出使劉宋，〔註12〕擔任首次接待官員的，正是前一年剛出使過北魏的明僧暠，故知同一人物因表現優異而再次被指派負責外交事務，乃是此一時期南北雙方的共同現象。盧度世為盧玄之子；游明根為游雅從祖弟，並曾受後者稱薦，大體上，文成帝一朝，北魏仍維持以神麚徵士家族成員擔任使節的策略。游明根之所以能被三次派遣的原因，史書並無詳述記載，除了他具有深厚的儒學造詣及本身的風儀能力優異之外，更重要的因素可能在於南朝的政策態度已有所轉變。

　　一人重複聘問的情況首次出現，加上北魏對接待官員也特意挑選，這些改變皆可察見對雙方外交的關注。然而，由劉宋以武人接待北使的政策看來，保留了過去政府逐漸重視，士人仍舊輕忽的現象，換言之，外交本身較受重視，而其中的文化交流仍遭輕忽，如此，與北魏的態度仍有頗大落差。這種情況會持續相當長的時間，甚至可說到了南北朝晚期才徹底轉變。

三、宋明帝主動向北魏遣使之意義

　　北魏游明根三使南朝之次年，宋孝武帝駕崩。《宋書》卷六〈孝武帝紀〉末，史臣評斷此一時期的國情曰：「盡民命以自養，桀、紂之行也。觀大明之世，其將盡民命乎！」又數言「世祖嚴暴」，令諸王、群臣慮不見容，足見江左正處於嚴酷的政治局勢之中。

　　相對地，《魏書》卷五〈高宗紀〉恰好顯示出北朝開展出一段君民休養生息的平和之世，史臣曰：「世祖經略四方，內頗虛耗。既而國釁時艱，朝野楚楚。高宗與時消息，靜以鎮之，養威布德，懷緝中外」，雖然過去各朝武功卓著，但整體社會付出的代價也很高，文成帝登基以後，北方已完成統一大業，因此疆土之闢拓不再是政府考量的首要項目，而將重心擺放在國家內部如何

───────────────────

〔註12〕《魏書》，卷5〈高宗紀〉，頁78～79。

繁榮成長。

（一）劉宋內亂導致南北頻繁交流

由於南北一亂一治，居留條件的優劣極為分明，再加上雙方對峙之局已穩定成形，別無其他政權可選，因此宋孝武帝末期，江左人士便逐漸將投奔北魏視為理所當然的退路。例如大明五年（461）四月丙午，雍州刺史海陵王劉休茂在謀反之前，近臣張伯超即勸曰：「縱大事不成，不失入虜中為王。」〔註13〕儘管劉休茂最終未能及時逃往北魏，然宋前廢帝、明帝年間，從南方投附北魏的人數確實大幅增加，為了防止此種情形不斷發生，劉宋即開始改變對北魏的態度。

宋孝武帝之後，前廢帝劉子業苛遇臣屬的情況更甚於其父，在位不滿一年，即誅太宰江夏王義恭、尚書令驃騎大將軍柳元景、尚書左僕射顏師伯等，「宗室密戚，遇若婢僕，鞭捶陵曳，無復尊卑」，〔註14〕導致國家綱紀紊亂，又「車駕討征北將軍、徐州刺史義陽王昶，內外戒嚴」，最後逼使劉昶「奔于索虜」。《魏書》卷六〈顯祖紀〉亦載：和平六年（465）九月「劉子業征北大將軍、義陽王劉昶自彭城來降」，皆可見江左人心離散，即使身為皇室成員亦惶然不安。

其時北魏文成帝剛於五月駕崩，獻文帝年僅十二，「車騎大將軍乙渾矯詔殺尚書楊保年、平陽公賈愛仁、南陽公張天度于禁中」，「位居諸王上，事無大小，皆決於渾」，朝中內鬥頻繁。同年稍後，宋前廢帝遇弒，明帝劉彧與晉安王劉子勛雙雙稱帝，引發江左內戰。在這段期間，南北皆無暇顧及境外，故外交中斷了大約三年的時間。

令人意想不到的是，劉宋的內戰成為南北關係改變的重要契機。在宋明帝欲肅清晉安王兄弟時，曾下詔曰：「劉袛在蕃，規相應援，通言北寇，引令過淮」，〔註15〕並聲討支持晉安王的殷琰、常珍奇與薛安都等人「慮不見納，又求救於索虜」，〔註16〕於是北魏成為中央朝廷羅織誣陷的藉口，也是其他陣營求援的對象。

在軍政層面上，江左各勢力皆無法忽視北魏的影響力，不過在文化層面

〔註13〕《宋書》，卷79〈文五王傳・海陵王休茂〉，頁522。
〔註14〕《宋書》，卷7〈前廢帝紀〉，頁45。
〔註15〕《宋書》，卷80〈孝武十四王傳・晉安王子勛〉，頁527。
〔註16〕《宋書》，卷87〈殷琰傳〉，頁565；卷88〈薛安都傳〉，頁567。

上，劉宋人士仍習慣輕視北魏，這個傾向尚無太大改變。例如泰始二年，原本支持晉安王的殷琰欲請降於魏，主簿譙郡夏侯詳即嘗試說服殷琰：「今日之舉，本效忠節。若社稷有奉，便當歸身朝廷，何可北面左衽乎！」泰始三年，劉懷珍奉詔征討向北魏乞師自保的青州刺史沈文秀時，曾曰：「文秀欲以青州歸索虜，計齊之士民，安肯甘心左衽邪！」〔註17〕敵對的兩個陣營都引用孔子之語否定胡服，以貶低北魏的地位。事實上，由於北魏對待歸降者的經驗不足，處置不甚恰當，以致部份劉宋人士投靠之後產生悔意，例如《通鑑》卷第一百三十二〈宋紀十三・明帝泰始三年〉云：「（尉）元不禮於薛安都，安都悔降，復謀叛魏」；《魏書》卷六〈顯組紀〉亦載：「沈文秀、崔道固復叛歸劉彧」，因此這段期間南北間人才的流動轉趨頻繁，卻也顯示北魏尚未做好任用江左人士的準備。

再者，劉宋各地刺史與邊將向北求援的舉動，又觸發了魏軍南向的野心，故此三至四年之間，雙方戰役不斷，「薛安都要引索虜，張永、沈攸之大敗，於是遂失淮北四州及豫州淮西地」，〔註18〕致使劉宋喪失了大片疆土。由於和戰局勢複雜微妙，所以雙方並未徹底斷絕往來，《魏書》卷九十七〈島夷劉裕傳〉即載：

> 皇興元年（467）正月，（劉）彧遣其散騎常侍貝思、散騎侍郎崔小
> 白朝貢。

這是宋明帝首次遣使北上，主副二使雖非知名人士，然由其經歷、背景來看，頗見挑選之用心。關於貝思，《魏書》卷五十三〈李孝伯傳〉記述魏太武南征時，尚書李孝伯於彭城與武陵王長史張暢對答，「城內有貝思者，嘗至京師，（劉）義恭遣視之，思識是孝伯」，〔註19〕除此之外，其人生平並無可考。此時同在城內的武陵王劉駿，即是後日的宋孝武帝，故貝思能在十餘年後擔任明帝的首任主使，或許正因過去曾有與北魏人士周旋的經歷。關於崔小白，蔡宗憲推測可能為清河崔氏子弟，原屬南燕臣民，並認為劉宋派遣崔氏出使，除了籠絡人心以外，亦可能慮及他們對戰事方興未艾的青齊狀況較為熟悉、會因攸關鄉里安危而竭力以赴。〔註20〕

〔註17〕《通鑑》，卷131〈宋紀十二・明帝泰始二年〉，頁4126；卷132〈宋紀十三・明帝泰始三年〉，頁4131。
〔註18〕《宋書》，卷79〈明帝紀〉，頁48。
〔註19〕《宋書》，卷46〈張邵傳〉，頁360與卷59〈張暢傳〉，頁411亦載此事，唯「貝思」作「具思」。
〔註20〕參考：蔡宗憲：《中古前期的交聘與南北互動》，〈第三章・第二節・南朝的聘

另外，此次劉宋遣使時的軍政局勢相當詭譎，據《魏書》卷六〈顯祖紀〉載：

> 皇興元年春正月癸巳，尉元大破張永、沈攸之於呂梁東，斬首數萬級，凍死者甚眾。獲劉彧秦州刺史垣恭祖、羽林監沈承伯。永、攸之單騎走免。獲軍資器械不可勝數。劉彧遣使朝貢。……閏月，以頓丘王李峻為太宰。劉彧青州刺史沈文秀、冀州刺史崔道固並遣使請舉州內屬，詔平東將軍長孫陵，平南將軍、廣陵公侯窮奇赴援之。二月，詔使持節、都督諸軍事、征南大將軍慕容白曜督騎五萬次於碻磝，為東道後援。……劉彧東平太守申纂戍無鹽，遏絕王使，詔征南大將軍慕容白曜督諸軍以討之。三月甲寅，克之。沈文秀、崔道固復叛歸劉彧，白曜回師討之。

由此可知，當時南北爭戰方酣，執政才剛滿一年的宋明帝卻迫不及待地主動遣使，箇中緣由值得探討。北魏方面，雖將此次往來敘述為「劉彧朝貢」，卻未宣稱對方「請和」，所以可以判斷宋使應該不是為了求和而來。再者，劉宋遣使之後，北魏亦曾回遣，卻仍然增兵南下，全無罷兵議和之意。

此次回遣，《魏書》宣稱是因為劉宋東平太守申纂「遏絕王使」、「敢縱姦慝，劫奪行人」，[註21] 以致無法完成任務，故詔命慕容白曜督軍征討，然而這其實只是為北魏攻打無鹽謀求合理的藉口而已。不過，紛亂的戰爭局勢與北魏使節的斷絕，並未中止宋明帝在外交上的後續行動，往後三年，儘管北魏未予回應，還是每年派遣使節出國。[註22] 《魏書》，卷九十七〈島夷劉裕傳〉載：

> （皇興）二年，……彧遣其員外散騎常侍李豐朝貢。……彧遣其員外散騎常侍王希涓朝貢。四年六月，彧又遣員外散騎常侍劉航朝貢。

相對地，北魏讓劉宋等了將近三年，直到泰始五年（469）十一月丁未，《宋書》卷八〈明帝紀〉始載「索虜遣使獻方物」。這是繼卷六〈孝武帝紀〉大明四年十二月辛丑，相隔十年後，南朝史書中第二筆與北魏外交的記載，足見劉宋對此的重視，反倒是向來詳載雙方互使的《魏書》沒有此次遣使的記載，形成強烈的反差。

　　使與主客〉，頁 202～205。
〔註21〕《魏書》，卷50〈慕容白曜傳〉，頁 557。
〔註22〕北魏此次對劉宋的軍事行動，一直持續到獻文帝皇興三年五月，遷徙青、齊人士於平城，才真正結束。

　　回顧過去南北外交狀況，通常都是北魏主動遣使，才換得劉宋的冷淡回應。如今，有求於對方的宋明帝，不僅自行重啟外交，還一再單方面派出使節，立場明顯倒轉。《通鑑》卷第一百三十二〈宋紀十四·明帝泰始三年（467）〉：

> 冬，十月，辛巳，詔徙義陽王昶為晉熙王，使員外郎李豐以金千兩贖昶於魏。魏人弗許，使昶與上書，為兄弟之儀。上責其不稱臣，不答。魏主復使昶與上書，昶辭曰：「臣本實或兄，未經為臣。若改前書，事為二敬；苟或不改，彼所不納。臣不敢奉詔。」乃止。

根據《魏書》記錄，宋明帝派遣李豐出使的時間為北魏獻文帝皇興二年，而《通鑑》所載的宋明帝泰始三年之事，則較之更早一年。究竟是李豐曾經二度出使？或同次外交活動的日期產生混淆？目前難以確定。不過，《通鑑》記述宋明帝欲以黃金贖回劉昶，南北史書皆未述及。〔註23〕宋明帝登基後，一再誅殺劉氏皇族，而投附北魏的前義陽王劉昶對南朝的威脅陰影，更一直持續到蕭齊時代，可見宋明帝積極遣使至北魏，與無法掌控的兄長劉昶有極大關聯。

（二）南朝青齊豪族積極投入外交

　　除了中央政府顯示出對外交的重視之外，亦開始出現高度重視南北關係的士人。尤其是在北魏遷徙三齊至平城後，居住在南朝的青齊豪族試圖贖回親人，因此特別注意和北方的交流。如《南齊書》卷二十八〈劉善明傳〉載：

> （宋·泰始）五年，青州沒虜，善明母陷北，虜移置桑乾。善明布衣蔬食，哀戚如持喪。明帝每見，為之歎息，時人稱之。……朝廷多哀善明心事。元徽初，遣北使，朝議令善明舉人，善明舉州鄉北平田惠紹使虜，贖得母還。幼主新立，群公秉政，善明獨結事太祖，委身歸誠。二年，出為輔國將軍、西海太守、行青冀二州刺史。至鎮，表請北伐，朝議不同。

對照劉善明正式展開贖親行動的時間，大約是宋後廢帝元徽元年，員外散騎常侍田惠紹、員外散騎侍郎劉惠秀出使時，〔註24〕距離北魏皇興三年（469）

〔註23〕北魏獻文帝詔令劉昶回信給宋明帝之事，《魏書》，卷59〈劉昶傳〉，頁651亦有所記述。北魏朝廷似乎想迫使歸附於己的劉昶與宋明帝兄弟相稱，藉以矮化劉宋為臣。

〔註24〕《魏書》，卷97〈島夷劉裕傳〉，頁1067。

五月徙平齊民已四年之久。之所以拖延了四年才進行救贖，或許是因爲宋明帝容易猜忌臣屬，所以不得不等到後廢帝繼位。儘管後廢帝時期在外交上沒有太大作爲，但因部份臣屬個人或家族的需求，逐漸減輕了過去江南士人對出使北魏的排拒感。

除了劉善明以外，又如其族侄劉靈哲「傾產私贖嫡母及景煥，累年不能得。（齊）世祖哀之，令北使告虜主，虜主送以還南」、薛淵「以贖母既不得，又表陳解職，詔不許。後虜使至，上爲淵致與母書」，﹝註25﹞各自採取公私不同的方式和北方交涉。在較晚的劉靈哲與薛淵事例裏，齊武帝還親自以書信爲臣屬贖親之事向北魏請求，亦可顯示出蕭齊時期外交活動的重要性遠勝於劉宋時期。

青齊豪族所面臨的歷史境遇雖促使他們爭取擔任使節，﹝註26﹞改變了南朝士人不願與北朝接觸的心態，卻未必能夠影響朝廷的外交決策。以因果關係來判斷，應該是劉宋朝廷先決定推動與北魏的外交後，才選擇以青齊豪族成員作爲使節，而追贖親人更是較晚才附加上的社會因素。不過，劉宋與北魏之間的交流型態，確實就在這些因素交互影響下不斷地改變。

第二節　獻文帝與文明太后時期的選使標準變化

《宋書》卷八〈明帝紀〉記載，泰始五年（469）十一月丁未，「索虜遣使獻方物」，儘管在《魏書》裏無相應的錄述，然而《通鑑》亦指出：「魏復遣使來修和親，自是信使歲通」，自此之後，南北雙方大致又恢復輪流派遣使節的模式。皇興五年（471），北魏以邢祐作爲與劉宋交涉的使者，《魏書》卷六十五〈邢巒附叔祖祐傳〉載：

> ……祐，字宗祐。少有學尚，知名於時。徵除著作郎，領樂浪王傅。後假員外散騎常侍，使於劉彧。以將命之勤，除建威將軍、平原太守，賜爵城平男。

次年，延興二年，邢祐又二度出使，成績頗受肯定。《魏書》卷八十四〈儒林

﹝註25﹞〔梁〕蕭子顯：《南齊書》（北京：中華書局，1997 年），卷 27〈劉懷珍附子靈哲傳〉，頁 131；卷 30〈薛淵傳〉，頁 144。

﹝註26﹞參考：韓樹峰：《南北朝時期淮漢迤北的邊境豪族》（北京：科學文獻出版社，2003 年 7 月），頁 1～40；蔡宗憲：《中古前期的交聘與南北互動》，第三章·第二節〈南朝的聘使與主客〉，頁 202～205。

傳〉兩度提及邢祐，文云：「時高允爲監，河間邢祐、北平陽𩔖、河東裴定、廣平程駿、金城趙元順等爲著作佐郎，雖才學互有短長，然俱爲稱職，並號『長者』」，從「長者」這一稱謂看來，此一時期北魏選擇使節，似乎比較重視穩重的風儀。〈儒林傳〉又云：「（陳奇）與河間邢祐同召赴京」，故知當時徵召才儁，應以儒學爲基準。

名義上，「延興」是北魏孝文帝的第一個年號，然其登基時年僅五歲，其父獻文帝「及傳位高祖，猶躬覽萬機」，〔註27〕仍以「太上皇帝」尊號繼續主持朝務，各項政策亦未改變。從人事關係與選使標準兩方面而言，神𪊽四年徵士們雖已不再親自擔任使節，對相關事務仍有著相當影響力，〔註28〕因此文成帝至獻文帝朝初期的北魏外交政策，大體仍延續太武帝朝的方針。

不過，延興晚期，北魏外交使節的選擇標準開始起了明顯的變化。邢祐的後任，是出身及事功不明的崔演，接著，許赤虎於延興四年三月丁亥、五年五月丙午，連續兩度出使。許赤虎不僅與神𪊽四年徵士無關，比起過去其他使節，《魏書》對他的描述更顯殊異，卷四十六〈許赤虎傳〉云：

> 又有博陵許赤虎，涉獵經史，善嘲謔。延興中，著作佐郎，與慕容白曜南討。後使江南，應對敏捷，雖言不典故，而南人頗稱機辯滑稽焉。使還，爲東郡太守，卒官。

許氏雖爲博陵大族，但在北魏時期知名於世的成員並不多。至於許赤虎本傳，儘管附在博陵侯許彥之後，然史書未談及兩人關係，對許赤虎家先世亦不見追記，故其出身不詳。許赤虎除了對經史有一定程度的理解外，更值得注意的是他具有「善嘲謔」、「應對敏捷」的特質，擅於辯論，口才便給，對言語的掌握獨到，連南人都認爲他機智幽默，故於外交時獲得了極佳的效果。過去北朝聘任使節，幾乎未曾出現這一類型的人物，動搖了向來以嚴謹的儒者作爲標竿的選取準則。這種情形揭露了外交真正的需求，即禮儀節度只是必備的基礎條件，卻非兩國進行溝通時的唯一利器，而家世對雙方談判更無太大幫助。從許赤虎之例看來，北魏似乎隱約掌握到與南朝往來的訣竅。

許赤虎出使次年，延興六年（476），獻文帝暴崩，南北兩國沒有任何外交活動。此時孝文帝名義上已在位五年，然仍未真正參與政事。《魏書》卷十

〔註27〕《魏書》，卷111〈刑罰志〉，頁1377。

〔註28〕邢祐之兄邢穎，爲神𪊽徵士，太平真君元年二月己巳曾出使南朝。整理自文成帝一朝至此時，的北朝使節：盧度世、游明根和邢祐，可看出與神𪊽四年徵士淵源頗深。此三人共出使六次，前後跨時十二年。

三〈皇后傳〉記載：

> 承明元年（476），尊曰太皇太后，復臨朝聽政。……自太后臨朝專
> 政，高祖雅性孝謹，不欲參決，事無巨細，一稟於太后。太后多智
> 略，猜忍，能行大事，生殺賞罰，決之俄頃，多有不關高祖者。……
> 又自以過失，懼人議己，小有疑忌，便見誅戮。迄后之崩，高祖不
> 知所生。

晉升爲太皇太后的馮氏（本文仍省稱爲「文明太后」）二度臨朝的次年，北魏
改元「太和」。事實上，孝文帝年方十歲，比其父登基時還稚齡，況且獻文帝
之死，據說可能是文明太后所害，〔註29〕其後母子之間的權力鬥爭乃延續成
祖孫的衝突。《魏書》卷七下〈高祖紀下〉載：

> 文明太后以帝聰聖，後或不利於馮氏，將謀廢帝。乃於寒月，單衣
> 閉室，絕食三朝，召咸陽王禧，將立之，元丕、穆泰、李沖固諫，
> 乃止。……宦者先有譖帝於太后，太后大怒，杖帝數十，帝默然而
> 受，不自申明。

文明太后二度臨朝的時間遠比首度聽政更久，甚至曾意圖廢掉孝文帝，改立
咸陽王元禧爲君，換言之，太和初年的孝文帝只是個任人擺佈的傀儡皇帝。
雖然隨著年歲漸長，孝文帝對朝政的參與必定增多，然而直至太和十四年文
明太后身死之前，仍有著巨大的影響力。〔註30〕由此可知，選擇使節的標準，

〔註29〕《魏書》，卷13〈皇后列傳·文明太后馮氏〉云：「顯祖暴崩，時言太后爲之
也」。

〔註30〕關於孝文帝確實開始掌政時日，舊史並未明載。許多研究認爲在他文明太后
逝世以前從未曾親政過，甚至將時間推延至太和十五年正月「始聽政皇信東
室」以後，如：錢穆，《國史大綱》（臺北：商務印書館，1999年），頁283；
呂思勉《兩晉南北朝史》，頁504～512；何茲全，〈北魏文明太后〉，收入氏著：
《讀史集》（上海：上海人民出版社，1982年），頁237；康樂：《從西郊到南
郊──國家祭典與北魏政治》（臺北：稻禾出版社，1995年），第二篇第四章
〈文明的改革〉等。不過，在史書上其實可以找到孝文帝在這之前參與政事
的例子，而據此指出孝文帝曾擔任文明太后之重要助手或共同治理的研究，
如：〔日〕宮崎市定著，韓昇、劉建英譯，《九品官人法研究：科舉前史》（北
京：中華書局，2008年4月）；〔日〕江上波夫著，張承志譯，《騎馬民族國家》
（北京：光明日報出版社，1988年），頁82。另外，認爲孝文帝於太和五年
左右便已參與政事者，如：馮君實〈對近年來「孝文改制」研究的評議〉（東
北師大學報，1985年5期）；蕭黎，《北魏改革家──魏孝文帝評傳》（太原：
山西人民出版社，1987年），頁589～560。判斷孝文帝於太和十年已獨立執
政者，如：張金龍，〈「馮氏改革」說商榷〉，《中國史研究》，1986年2期）頁
103～114；劉精誠，《魏孝文帝傳》（天津人民出版社，1993年），頁68～69。

在孝文帝親政之前，已經開始改易，而這與整體環境條件的變化是相應和的，所以，北魏文化風氣經歷了長期的演變，並非驟然進行全盤漢化。

在獻文帝持政末期，北魏選擇主使的標準，已見詞辯重於家世的端倪，而太和年間，重視文學素養之趨勢愈益明顯。此時秀才出身的外交官員大幅增加：出使者如邢產、房亮等；主客郎有薛驎駒、裴宣、崔休等。〔註31〕孝廉考試的科目以儒經爲主，而秀才考試的科目則以文學爲主，〔註32〕可見創作的才華開始成爲使節的條件之一。

目前所知北魏首位秀才出身的使節爲太和元年（477）十一月庚子的李長仁，其傳附於《魏書》卷七十二〈李叔虎傳〉之後：

> 長仁，字景安。頗有學涉。舉秀才，射策高第。……。徵拜員外散
> 騎常侍，使於劉準。〔註33〕

而次年冬十月壬辰的主使鄭羲，也是年輕時即被舉爲秀才，《魏書》卷五十六〈鄭羲傳〉記云：

> 魏將作大匠渾之八世孫也。曾祖豁，慕容垂太常卿。父曄，不仕，
> 娶于長樂潘氏，生六子，粗有志氣，而羲第六，文學爲優。弱冠舉
> 秀才，尚書李孝伯以女妻之。高宗末，拜中書博士。高祖初，兼員
> 外散騎常侍，假寧朔將軍、陽武子，使於劉準。〔註34〕

從傳記的敘述來看，鄭羲的文學才華比李長仁更爲顯著，也因此得到眾人矚目。就家世而言，鄭羲之先祖鄭渾曾爲曹魏高官，本人又是李孝伯的女婿，故其背景及人脈關係很可能有助他獲得指派。〔註35〕

〔註31〕《魏書》，卷72〈房亮傳〉，頁808；卷42〈薛辯附曾孫驎駒傳〉，頁471；卷45〈裴駿子宣傳〉，頁509；卷69〈崔休傳〉，頁762。……

〔註32〕《魏書》，卷66〈崔亮傳〉載：孝明帝朝，司空諮議劉景安曾批評「朝廷貢秀才，止求其文，不取其理；察孝廉唯論章句，不及治道」，可見秀才重文學、孝廉重儒學，在考核方式上已有差別。

〔註33〕〈李叔虎傳〉又載：李長仁爲「勃海蓚人」，其從曾祖李金「神䴥中與高允俱被徵」，與神䴥徵士亦有淵源。

〔註34〕〈鄭羲傳〉載：「天安初，劉彧司州刺史常珍奇據汝南來降，顯祖詔殿中尚書元石爲都將赴之，并招慰淮汝，遣羲參石軍事」，故知其擔任使節前，在魏軍南征時曾有招降敵城的實績，與許赤虎相似。

〔註35〕《魏書》，卷53〈李孝伯傳〉載：「孝伯美名，聞於遐邇，李彪使江南，齊武帝謂曰：『北有李孝伯，於卿遠近？』其爲遠人所知若此」。北魏極可能亦意圖利用鄭羲這層關係，讓南朝人對他多幾分重視。李孝伯當初在彭城的表現，除了洗刷從兄李順出使北涼善始惡終的污點，或許也爲其姪李安世及眾多孫

鄭羲的出使過程，在〈中書令秘書監兗州刺史鄭羲碑（永平四年）〉碑文中有較詳實的記載：

　　蘊斯文於衡泌，延德聲乎州閭。和平中舉秀才，答策高第，擢補中書博士，彌以方正自居，雖才望稱官，而乃歷載不遷。任清務簡，遂乘閒述作，注諸經論，撰《話林》數卷，莫不玄契聖理，超異恒儒；又作《孔顏謠》、《靈岩》頌及諸賦詠詔策，辭清雅博，皆行於世也。以才望見陟，遷中書侍郎，又假員外散騎常侍、陽武子。南使宋國，宋主客郎孔道均就邸設會。酒行樂作，均謂公曰：「樂其何如？」公答曰：「哀楚有餘，而雅正不足。其細已甚矣，而能久於？」均嘿然而罷。移年而蕭氏滅宋。雖延陵之觀昔詩，鄭公之聽宋樂，其若神明矣。朝廷以公使協皇華，原隰斯光，遷給事中、中書令，總司文史，敷奏惟允，國之律令，是所議定。〔註36〕

碑云「蘊斯文於衡泌」，意謂鄭羲隱居時潛心讀書，飽覽儒家典籍，〔註37〕而其撰著的種類，除了對經典的注疏以外，尚包括詩歌賦頌，說明鄭羲亦具有創作特長，此外，關於音樂的體會也頗為深刻，多才多藝。在歷任使節的官方評價裏，鄭羲更是首位被稱譽「文業」的人物，〔註38〕呈現出與過去北魏使節完全不同的質性。更重要的是，鄭羲與孔道均之間的對話，乃是目前可見史料中，首次北魏使節於外交場合中言語獲勝的實例。北魏不再拘於儒學素養，改以其他標準選使，終於出現成果。

　　早自清朝趙翼開始，對南北外交的評述研究，總不免提及遴選使節的標準。其中，才識與家世都可能是需要考慮的條件，而「擇其容止可觀，文學

　　輩、其婿鄭羲父子的外交功績，打開了一扇方便之門。

〔註36〕嚴可均輯：《全上古三代秦漢三國六朝文》（臺北：世界書局，1982 年），《全後魏文》，卷58，頁2～3。

〔註37〕《毛詩正義》，卷7，〈陳風・衡門〉云：「衡門之下，可以棲遲。泌之洋洋，可以樂飢」。

〔註38〕《魏書》，卷 56〈鄭羲傳〉載太和十六年詔書：「羲雖宿有文業，而治闕廉清。……依諡法：博聞多見曰『文』，不勤成名曰『靈』。可贈以本官，加諡『文靈』」。值得注意的是，孝文帝稱讚鄭羲之餘，指出他在公務上實績不多，品德也有瑕疵，而〈中書令秘書監兗州刺史鄭羲碑〉聲稱：「春秋六十有七，寢疾，薨於位。凡百君子，莫不悲國秀之永沉，示之長沒。皇上振悼，痛百常往，遣使贈襚，策贈有加，諡曰『文』」，似乎鄭羲一生享盡榮寵，文學與功績俱盛，更隱去諡號中不光彩的「靈」字。大凡私家撰立的碑文，對個人行止榮寵不免夸言。

優贍者」，亦被指為相當重要的項目。然而，當我們重建歷任主使的名單，並一一考核其專長事功後，可以發現北魏前期的使節不僅多數不擅長文學，連善於應對、言談充滿機鋒的也很少。〔註39〕也就是說，對創作與口才的重視，應該在北魏中晚期才逐漸發展出來，而此變化乃呼應了北方漢文化水平提高的狀況。另一方面，自道武帝至獻文帝之間，整整七十年餘，北魏國祚約半數時間，幾乎僅以儒學及門第作為選使的兩大參考資格，亦表現出拓拔鮮卑對文辯之理解的遲緩。

在前一章第五節裏，曾經指出高允在獻文帝時打破了「二十年不為文」的沉默，寫作〈徵士頌〉，此事正可用來說明從北魏初期以來文字獄氛圍逐漸解除的現象。從同時期的律令上亦能察見這個變化，《魏書》卷一百一十一〈刑罰志〉即載：

> 顯祖即位，除口誤，……延興四年，詔自非大逆干紀者，皆止其身，罷門房之誅。

所謂「除口誤」，即放寬對臣屬應對時因言詞不恰當所施的處罰，象徵著言論自由，「止其身」則是罷廢如崔浩國史案中「盡夷其族」與牽連朋黨的株連手段，進一步解除高壓統治，也就減低了寒蟬效應。律令之改革與風氣的轉變其實是同步進行的，此後北魏文學創作終於卸下政治司法的束縛，逐漸得到發展空間，並待孝文帝掌政後，真正受到提振。

由先前案例來看，北魏的外交人才之抉擇方向的改變，並非以一個全新的標準驟然取代舊有的標準，而是逐步地轉換任用的條件，或在既定條件上增添不同的選項，以緩慢的步調來適應國際交流場合。

第三節　北魏前中期的儒學概況

在北魏前期至中期的漢文化領域裏，儒學的地位特別顯著，不僅政府取用官員與選派聘使時，重視相關學養，士人們亦長於治經，展現出與南方不同的學思風貌。然而，透過北朝史家的記述，也會放大儒學在當日的影響力，使人們認為其成績較為突出。值得深思的是：儒學雖為北魏知識階層所傳習授受的主要內容，對整體政局是否確實佔有主導地位？同樣的，儒學雖為北魏擢用士人與選拔使節的重要標準，是否就能恰當發揮功用？以下統整北魏

〔註39〕許赤虎之前的使節，僅有太武帝時期的高推具有說辯這一長才。

由道武帝至獻文帝時期官方教育的發展，從而觀察儒學與政治運作之間的關係，藉以估測它在整體環境中佔有的份量，以及在外交領域的效能。

一、北魏前中期的官方教育措施

　　儘管儒學並非漢文化的全部，然而在涉及國家制度及禮儀這方面，儒學對政府的重要性向來優先於其他思想領域，亦是官方教育的主要內容。尤其像北魏這樣的外族新建政權，儒學教育不振，基礎的文教多半衰敗，而相關措施也往往疏略簡陋，其餘領域的發展乃因此滯泥不前。

　　《魏書》卷八十四〈儒林傳·序〉對北魏確立國號以來的教育措施，極盡稱美之能事：

> 自晉永嘉之後，運鍾喪亂，宇內分崩，群凶肆禍，……禮樂文章，掃地將盡。……鴻生碩儒之輩，抱器晦己。太祖初定中原，雖日不暇給，始建都邑，便以經術為先，立太學，置五經博士生員千有餘人。天興二年春，增國子太學生員至三千。……為國之道，文武兼用，毓才成務，意在茲乎？聖達經猷，蓋為遠矣！……太宗世，改國子為中書學，立教授博士。世祖始光三年春，別起太學於城東，後徵盧玄、高允等，而令州郡各舉才學。於是人多砥尚，儒林轉興。顯祖天安初，詔立鄉學，郡置博士二人，助教二人，學生六十人。後詔：大郡立博士二人，助教四人，學生一百人；次郡立博士二人，助教二人，學生八十人；中郡立博士一人，助教二人，學生六十人；下郡立博士一人，助教一人，學生四十人。……

序文將北魏官方教育的盛況推擴到道武帝時期，贊揚道武帝一開始便提供經學良好的基礎，此後歷朝繼承先皇志業，致力於國家教育，振興頹敗已久的北方文化，及至太武帝一朝，儒學更加興盛，獻文帝朝更廣置各級學校。然而，此序起首即嚴重地違反史實，將十六國如前秦、前燕之儒學成就完全抹煞。倘若從沿續的過程來看，北魏儒學是透過諸燕、北涼等歸附士人所維繫的，與十六國政權之學術關係極為密切，其儒學成份必然包括十六國的文化遺產，絕非前後截然二分的狀態。

　　再者，〈儒林傳·序〉雖羅列北魏儒學教育之相關措施，然其間暢論了各種措施所具風行草偃的影響力，多屬誇張之辭，對於政府有害儒學的政策卻完全避而不談。前文曾探討道武帝建立了太學、國子監，然其後卻幾乎未曾

實際參與或提倡，使此類機構流於象徵性的存在。當時北方尚未統一，比起過去乃至同時期的十六國君王，如慕容皝、苻堅、姚興、李暠……等，魏初二帝在教育上的作為是比較消極的。

在關鍵性的太武帝一朝，〈儒林傳〉所記載的史事更與〈序〉中的內容相互牴牾。例如〈常爽傳〉指出：

> 世祖西征涼土，……是時戎車屢駕，征伐為事，貴遊子弟未遑學術。

說明直至太武帝太延五年滅涼之前，北魏的貴族子弟因為爭戰頻仍而罕少就學，整體文化事業並不發達，顯示出諸般教育措施徒具形式。事實上，始光三年「二月，起太學於城東」，〔註40〕乃是道武帝時期既有機構之另建，對儒學的發展並無實質上的幫助。直至神䴥四年九月徵士舉才，才算真正促進了儒學的成長，但徵士之中僅少數幾位被派任傳授經書，〔註41〕故而對教育的貢獻遠不及涼州士人索敞、常爽等自行教學那般具有廣泛開創的作用。

另外，《魏書》卷五十二〈劉昞傳〉敘述劉昞入魏前，「（沮渠）牧犍尊為國師，親自致拜，命官屬以下皆北面受業焉」，可見北涼對學者極為尊敬，而君王更親自主持教育機構，使群臣普遍接受儒學，這在如前燕、前秦和西涼等五胡各國皆有先例可循。〔註42〕相對地，北魏道武帝、明元帝從未有過類似舉動，而太武帝親臨官學的記載也很少。〔註43〕僅就各人待遇而言，太武帝滅北涼之後，雖然同樣任用了劉昞、索敞與常爽，但給予的禮遇卻遠遠不如沮渠牧犍，而在索、常二人從事教育工作時，北魏政府幾乎沒有提供任何協助，〔註44〕由此亦可看出北魏與過去的十六國政權之間的差距。

〔註40〕《魏書》，卷4上〈世祖紀上〉，頁53～54。
〔註41〕《魏書》，卷48〈高允傳〉載：「以本官為秦王翰傅，後敕以經授恭宗」；卷49〈李靈傳〉載：「靈以學優溫謹，選授高宗經」。又，卷65〈邢巒傳〉載太武帝亦曾屬意「邢穎長者，有學義，宜侍講東宮」，然時邢穎已亡。
〔註42〕《晉書》，卷108〈慕容廆載記〉載：「平原劉讚儒學該通，引為東庠祭酒，其世子皝率國胄束脩受業焉。廆覽政之暇，親臨聽之，於是路有頌聲，禮讓興矣。」西晉末年，還未建立前燕的慕容氏之官方教育已超越北魏前幾代君王的政策。
〔註43〕《魏書》，卷46〈李訢傳〉載：「世祖幸中書學」，這也是唯一一次紀錄，並未如前燕開國君王慕容皝、前秦天王苻堅等，將親臨官學當作慣例活動。
〔註44〕《魏書》，卷84〈儒林傳・常爽〉載：入魏後，常爽「賜仕國爵五品，顯美男；爽為六品，拜宣威將軍」，並不具官方教育職位，故「爽置館溫水之右，教授門徒」，採取的是私學形式，而「爽不事王侯，獨守閑靜，講肄經典二十餘年」，意謂官方對其講學並不重視，未給予正式援助。

就教育推廣的對象而言，北魏政府更沒有與北涼相同的魄力，大規模地要求全部的臣屬學習五經六藝，故北魏初期至中期，皇室與官員仍是任意就讀的狀態。這種情形直至道武帝太平眞君五年（444）才有所改變，《魏書》卷四下〈世祖紀下〉載：

> 詔曰：「自頃以來，軍國多事，未宣文教，非所以整齊風俗，示軌則於天下也。今制自王公已下至於卿士，其子息皆詣太學。其百工伎巧、騶卒子息，當習其父兄所業。不聽私立學校。違者師身死，主人門誅。」

中央政府下令所有王公、卿士及其子孫皆需入太學就讀，可謂北魏官方教育一大進展，然此時距離北魏統一北方，已整整過了十餘年，故儒學水準提振的速度自然較爲緩慢。由此詔書來看，太武帝一方面強化官學，一方面卻禁止私學，所以對文教普及反而產生了扼抑的力量。比較起來，十六國時期許多政權下的私學頗爲興盛，《晉書》卷一百十七〈姚興載記上〉云：

> 涼州胡辯，符堅之末，東徙洛陽，講授弟子千有餘人，關中後進多赴之請業。興敕關尉曰：「諸生詣訪道藝，修己屬身，往來出入，勿拘常限。」於是學者咸勸，儒風盛焉。

可知前秦時代的教育環境良好，講受儒學蔚爲風氣，使涼州學者主動東遷，而後秦姚興亦多予鼓勵，甚至下令禮遇外地求學諸生，在通關時儘量解除限制，以促進各地學術交流。此等儒學盛況，終北魏之世都未能再度出現。

又如《魏書》卷四十八〈高允傳〉記載其於太武帝神䴥三年「還家教授，受業者千餘人」；卷八十四〈儒林傳〉敘述張偉「與高允等俱被辟命」之前，「學通諸經，講授鄉里，受業者常數百人」，意謂著慕容氏諸燕滅亡三十餘年，故地儒學風氣猶存，當時以平城爲中心的拓拔氏固有領地則望塵莫及。〔註45〕此外，在涼州尚未成爲北魏版圖時，劉昞之師郭瑀「弟子五百餘人，通經業者八十餘人」，而劉昞出仕西涼之前亦有弟子五百餘人，進入北涼後更受尊崇，及至其助教常爽入魏，更爲北魏教育帶來生機。然若統計北魏首都的學生數量，儘管號稱人文薈萃之地，卻不過七百餘人。〔註46〕換言之，經過北

〔註45〕　高允爲勃海（今河北南皮北）人，其父祖三代皆曾仕後燕，父高韜後入北魏，參考《魏書》卷32〈高湖傳〉，頁375；卷48〈高允傳〉，頁533。張偉爲太原中都人（今山西平遙），「高祖敏，晉祕書監」，此後先人皆不見史傳，然中都亦曾爲前燕領土，在前秦分裂後，又經西燕與後燕割據。以教育上的貢獻而言，高允與張偉在故鄉講學時，比起被徵召至平城後還大。

〔註46〕　《魏書》，卷84〈儒林傳・常爽〉，頁919。

魏太武帝時期的教育風氣雖經過提昇，可能還未必勝過十六國晚期的較偏遠的西北敦煌、酒泉一帶。

綜觀上述現象，可以發現拓拔鮮卑在逐步統一北方期間，重武輕文的習性根深蒂固，漢化的進程比起其他族群更爲緩慢。拓拔鮮卑南遷之後，首先佔據的是後燕故地，然殘存於偏僻角隅的後燕慕容盛與南燕慕容德兩位君主，在傾危之際仍繼續推行了不少文教措施；〔註47〕相對地，道武帝雖坐擁後燕原本繁華地區，僅象徵性地設置少數教育機構，卻沒有眞正吸納學術風氣。

至於北魏首都之外地區，經過諸帝一再遷徙及徵召士人，加上太武帝禁止私學的影響，教育的發展反倒受到打擊，在十六國時期曾盛極一時的關右與涼州，儒學更嚴重地衰落。〔註48〕可以說，北魏首都之文教有限的振興，是以其他區域的大幅衰頹作爲代價而完成的。

在太武帝之後，文成帝對於教育毫無作爲，連《魏書》〈儒林傳·序〉都一字未提，顯然無從憑空美化其相關政策。至於獻文帝時期是相當值得注意的階段，此時雖未如後來的孝文帝那般屬行漢化，卻呈現了北魏文化即將產生變化的先兆。獻文帝初登基時的官方教育持續低迷，故《魏書》卷四十六〈李訢傳〉載：

> （李訢）上疏求立學校，曰：「……今聖治欽明，道隆三五，九服之
> 民，咸仰德化，而所在州土，學校未立。臣雖不敏，誠願備之，使
> 後生聞雅頌之音，童幼睹經教之本。臣昔蒙恩寵，長管中祕，時課
> 修學有成立之人，髦俊之士，已蒙進用。臣今重荷榮遇，顯任方岳，
> 思闡帝猷，光宣於外。自到以來，訪諸文學，舊德已老，後生未進。

〔註47〕《晉書》，卷 124〈慕容盛載記〉，頁 1995～1998；卷 127〈慕容德載記〉，頁 2028～2034。

〔註48〕北涼被滅後，成爲於北魏一部份的涼州儒學嚴重衰落，可參考：李智君：〈五涼時期移民與河隴學術的盛衰——兼論陳寅恪「中原魏晉以降之文化轉移保存於涼州一隅」說〉，《中國史研究》（2006 年 02 期），頁；賈小軍，《魏晉十六國河西史稿》，第五章，〈關於五涼之後河西學術的「轉型」問題〉，頁 122～123。李智君與賈小軍對北魏佛學的看法不同，然對儒學衰落的論點則頗爲相近。另外如蔡宗憲指出：「北魏聘使來源卻大部份集中在河北地區，中州舊地的士族則相當罕見」，「涼州士人在北魏的聘使中是比較不顯眼的」，此一觀察與各地儒學風氣之消長亦相符，可視爲同一情況的不同徵候。參考：蔡宗憲《中古前期的交聘與南北互動》，〈第三章·第一節·北朝的聘使與主客〉，頁 162～163。

歲首所貢，雖依制遣，對問之日，懼不克堪……」

李訢為相州刺史時上疏，指出各州郡因學校荒疏，年青學子乃至幼童都無法誦習五經六藝，產生了人才斷層、青黃不接的現象。李訢的憂慮正與獻文帝詔書互相印證：

自頃以來，庠序不建，為日久矣。道肆陵遲，學業遂廢，〈子衿〉之歎，復見于今。〔註49〕

可見除了地方官員深自惕厲之外，中央政府也不得不正視如何振興教育的問題。其後高允上〈承詔議興學校表〉回應獻文帝的要求，也披露了北魏歷朝對教育的忽略：

白永嘉以來，舊章殄滅，鄉閭蕪沒雅頌之聲；京邑杜絕釋奠之禮，道業陵夷，百五十載。仰惟先朝每欲憲章昔典，經闡素風，方事尚殷，弗遑克復。

高允深切感嘆典籍詩歌的殘破沉降、儀節義理之散亂潰敗。西晉滅亡後的歷史走向導致漢文化淪喪，而在北魏諸帝的統治之下，始終無法恢復過去的盛況，其中主要的因素正是教育制度遲遲未能完備。

在這一連串研議下，天安元年（466）開始推行郡立鄉學，《魏書》卷六〈顯祖紀〉記載：「九月，……己酉，初立鄉學，郡置博士二人、助教二人、學生六十人」，〔註50〕北魏開國八十年，終於有了地方教育機構以促進學術的普及。〔註51〕而〈儒林傳・序〉記載，鄉學依大郡、次郡、中郡、下郡來規劃，對於博士與助教的資格、年歲也作了比較細緻的規定，顯示出北魏官方教育在編制上的初步系統化。

然而，北魏的整體文教政策仍有許多需要改進的地方。太和十四年（490），對推動漢化有著強烈使命感的孝文帝追思省察：

朕仰惟太祖龍飛九五，初定中原，及太宗承基，世祖纂歷，皆以四方未一，群雄競起，故銳意武功，未修文德。高宗、顯祖亦心存武烈，因循無改。

〔註49〕　《魏書》，卷48〈高允傳〉，頁538。
〔註50〕　《魏書》，卷6〈顯祖紀〉，頁81。
〔註51〕　《魏書》，卷13〈皇后傳〉載：「顯祖即位（465），尊為皇太后。……顯祖年十二，居于諒闇，太后密定大策，……遂臨朝聽政。及高祖生（467），太后躬親撫養。是後罷令，不聽政事」，故知當時的實際決策者並非獻文帝，而是文明太后。

認為從北魏開國以來，重武輕文的傾向未曾改變，亦坦承拓拔氏前六代、五任皇帝對文化都不夠重視。此後，類似的教育檢討依然不斷，例如《魏書》卷十九下〈景穆十二王列傳中〉記載任城王元澄上表：「學宮虛荷四門之名，宗人有闕四時之業」；卷五十六〈鄭義附子道昭傳〉記載鄭道昭數次上表：「國子學堂房粗置，弦誦闕爾」，皆指出即使到了宣武帝時期，各級政府徒然建立教育機構之名號及室廡，卻缺乏實際教學，此類諫言等於指責北魏先前所有教育措施形同虛設。由此可見，獻文帝一朝的官方教育成效依舊不彰。

從先前儒學教育的錄述來看，北魏前期，雖然政府在漢文化領域中特別標舉儒學，以更廣大的整體政策與措施而言，對儒學付出的關注其實相當有限，如此情況之下，儒學風氣的興盛程度，與能發揮的影響力與作用，實不宜太過高估。

二、方術對儒學的排擠效應

學術文化對政策是否發揮影響力，與執政者的漢文素養之傾向有極大關聯。拓拔氏成員接受漢文化教育，可追溯至代國時期。代王拓拔什翼犍為道武帝的祖父，最初所重用的兩位漢人即燕鳳與許謙，前者「明習陰陽讖緯」，後者「善天文圖讖之學」，二人「俱授獻明帝經」。〔註52〕「獻明帝」為後人追封之號，事實上，當時拓拔氏亦尚未稱帝。此兩位教授名義上教授經書，然而，所熟諳的領域，恰好與魏初三帝的興趣一致，對讖緯鑽研甚深，由此或許可以揣測其教學內涵並不僅止於儒學。

從代國至北魏初，拓拔氏並無實權，其餘於本國內成長的成員亦無接受教育的相關記載，反而是少數流亡或滯留於國外的成員，無意之間獲得了學習漢文化的機會，例如什翼犍之子拓拔窟咄被俘虜至前秦的首都長安，「苻堅禮之，教以書學」；又如道武帝堂弟拓拔觚「為慕容寶所執，歸中山，垂待之逾厚。觚因留心學業，誦讀經書數十萬言」〔註53〕，因為後燕的款待而能閱覽儒家典籍。以上各例亦可當作拓拔鮮卑之漢文化教育當時處於空缺狀態的

〔註52〕《魏書》，卷24〈燕鳳傳〉與〈許謙傳〉，頁305。
〔註53〕《魏書》，卷15〈昭成子孫列傳〉，頁193，199。〔北魏〕崔鴻；〔清〕湯球輯補，王魯一、王立華點校：《十六國春秋輯補》，卷35〈前秦錄五‧苻堅〉，頁274～275（山東：齊魯書社，2000年）；《南齊書》，卷57〈魏虜傳〉，頁252與《晉書》，113〈苻堅載記上〉，頁1881則云什翼犍被生擒至前秦，與其子窟咄的遭遇相同。

旁證。

　　本文第二章第五節曾經論證：道武帝雖具備了一定程度的漢文化素養，但對方術類書籍的興趣卻遠遠超過儒學。至明元帝時期，對於儒學的吸收較爲深廣：

> 帝禮愛儒生，好覽史傳，以劉向所撰《新序》、《説苑》於經典正義多有所闕，乃撰《新集》三十篇，採諸經史，該洽古義，兼資文武焉。〔註54〕

明元帝除了自行閱讀經史著作以外，還嘗試補充各種相關資料並撰輯成冊，顯然對儒學的學習比道武帝更爲積極。《魏書》卷三十五〈崔浩傳〉記載其於太武帝時上表，並提及明元帝接受教導的狀況：

> 太宗即位元年，敕臣解《急就章》、《孝經》、《論語》、《詩》、《尚書》、《春秋》、《禮記》、《周易》。三年成訖，復詔臣學天文、星曆、易式、九宮。

部分學者認爲，明元帝所編寫的《新集》三十篇，可能就是崔浩這些經典注解的變易形態。〔註55〕此一授受實況透露出在明元帝即位第一年，尚需要藉《急就章》等童蒙之書來學習漢文化，故其大量閱讀的時間或許不會太早，應該在登基爲帝之後。〔註56〕

　　《魏書》對歷代帝王與太子的功業，往往從幼時開始載述其性情、長才及學習經歷，例如太武帝景穆太子「延和元年春正月丙午，立爲皇太子，時年五歲。明慧強識，聞則不忘。及長，好讀經史，皆通大義」；「前廢帝，諱恭，字脩業，……少端謹，有志度。長而好學」，但包括明元帝在內的前期君王，都沒有類似的記錄。實際上，北魏初期幾位君主年幼時皆沒有理想的教育環境，因此關於他們的各種傳紀，自然遺漏了這一方面的描寫。

　　同樣地，《魏書》於國初涉獵書籍、稍具才學者，皆明載其本傳之中。對皇族的更往往有過譽溢美之辭，而考察《魏書》卷十六〈道武七王列傳〉對拓拔珪七子（即明元帝的兄弟）的記載，竟無任何一位學習有成。如果再遍

〔註54〕 《魏書》，卷 3〈太宗紀〉，頁 52。原〈太宗紀〉已佚，歷來學者考證，今本此卷當以〔隋〕魏澹之作補。

〔註55〕 張金龍：《北魏政治史（二）》，第二章〈明元帝時期的統治集團〉，頁 452。

〔註56〕 〈崔浩傳〉又云其於「太宗初，拜博士祭酒，賜爵武城子，常授太宗經書」；〈燕鳳傳〉亦載：「太宗世，（燕鳳）與崔玄伯（宏）、封懿、梁越等入講經傳，出議朝政」，諸人教授明元帝，皆在其即位之後。

尋卷十四〈神元平文諸帝子孫列傳〉、卷十五〈昭成子孫列傳〉、卷十七〈明元六王列傳〉、卷十八〈太武五王列傳〉、卷十九上〈景穆十二王列傳〉、卷二十〈文成五王列傳〉以至卷二十一〈獻文六王列傳〉，便能發現北魏前五代的宗室之中，懷藏著漢文化學養的成員極為罕見，故能推測此時皇室與貴游子弟皆無心向學，可見師傅的選派、皇宗之學的設立，並不能保證必然會有豐厚的授受成果出現。

除了歷任天子因其特殊的身份而必須接受重點教育以外，北魏初期的漢文化教育近乎處於枯零的沙漠狀態，北魏前五代宗室成員之中，只有明元帝與第四代景穆太子的學習過程與識見較可稱述。換言之，當時拓拔鮮卑一族主要把漢文化當成最高統治者需要具備的專門技術，而非貴族子弟所應浸潤其間的基礎素養，故如明元帝、文成帝等，直到先帝晚年才被立為儲君，也都在登基後才開始真正學習經書史籍。

也因此，北魏初期至中期諸帝對儒學並沒有特別的偏好與崇敬之感，反而對方術或宗教抱著極高的興致。《魏書》卷一百一十四〈釋老志〉云：

> （道武）帝好黃、老，頗覽佛經。……太宗踐位，遵太祖之業，亦好黃、老，又崇佛法。

指出道武帝、明元帝皆對黃老之學及佛法特別關注，此處「黃、老」甚至可能與道家哲學和治術無關，而如第二章第五節中所辨正的，只是當時用來求仙養生、占卜吉凶的迷信而已。《魏書》卷三十五〈崔浩傳〉即云：

> 太宗好陰陽術數，聞浩說《易》及《洪範》五行，善之，因命浩筮吉凶，參觀天文，考定疑惑。浩綜覈天人之際，舉其綱紀，諸所處決，多有應驗，恒與軍國大謀，甚為寵密。

崔浩早年並未受到特別重用，「太祖以其工書，常置左右」，主要負責從事書記工作。其後教授明元帝閱讀經書，卻因占筮靈驗而受到寵信，此後才得以參與軍政密謀。〔註57〕由此可見，比起儒家經義，明元帝更關心揉合了天文、曆法、陰陽五行等知識的方術，即使敦請崔浩講解《易經》、《尚書》，也只熱衷於其中和預卜吉凶有關的內容，故前引〈崔浩傳〉追述明元帝之進階學習的課程為「天文、星曆、易式、九宮」，都不脫術數範疇，這自然影響了對儒

〔註57〕《魏書》，卷33〈公孫表傳〉載：「太宗雅好術數，又積前忿，及攻虎牢，士卒多傷，乃使人夜就帳中縊而殺之」。由公孫表獲罪受誅之事，可見對方術占筮的愛好，除了影響明元帝拔擢臣工之外，亦影響他賞罰屬下，足以改變或動搖軍政方面的決策。

學的吸收與理解。

　　此後明元帝立拓拔燾爲太子，即位爲太武帝，在他交付政事、用以相輔的六個重臣之中，僅崔浩一人屬於漢族。然而，觀察崔浩的議政記載，有一些值得探討的地方，例如《魏書》卷三十五〈崔浩傳〉載：

　　　　（明元帝泰常）三年（418），彗星出天津，入太微，經北斗，絡紫微，犯天桴，八十餘日，至漢而滅。太宗復召諸儒術士問之……咸共推（崔）浩令對。

太武帝因爲彗星出沒，召儒者與術士同朝議論，故對魏初諸帝而言，這兩類人才之識見的差別恐怕不大，而崔浩又爲雙方一致推舉的官員，亦表現出儒學與方術在當時可能產生了混淆的情況。〈崔浩傳〉又云：「世祖每幸浩第，多問以異事」，可見崔浩在陰陽卜筮方面專長所受的重視，甚至遠超過他以儒學來指導君主的力量。

　　事實上，明元帝與太武帝父子二代，無論於廷前或廷後議論政事，甚至親臨臣屬之家詢訪、遣使密問，內容幾乎都與戰事及災祥有關，而陳奇、常爽等在魏初受到矚目的儒林代表人物，也往往因爲「於《易》尤長」、「明習緯候」得到贊許，可見儒門學士在北魏初期君主心目中的地位並非擅長經國大業的幹才，而是染上了巫覡色彩、飽藏特異知識的智囊，崔浩等人亦順應此種局勢以自處。〔註58〕

　　在崔浩之後受到太武帝重視的高允，「博通經史天文術數」，所學亦跨越了儒家的範圍，故其爲君主講解的典籍也就超出了禮義綱常之說：

　　　　（高）允表曰：「往年被敕，令臣集天文災異，使事類相從，約而可觀。……伏惟陛下神武則天，叡鑒自遠，欽若稽古，率由舊章，前言往行，靡不究鑒，前皇所不逮也。臣學不洽聞，識見寡薄，懼無以裨廣聖聽，仰酬明旨。今謹依《洪範》傳、〈天文志〉，撮其事要，略其文辭，凡爲八篇。」世祖覽而善之，曰：「高允之明災異，亦豈減崔浩乎？」

〔註58〕如《通鑑》，卷 121〈宋紀三・文帝元嘉七年〉，頁 3816，敘述太武帝神麚元年（430），北魏南邊諸將提議殺盡邊境河北流民、招誘南人，崔浩獨排眾議，執持反對意見，太武帝「未以爲然。浩乃復陳天時，以爲南方舉兵必不利」，在分析形勢事理卻無法說服皇帝時，崔浩便乞靈於星象氣運等說法，故其自我定位也應非純粹的儒者。此事亦見於《魏書》，卷 35〈崔浩傳〉，頁 407～408。

太武帝要求高允蒐羅與天文災異相關的古代事例，於是高允從《尚書·洪範》經傳及史書〈天文志〉中尋找並加以編輯，並因此獲得君主的嘉許。由此可知，太武帝並非把儒家典籍視為不刊之鴻教來尊重，經史乃淪為記載天文災異的資料庫，而臣下也必須因應這樣的需求；同樣地，崔浩與高允最受到君主青睞的能力也絕非義理的發闡、治平天下的智慧，而是足以喻曉未來、勘定吉凶禍福的神通。這段敘述也是北魏史上，臣屬對君主之學識大加頌讚的首次記錄，內涵既以天文災異為主，即顯示出此領域在當時受到了特別的重視。

天道悠遠，「自古帝王莫不尊崇其道而稽其法數」〔註59〕，對陰陽、鬼神之際的奧妙感到好奇，原為古代多數君主難以避免的思想傾向，然由於北魏朝政還餘留著過去部族時期的習俗，故比起漢族帝王，顯得更加迷信。《魏書》卷九十一〈術藝傳〉記載北魏諸帝在攻打其他國家後，往往會重用這些國家的太史令，例如道武帝、明元帝時的王亮、蘇坦，或如太武帝滅北燕之後所錄用的閔盛，以及平大夏之後優先擢任了掌天文的張淵、徐辯，並且「數見訪問」，給予了極高的禮遇。相形之下，其他國家的文士及儒者通常會遭受誅害與冷遇，可見北魏諸帝對占筮術數之喜好，遠勝於其他的漢文化領域。〔註60〕

又例如《魏書》卷三十六〈李順傳〉載：「初，蒙遜有西域沙門曇無讖，微有方術。世祖詔順令蒙遜送之京邑」，由於曇無讖的特殊才能，引起太武帝高度的興趣，因此在滅亡北涼之前，就迫不及待地向沮渠蒙遜北涼徵召曇無讖入宮。

除了任用各國擅長方術的降臣之外，在太武帝征戰四方的過程裏，處處可見對方術的運用。例如攻打大夏時，命令「善占天文」、「胸中所懷，乃過於兵甲」的崔浩隨軍，即是希望能借重崔浩的領兵策略及觀察天象的能力。平定涼州時，隨行的宦官趙倪亦「頗曉方術」，〔註61〕而道教天師寇謙之也曾數次至軍營接受徵詢，並陪同征討柔然。〔註62〕崔浩、曇無讖與寇謙之分屬

〔註59〕 高允上表中語。《魏書》，卷48〈高允傳〉，頁536。

〔註60〕 可參考：宋冰，〈北魏早期漢族士人的文學觀念與散文傳統形成之關係〉，《晉陽學刊》，2006年01期。

〔註61〕 《通鑑》，卷120〈宋紀二·文帝元嘉四年（427）〉，頁3794。

〔註62〕 《魏書》，卷35〈崔浩傳〉，頁407載太武帝親征柔然，軍行溸邪山，天師寇謙之勸諫之事；卷42〈寇讚傳〉云：「讚弟謙之有道術，世祖敬重之」；卷114

儒、釋、道，故太武帝對三教人士原未強加區分，只要有高深的術法都能獲得一定程度的重視。

除此之外，太武帝於南侵劉宋時，深切忌諱「胡馬飲長江，佛狸卯年死」的讖語，因此隨軍攜帶北方水飲用；寫給宋文帝的信件中，更有「取彼亦不須我兵刃，此有善咒婆羅門，當使鬼縛以來耳」一類的威脅之詞。儘管當時兩國間形勢緊張，書信往返的遣詞用語不免帶有濃厚挑釁意味，然而君主間的通信畢竟是「國書」，但太武帝文詞粗野，又利用迷信恫嚇對方，嚴重地曝露本身文化涵養的不足，很難得到對方的尊重。〔註63〕

總而言之，自代國的拓拔寔至北魏太武帝，拓拔氏父祖四代習取漢文化的內容皆以卜筮術數為主，雖然披上了儒家的外衣，但實質上對聖賢之說並沒有太多關懷，而後來太武帝崇信道教亦屬同樣性質，只是在部族巫覡習俗中納入漢文化因素而已。北朝史官基於傳統士人獨尊儒家的心態，嘗試將早期至中期君主的作為與經學繫上緊密的關係，但諸多史事的細節仍曝露了他們真正的興趣所在，以及對儒學的輕忽。

三、文成帝至獻文帝的宗室教育概況

太武帝之後，北魏皇帝在方術迷信上的偏好不再那麼明顯，但是，儒學素養的進展仍然相當緩慢，由宗室成員疏於接受教導可見一斑。《魏書》卷四十六〈李訢傳〉載：

> ……除中書助教博士，稍見任用，入授高宗經。高宗即位，訢以舊恩親寵，遷儀曹尚書，領中祕書，賜爵扶風公，加安東將軍，贈其母孫氏為容城君。高宗顧謂群臣曰：「朕始學之歲，情未能專，既總萬機，溫習靡暇，是故儒道實有闕焉。豈惟予咎，抑亦師傅之不勤。所以爵賞仍隆者，蓋不遺舊也。」

高宗文成帝自云登基之前不曾專心學習，而師傅李訢亦未積極指導，直指對李訢的感恩並不在實質的傳道授業，僅因於故舊的名份情誼。師生君臣相與

〈釋老志〉載：「世祖將討赫連昌，太尉長孫嵩難之，世祖乃問幽微於謙之」，平定北涼，太武帝亦曾徵詢寇謙之意見。

〔註63〕《宋書》，卷95〈索虜傳〉，頁598～560。太武帝這兩封「國書」對戰略、局勢與遣責劉宋挑釁等方面頗有見地，然南朝史家在同卷中收入「感慨之來，遂成短韻」的宋文帝五言詩二首，似有意形塑兩位君王野蠻與文明的強烈對比，以文化優越感來平衡劉宋軍事失利的難堪。

怠惰，恐怕不僅是個案，應是太武帝一朝整體的環境風氣使然。又如《魏書》
卷三十三〈谷渾傳〉亦載：

> 晚乃折節受經業，遂覽群籍，被服類儒者。太祖時，以善隸書爲內
> 侍左右……在官廉直，爲世祖所器重，詔以渾子孫十五以上悉補中
> 書學生……（孫）洪，字元孫。少受學中書。世祖以洪機敏有祖風，
> 令入授高宗經。高宗即位，以舊恩爲散騎常侍、南部長。

谷渾早年由於擅長隸書而得到任用，他飽覽群經、學習儒門之風已在晚年，
並未因此替自己的官宦生涯加分。太武帝器重其廉直，又看重其孫谷洪機智
敏慧，故任命他爲文成帝之師，這個選擇與谷洪的儒學成就亦不相關，可見
當時君主爲宗室成員尋求教授的基準，並不以五經六藝的詮闡爲主。

倘若除去儒學不論，數代以來，北魏皇帝們及儲君的漢文化素養其實是
有所增長的，《魏書》卷一百一十四〈釋老志〉載：

> 高宗踐極，下詔曰：「……況釋迦如來功濟大千，惠流塵境，等生死
> 者歎其達觀，覽文義者貴其妙明……」天下承風，朝不及夕，往時
> 所毀圖寺，仍還修矣。佛像經論，皆復得顯。……顯祖即位，敦信
> 尤深，覽諸經論，好《老》、《莊》。每引諸沙門及能談玄之士，與論
> 理要。

北魏開國以來第五代君主文成帝，已能區別佛經之義理和文詞層次的差別，
而第六代君主獻文帝，更是《魏書》裏首位能談玄論妙的北魏皇帝，他對《老》、
《莊》與佛典的接受，顯然超過了宗教術法的階段，而能夠契入其間深邃的
哲思。比較之下，《魏書》再三強調朝廷所重視的正教儒學，反倒沒有大幅的
長進。

然而，皇帝與儲君的身份特殊，即使這寥寥數人的漢文化素養躍升，也
未必代表其餘眾多宗室成員都受到同樣教育，《魏書》卷二十一上〈獻文六王
列傳上·咸陽王禧〉載：

> 文明太后令曰：「自非生知，皆由學誨，皇子皇孫，訓教不立，溫故
> 求新，蓋有闕矣。可於閑靜之所，別置學館，選忠信博聞之士爲之
> 師傅，以匠成之。」

由上文判斷，文明太后此詔出於孝文帝太和九年（485）之後，〔註64〕說明了

〔註64〕另可參考《通鑑》，卷136〈齊紀二·武帝永明三年（485）〉：三月，「文明太
后令置學館，選師傅以教諸王」，時即太和九年。

在此之前，北魏絕大多數宗室成員不勤於學習，「訓教不立」意謂著知識的淺薄，也代表禮儀行爲難以規範，換言之，貴族教育並未能普遍發展。

另外，此文也指出北魏宗室成員的教育往往不是由官學負責，而是選擇較具才學的臣屬兼任，而且，除了早期任用的燕鳳、許謙等人以外，〔註65〕教師大多具有世家背景，故宗室教育的官方性質雖然強烈，卻非中央官學的延伸，更大成份是世家之學的分流。也因此，北魏統治階層的儒學素養，很少超過世家之學的侷限。

小　結

在北魏初期與漢文化相涉的各種領域裏，儒學向來扮演著極其重要的角色，它是當時許多制度擘畫與運作時必須依循的準則。然而，在北魏全盤漢化之前，眞正主導北魏國家之政策及文化走向的官員，是以拓拔鮮卑爲首的非漢族群，只有崔浩等少數漢人具有影響政策的地位，勢力單薄，無法與其他對漢文化存有排拒心理的重臣相抗衡，〔註66〕而歷朝皇帝的相關素養也多半不高，罕少提供奧援，故漢文化在政策制定時並沒有決定性的力量。所以，眞正影響國家的思想基磐，其實仍是拓拔鮮卑本身的文化，而漢文化只爲政治型態起了勾勒輪廓的作用，還未能深入政治的核心。

北魏宗室教育及官方教育遲遲未受到重視，故政府對儒學並沒有熱切的需求。例如神麚徵士開始，政府以儒學作爲拔擢人才的標準，其實是將漢族世家引進政治體系，而這批世家成員恰好對儒學較爲嫻熟，所以儒學的意義比較類似一種媒介。另外，當時北魏選擇外交使節亦以儒學作爲遴選標準，但儒學卻沒有在南北溝通談判的場合產生實質的幫助，也未能替國家爭取到較多的尊重。〔註67〕

〔註65〕由《魏書》，卷24諸人傳記可知，北魏初期重要文臣，包括代國時最早被任用的燕鳳、許謙等，其後代幾乎都未能克紹箕裘，許多更成爲驍勇善戰的武將，自然是受到國內風氣的影響。

〔註66〕關於崔浩乃至於神麚四年徵士在政壇上的際遇，以及漢族士人對北魏政策並無主導作用的論說，可參考張金龍：《北魏政治史（四）》，第六章〈漢人官僚與太武帝朝政治〉，頁257～262。

〔註67〕儘管官方教育施行的範圍，無法代表儒學的整體，然透過外交所呈現在南朝人士眼前的，只有官方教育採納及運作的部份。另外，北魏民間私學曾經受到禁止，即使後來因解禁而興盛，但《魏書》，卷84〈儒林傳・孫惠蔚〉指出

　　北魏初期的儒學之所以顯得特別突出，其實並非社會真有所謂儒風興盛的現象，甚至也與朝政的運作無關。嚴格來說，儒學只是當時衰敗的漢文化領域中較強勢的一環，換言之，儒學之突顯是因為其餘漢文化領域過於低落而反襯出來的，卻不表示北魏初期至中期的儒學水準值得稱頌。

　　從傳統史書記載的模式來看，古代史家基本上都以漢文化作為正統展開敘述，有意無意間便會強化儒學的重要性，從而呈顯出儒學具有特殊地位，故人們認為北魏初期至中期儒學特別興盛的印象，不免是受制於此思維架構而獲得的論點。若以南北兩方相較，儘管北魏獨重儒學，而南朝崇尚玄學及文學，但北魏的儒學水準卻未必勝過南朝，這是被國內漢文化程度拉扯所造成的結果，由此亦可說明為何當時北魏使節面對南方官員時沒有優異的表現。〔註68〕

　　北魏使節憑藉著禮儀節度與學識壓倒南朝官員的事例，必須等到孝文帝時期才較常出現，很諷刺地，當時儒學在北魏外交上的重要性已逐漸被文學取代，再度證明樣板的樹立並不足以充盈國家的實力，而必須仰賴整體文化水準的提昇。

　　囿於君王特質及在位時間較短的因素，此階鍛的文化趨勢不像先前太武帝和隨後孝文帝時期那麼明確，卻是個相當重要的轉捩點。從外交、教育乃至於整個漢文化領域，儒學獨大的局面結束，影響力也逐漸萎縮。

「魏初已來，儒生寒宦」，說明非世家出身而僅憑個人深造儒學的知識分子，仍極少受到重用。由此可知，北魏的民間私學即使後來有所發展，也沒有什麼機會得到政府拔擢，而南朝人士對北魏政府推舉的人才都懷著輕視的態度，自然更不會去理解民間學者。

〔註68〕〔日〕堀內淳一，〈南北朝間の使節よりみた「文化」の多樣性〉，《六朝學術學會報》，6，2005，對南北文化差異在外交上的體現，有較深入剖析，指出：北朝長於經學，南朝則以文學和玄學佔優勢，雙方佛學的落差則不大。因應此一形勢，為顯示本國優越性，北朝在選使時，重視辯才和學識更甚於文才。然而，據本文前面所考察：在孝文帝朝中期之前，北魏使節具辯才者不過一、二，亦幾乎未出現北魏憑經學在外交場合佔上風的實例。

第五章　孝文帝全盤漢化與斷絕外交

　　劉宋末至蕭齊時代，江左與北魏的外交關係又更進一步，這與南朝政權更替，乍登基的齊高帝蕭道成希望獲得北魏認可有極大關係，而新的領導階層因較為理解國際形勢，故其面對外交的態度乃轉趨積極。

　　至於北魏，原本就比較著意於經營雙方的交流，孝文帝真正掌握大權之後，致力推動各項漢化，並重用來自江左的士人，甚至透過正式外交模仿和求取南朝文物。君王向來是一國臣民的表率，既然表現出對南朝文物的傾慕，就會在整個社會產生風行草偃的引領力量，如此，漢文化普遍被北魏百姓接受，逐漸深入國家內部各個角落，為未來與南朝平等競爭建立堅實的基礎。

第一節　蕭齊外交態度的轉變

一、蕭齊代宋對南北外交的影響

（一）蕭道成與其同黨對南北形勢之重視

　　掌握大權的君王對敵國鄰邦的態度及理解程度，決定了南北和、戰關係的主要趨勢，也是確立外交型態的重要關鍵。齊朝開國君王蕭道成，少年時期便隨其父蕭承之領軍邊疆，自宋文帝一朝，即參與南北之戰。《南齊書》卷一〈高帝本紀上〉載：

> 太祖以元嘉四年（427）丁卯歲生。……十七年，宋大將軍彭城王義康被黜，鎮豫章，皇考領兵防守，太祖舍業南行。……二十一年，伐索虜，至丘檻山，並破走。……二十七年，索虜圍汝南戍主陳憲，

> 臺遣寧朔將軍臧質、安蠻司馬劉康祖救之，文帝使太祖宣旨，授節
> 度。聞虜主拓跋燾向彭城，質等回軍救援，至盱眙，太祖與質別軍
> 主胡宗之等五軍……爲虜所攻圍，甚危急，事寧，還京師。

蕭道成多次受命抵抗北魏入侵，對南北形勢有深刻的瞭解，對拓拔鮮卑一族
也就不敢輕忽。宋明帝時，蕭道成擔任兗州刺史，由於擔憂遭受猜忌，曾在
受詔回京時，利用與北魏衝突來維持自身地位，《南齊書》卷三十一〈荀伯玉
傳〉載：

> 太祖鎮淮陰，……爲明帝所疑，及徵爲黃門郎，深懷憂慮。伯玉勸
> 太祖遣數十騎入虜界，安置標榜，於是虜游騎數百履行界上，……
> 而明帝詔果復太祖本任。〔註1〕

爲求自己不被調任而招引北魏敵軍入境，作法實有通敵之嫌，然而，亦顯示
出蕭道成比起劉宋君王更加清楚北魏的動態對江左情勢的影響力。因此在宋
後廢帝時，青齊豪族欲將淪爲北魏俘虜的親屬追贖回來，很自然就把熟悉國
際動態又具有篡位實力與野心的蕭道成，當作最好的攀附對象。就此點而言，
宋末齊初的南北外交與江左政局，可說是交互影響。

青齊豪族成員出使北魏，以及未來的齊高帝蕭道成介入外交決策，不僅
牽動了劉宋末期的南北接觸狀況，也預示了蕭齊與北魏之間變化更劇烈的往
來。其中，贖得母還的劉善明，洞悉宋末齊初的南北關係，蕭道成即曾派遣
密使向他請教，可否利用南北軍事衝突來幫助自己進行謀國計畫？《南齊書》
卷二十八〈劉善明傳〉載：

> 蒼梧肆暴，太祖憂恐，常令（劉）僧副微行伺察聲論。使僧副密告
> 善明及東海太守垣崇祖曰：「多人見勸北固廣陵，恐一旦動足，非爲
> 長算。今秋風行起，卿若能與垣東海微共動虜，則我諸計可立。」
> 善明曰：「宋氏將亡，愚智所辨。故胡虜若動，反爲公患。……」

從上述引文，可以看出蕭道成將北魏作爲對付中央政府的重要籌碼，嘗試透
過運用南北關係的改變來取得自己奪權的優勢，而劉善明則統觀國家命運趨
向並提出不同的判斷，然蕭劉二人對北魏的重視基本上是一致的。所以在蕭

〔註1〕 參見：《通鑑》，卷132〈宋紀十四·明帝泰始六年（470）〉，頁4152。又，《南
齊書》，卷1〈高帝本紀上〉亦載：「明帝常嫌太祖非人臣相，而民間流言，云
『蕭道成當爲天子』，明帝愈以爲疑，遣冠軍將軍吳喜以三千人北使，令喜留
軍破釜，自持銀壺酒封賜太祖。太祖戎衣出門迎，即酌飲之。喜還，帝意乃
悅」，省略了蕭道成招引北魏軍隊的細節。

道成逐漸掌握大權之後，其朋黨也開始主持政事，就比較重視與北方之間的外交活動。

宋順帝昇明二年，即北魏孝文帝太和二年（478）四月己丑，員外散騎常侍何僩、員外散騎侍郎孔逭出使北魏。〔註2〕《南齊書》卷三十四〈虞玩之傳〉載：

> 玩之於人物好臧否，宋末，王儉舉員外郎孔逭使虜，玩之言論不相饒，逭、儉並恨之。

虞玩之對王儉推舉孔逭出使「索虜」，表現出極度的輕蔑，這些令人難堪的言語內容雖未被詳載下來，仍反映出當時部分士人對北魏相當歧視，這種觀念甚至波及與之交流接觸的官員，使他們不得不面對同僚的嘲諷。但如果從此件史事裏幾位主要角色的身份來看，又能發現一些轉變的訊息：王儉出身琅邪王氏，家世顯赫，本人在宋、齊兩代都身居高位，並統領校墳籍、開學士館等文化要務，為當時南朝士人領袖人物之一，〔註3〕同時，他還是首先向蕭道成進言簒宋的人物。至於王儉所推舉的使節孔逭，「昇明中，為齊臺尚書儀曹郎，太祖謂之曰：『卿儀曹才也。』」、「時人呼孔逭、何憲為王儉三公」〔註4〕，既是蕭道成肯定與極力拉攏的人才，也具有很高的政壇影響力。孔逭出使，就在蕭齊代宋前一年，《南齊書》卷二十三〈王儉傳〉載：「時大典將行，儉為佐命，禮儀詔策，皆出於儉」，在這個改朝易代的關鍵時刻，由權高勢重的核心人物親自選派政治立場一致的官員出使北魏，可見外交的重要性已然提高。

身為宋末齊初重臣，王儉一直對與北魏之間的接觸極為留意，與孔逭並稱的何憲，後亦於齊「永明十年（492），使于虜中」〔註5〕。此時門閥世族的成員開始負責外交工作，例如王儉的族姪王融、曾擔任王儉幕僚的庾杲之，於永明年間都曾負責接待北使；〔註6〕另外，庾杲之叔父庾蓽亦擔任過遠赴北魏的主使。由此兩對叔姪的關係來看，蕭齊外交職務也出現了前後授予家族

〔註2〕　《魏書》，卷7上〈高祖紀上〉，頁91；卷97〈島夷劉裕傳〉，頁1068。

〔註3〕　《南齊書》，卷23〈王儉傳〉載王儉「作解散髻，斜插幘簪，朝野慕之，相與放效」；《通鑑》，卷136〈齊紀二‧武帝永明二年〉載「（王）儉少好《禮》學及《春秋》，言論造次必於儒者，由是衣冠翕然，更尚儒術」，可見王儉在服飾、儀與學術言談方面都有領導地位。

〔註4〕　《南齊書》，卷34〈孔逭傳〉，頁158。

〔註5〕　同上註。

〔註6〕　分別見《南齊書》，卷34〈庾杲之傳〉，頁159；卷47〈王融傳〉，頁211。

成員的現象，只是遠不如北魏般明顯。

無論如何，劉宋末代順帝一朝，由蕭道成及其招攬的人才主導國際事務，面對北魏的態度益趨慎重，派出使節的名聲及地位也逐漸提昇，影響了往後南朝的外交方向。所以，整個蕭梁代宋的過程不僅是南朝內部重大的政治事件，對於南北往來而言，亦同樣爲一決定性的界線。

（二）蕭齊代宋對外交形勢之影響

南北兩國一旦發生內亂，對方往往會趁機入侵。蕭齊篡宋的過程其實是一段臣逆其君的歷史，因而成爲北魏展開攻伐的絕佳藉口。當年流亡的宋義陽王劉昶，被北魏封爲丹陽王，趁此時機欲「克復舊業，世祚江南，稱藩於魏」〔註7〕，這個打著劉宋旗幟爲號召的傀儡政權建立後，新成立的蕭齊很可能面臨認同危機，甚至引致一連串的內憂外患。《南齊書》卷二十五〈垣崇祖傳〉載：

> 太祖踐阼，謂崇祖曰：「我新有天下，夷虜不識運命，必當動其蟻眾，以送劉昶爲辭。賊之所衝，必在壽春。能制此寇，非卿莫可。」

由於蕭道成已預料到此種發展，除了在軍事上採預防措施之外，也在前一年派遣孔覬出使，此次出使當暗伏著窺測北魏動向以擬因應之策的目的，亦肩負穩定兩國局勢之任務。

另外，劉宋末年在蕭道成的主政下，開始了南朝與柔然的正式外交。《通鑑》卷第一百三十五〈齊紀一·高皇帝建元元年〉追記：

> 上之輔宋也，遣驍騎將軍王洪範使柔然，約與共攻魏。洪範自蜀出吐谷渾，歷西域，乃得達。至是，柔然十餘萬騎寇魏，至塞上而還。

柔然，南朝史書稱之「芮芮」，長久以來爲北魏的外患，南朝採取遠交近攻的策略，原是頗爲合理的構想。不過，藉此安排來夾擊北魏的目的，並不在積極地攻佔進取，主要是因爲宋齊交替之際，江左局勢未安，故希望透過聯絡敵邦的外患以作爲牽制，使北魏不能趁機全力東向。然而兩國接觸的後續發展卻是：柔然雖固守信用派兵出征，但主動提出合作戰略的蕭齊反而未履約出師，對此，《南齊書》卷五十九〈芮芮虜傳〉提出解釋：「上初踐阼，不遑出師」，但蕭道成篡代前後原即諸事紛攘，不可能沒有預料到政局變化而遽向柔然提出合作之計，因此這很可能是一場有計畫的外交騙局。〔註8〕

〔註7〕 《通鑑》，卷135〈齊紀一·高帝建元元年（479）〉，頁4233。

〔註8〕 除了遠交柔然之外，齊高帝於建元二年又引誘劉宋時期遭北魏攻佔十年餘的

　　過去，宋明帝爲了索回義陽王劉昶，曾主動向北魏釋出善意，已使南北外交之心理形勢產生不小變化，如今，齊高帝蕭道成爲了牽制北魏，啓動了南朝與柔然之間的互使，〔註9〕南北外交的立場乃因而產生改變：南朝以承續漢、晉正統自居，向來將北朝比擬爲匈奴；同樣地，北魏佔據中原之後，亦視柔然猶如「秦、漢之於匈奴」〔註10〕。一旦南朝與「夷狄眼中的夷狄」——柔然平等來往，則原本「夷狄」——北魏的形象與地位在相形之下便自然提高。〔註11〕

（三）劉宋與蕭齊使節於北魏爭奪名位

　　宋順帝昇明三年（479）正月，派遣的使節爲殷靈誕與苟昭先。三月，使節團到達北魏；四月，蕭道成進行篡位。隨著南齊的建立，殷、苟二人成爲劉宋末任使節，而且，以宋使身份前往卻遭逢本國易代，形同被棄置於北魏，更引起了日後的外交場合的正統之爭。《南齊書》卷五十七〈魏虜傳〉載：

> 上未遑外略，以虜既摧破，且欲示以威懷，遣後軍參軍車僧朗北使。
> 虜問僧朗曰：「齊輔宋日淺，何故便登天位？」僧朗曰：「虞、夏登庸，親當革禪；魏、晉匡（戰）〔輔〕，貽厥子孫。豈二聖促促於天位，兩賢謙虛以獨善？時宜各異，豈得一揆？苟曰事宜，故屈己應物。」虜又問：「齊主悉有何功業？」僧朗曰：「主上聖性寬仁，天

四州人民，引發司馬朗之等人起兵抗魏。《南齊書》，卷57〈魏虜傳〉明白指出：蕭齊初建，「上未遑外略」，故其目的似非收復南朝失土，很可能與柔然定約伐魏的用意一致：製造北魏動亂，令其軍隊無力進一步南下，所以，在徐州桓標之等人響應南朝號召，起義來歸以後，次年遭到北魏大軍圍剿，向蕭齊求援，領軍將軍李安民卻因行軍遲緩，以致桓標之軍被北魏軍消滅。蕭齊軍隊一則可能怯戰，二則恐怕是中央政府有意見死不救，一開始便打算以遺民的生命消耗北魏軍力，來換取內鬥初歇的本國核心地區不受攻擊。

〔註9〕　《南齊書》，卷59〈芮芮虜傳〉：「二年、三年，芮芮主頻遣使貢獻貂皮雜物。與上書欲伐魏虜，謂上『足下』，自稱『吾』」。

〔註10〕　《通鑑》，卷136〈齊紀二・武帝永明四年（486）〉載：北魏孝文帝太和十年，「中書監高閭曰：『秦、漢之世，海內一統，故可遠征匈奴。今南有吳寇，何可捨之深入虜庭！』」《魏書》，卷24〈張倫傳〉載：熙平年間，柔然以平等姿態遣使，北魏朝議「依漢答匈奴故事，遣使報之」，此皆北魏自比漢朝而以匈奴喻柔然之事例。

〔註11〕　《宋書》，卷55〈索虜傳〉，將「芮芮虜」附於後，並稱：「自索虜破慕容，據有中國，而芮芮虜有其故地，蓋漢世匈奴之北庭也」，「國政疏簡，不識文書，刻木以記事，其後漸知書契，至今頗有學者」，將柔然與北魏比擬爲南、北匈奴，既承認柔然文化頗見進展，則據有中原的「索虜」當不在其下。

識弘遠。少爲宋文皇所器遇，入參禁旅。泰始之初，四方寇叛，東平劉子房、張淹，北討薛索兒，兼掌軍國，豫司顧命。宋桂陽、建平二王阻兵内侮，一麾殄滅。蒼梧王反道敗德，有過桀、紂，遠遵伊、霍，行廢立之事。袁粲、劉秉、沈攸之同惡相濟，又秉旄杖鉞，大定凶黨。戮力佐時，四十餘載，經綸夷險，十五六年，此功此德，可謂物無異議。」虜又問：「南國無復齊土，何故封齊？」僧朗曰：「營丘表海，實爲大國。宋朝光啓土宇，謂是呂尚先封。今淮海之間，自有青、齊，非無地也。」又問：「蒼梧何故遽加斬戮？」僧朗曰：「蒼梧暴虐，書契未聞，武王斬紂，懸之黃鉞，共是所聞，何傷於義？」

齊建元三年（481），亦即北魏太和五年，南方派遣後軍參軍車僧朗出使。此次南朝使節面臨的外交局勢相當複雜，北魏方面提出尖銳的君臣順逆、國號領土問題，質疑蕭齊政權的正當性，等於取得了道德倫常上的優位。〔註 12〕然而，更激烈的衝突卻非發生在南北雙方之間──在國宴上，蕭齊首任使節車僧朗遇會劉宋末任使節殷靈誕等人，於是兩批同樣來自南朝的使節，爲了故國新主與席次先後起了爭執，而穿梭於兩造的北魏，便很自然地以東道主的身份進行調解，冷靜旁觀的姿態也襯顯出某種優勢。隨後，「復國」失敗的丹陽王劉昶派人行刺，車僧朗因而喪命，〔註 13〕《南齊書》卷五十七〈魏虜傳〉載：

昇明中，北使殷靈誕、苟昭先在虜，聞太祖登極，靈誕謂虜典客曰：「宋魏通好，憂患是同。宋今滅亡，魏不相救，何用和親？」及虜寇豫州，靈誕因請爲劉昶司馬，不獲。僧朗至北，虜置之靈誕下，僧朗立席言曰：「靈誕昔是宋使，今成齊民。實希魏主以禮見處。」靈誕交言，遂相忿詈，謂虜曰：「使臣不能立節本朝，誠自慚恨。」劉昶略客解奉君於會刺殺僧朗，虜即收奉君誅之，殯斂僧朗，送喪隨靈誕等南歸，厚加贈賻。世祖踐阼，昭先具以啓聞，靈誕下獄死，贈僧朗散騎侍郎。

由宋、齊席次之爭一事，可知蕭齊首批使節的外交任務，具有要求北魏承認

〔註12〕需要說明的是，儘管齊初的南北交戰，大致以北魏退兵作收，但前述引文所謂「虜既摧破」、「示以威懷」云云，自是南朝史家粉飾誇言。

〔註13〕《魏書》，卷 7 上〈高祖紀上〉，頁 94；卷 98〈島夷蕭道成傳〉，頁 1071 中亦有較簡略記載。

己方這個新建立政治實體的目的。蕭齊代宋的過程，就南朝內部權力鬥爭而言，看似劉宋代晉之歷史重演，但在國際形勢上實有極大差別：晉末劉裕不僅執掌了南方大權，更數度北伐，滅南燕、亡後秦，雖然後來因為攻守異勢等因素而終歸徒勞，但北魏亦對之心存懼意，整體來說，此時在軍政方面，南朝略居上風。然自宋文帝開始，面對北魏的大小戰役多半喪師敗績，例如北魏太武臨江、慕容白曜平淮北四州……，南朝領土日漸縮減，北弱南強之局勢益發明確，儘管蕭道成依循同一模式掌權篡政，〔註14〕但聲威實遠遜於劉裕。因此，宋初派出使節，主要是利用外交手段來防止北魏在建國之初入侵，而處於弱勢的南齊派出使節，則懷存了較為顯著的示好意味。

車僧朗被刺身亡前，憑著辯才與識見，終於為蕭齊爭得取代劉宋的國際認同，然而，此事既發生在北魏國宴之上，實則將裁量權交付於敵邦，無意間拉抬了北魏的地位。再觀察北魏處理劉昶出兵的態度、利用席次挑起南方新舊兩朝使節的矛盾，可以揣測其對劉宋的「協助」並非出自真心誠意，〔註15〕背後亦有極為複雜的考量，藉由微妙的政局來掌握南北關係的主控權，從而增加己方的外交籌碼。

二、蕭齊外交選才態度與北魏外交選才標準的多元化

（一）北魏與蕭齊穩定外交

對蕭梁篡宋一事，北魏初時對外宣稱，為了秉持扶傾鋤強、匡助友邦等道義原則，不得不出兵，後來卻草草收兵了事。在此一政治意義大於實際作用的軍事動員之下，其實雙方皆有意尋求和平，《魏書》卷五十五〈游明根傳〉載：

> 高祖初，……時巴氏擾動，詔（李）崇以本將軍為荊州刺史，鎮上洛，……尋勒邊戍，掠得蕭賾人者，悉令還之。南人感德，仍送荊州之口二百許人。兩境交和，無復烽燧之警。

南北交還虜掠民眾一事，亦見《通鑑》卷一百三十五〈齊紀一・高帝建元四

年（482）〉，時間爲北魏太和六年，由於雙方互相釋出善意，開啓了和平共處的契機。次年，南北表現出更進一步的友好，《南齊書》卷五十七〈魏虜傳〉云：

> 永明元年（483）冬，遣驍騎將軍劉纘、前軍將軍張謨使虜。明年冬，虜使李道固報聘，世祖於玄武湖水步軍講武，登龍舟引見之。自此歲使往來，疆場無事。

在南朝三度遣使之後，北魏終於有所回應，使節一來一往，維持了南北間短暫的和平時光。李彪，字道固，對蕭齊來說，他是首位北魏使節，具有極爲特殊的意義，況且，在先前四年間，宋末齊初的兩次遣使都未得到對方回聘，故南朝對此頗爲重視，相關記載較北方史料更加詳細。

　　不過，南北休戰並固定派遣使節的情況，僅僅維持了四年左右。太和九年，兩國之間仍相互聘問；十年，蕭齊尚單方面遣使至北魏，然而從太和十一年 （487～488）開始，雙方又進入斷交狀態。此次中止派遣使節的一國仍是北魏，但從史書的記錄來看，往後北魏對外交活動的期盼卻比蕭齊來得殷切。《魏書》卷五十五〈游明根傳〉載述太和十三年（489），北魏君臣曾討論是否需要與南朝重新往來：

> 詔以與蕭賾絕使多年，今宜通否，群臣會議。尚書陸叡曰：「先以三吳不靖，荊梁有難，故權停之，將觀釁而動。今彼方既靖，宜還通使。」明根曰：「中絕行人，是朝廷之事，深築醴陽，侵彼境土，二三之理，直在蕭賾。我今遣使，於理爲長。」高祖從之。

此時南北外交中斷已有三年，這段期間兩國並非只是各司其政、互峙一方而已，《魏書》卷七下〈高祖紀下〉載：「十有二年……夏四月，……蕭賾將陳顯達等寇邊」；卷一百五之三〈天象志一之三第三〉云：「齊將陳達伐我南鄙，陷澧陽」，皆指稱蕭齊屢次侵犯，然而此次會議裏，北魏君臣似乎極力在尋找與蕭齊恢復接觸的理由，故這段期間關於南北情勢的史料亦有可疑之處。

　　在孝文帝一朝，北魏最成功的外交幹員是李彪：自太和七年（483）開始，前後出使蕭齊六次，超越了文成帝一朝游明根三使劉宋的紀錄。能有如此成績，除了李彪本人能力所致，亦是其時情勢使然。細考李彪六次任務橫跨的九年歲月中，南北關係複雜多變，一再循環著斷交、戰爭、再復交的過程。北魏方面，在發動戰爭之後，亟欲重啓交流；至於蕭齊初建，原本即存著休養生息之意，故此階段雙方的外交心態，與劉宋時期迫於環境、勉爲其難的

狀況頗有不同。〔註16〕所以在這段時間內，兩國表現優秀的使節，往往不只一次出使。

　　北魏方面，除了李彪本人以外，他的副使蘭英、公孫六阿頭也各自出使二次，而邢產則擔任主使兩回。南齊方面，如劉纘、裴昭明、蕭琛等，亦有多次出使的經歷。南北朝重複任用官員，一則顯示雙方力求外交穩定，再則亦反映當時雙方都面臨相關人才難尋的窘境。

　　李彪首次出使後，蕭齊派遣裴昭明回聘，《南齊書》卷五十三〈良政傳·裴昭明〉載述：

　　　永明三年，使虜，世祖謂之曰：「以卿有將命之才，使還，當以一郡
　　　相賞。」還爲始安內史。〔註17〕

裴昭明身爲裴駰之子、裴松之之孫，家學淵博，本人「少傳儒史之業。泰始中，爲太學博士」，是位識見不凡的文才。此次出使，不僅由皇帝親自稱讚裴昭明適合擔任使節，亦對出使成功歸返後將如何禮遇提出重大的承諾，顯示出南朝選使比過去更加愼重，而上位者更對良好的外交成果懷有深切的期望。

　　昔日南朝使節完成任務，即使得勝亦不覺欣然，倘若不幸失敗卻感到羞恥至極，這種心態導源於江左士人對蠻夷之邦的輕篾，自然造成他們抗拒接受外交職責。此次齊武帝特別讚揚裴昭明的才能，又事先以厚重的官位酬庸作爲約定，實有安撫中選者之反彈情緒的意味。由此可以判斷，蕭齊政府雖改變了外交方針，但社會觀念尚無法立時改變。

　　對南朝士人而言，華夷文化之別的意義更甚於國家君主的政策，一如門

〔註16〕永明末年，齊武帝雖有意對北魏出兵，但前、中期，大致採行和平方針。由王融代筆的〈永明十一年策秀才文〉中，第五項便是：「自晉氏不綱，關河蕩析，朕思念舊民，永言攸濟。故選將開邊，勞來安集；加以納款通和，布德脩禮，納其款關之誠，而通其和好之禮。歌〈皇華〉而遣使，賦〈膏雨〉而懷賓，所以關洛動南望之懷，獯夷遼北歸之念。夫危葉畏風，驚禽易落，無待干戈，聊用辭辯，片言而求三輔，一說而定五州。斯路何階？人誰或可？進謀誦志，以沃朕心。」除了顯示出收復失土爲當時國家重要政務，也指出當時蕭齊傾向以外交手段處理北魏問題，並寄望、徵求優秀的使節。見《文選》，卷36。

〔註17〕《南齊書》，卷53〈良政傳·裴昭明〉，頁236。「將命，謂傳賓主之言」，引文出自朱熹注《論語·憲問》中「童子將命」一句。另如，《儀禮·聘禮》：「將命於朝」，鄭玄注：「將，猶奉也」；《通鑑》，卷136〈齊紀五·明帝建武元年〉，胡三省注：「奉命而行，謂之將命」，似未能傳達「將命」一詞的「轉達」之意。

閥與重文輕武的習氣無法撼動，〔註18〕士人們排斥北朝的觀念根深柢固，即使政府也難以干預。《魏書》卷五十三〈李孝伯傳〉載：

> 孝伯美名，聞於遐邇，李彪使於江南，蕭賾謂之曰：「孝伯於卿遠
> 近？」

此時南北外交關係良好，齊武帝問及李孝伯，多少具有向李彪親近示好的意味。然而，特別被安排為接待人員的張暢之子張融，卻對北魏使節不留情面，《南齊書》卷四十一〈張融傳〉載：

> 虜中聞融名，上使融接北使李道固。就席，道固顧之而言曰：「張
> 融是宋彭城長史張暢子不？」融嚬蹙久之，曰：「先君不幸，名達
> 六夷！」

李彪詢問李孝伯當年勢均力敵的對手張暢，不知是刻意挑釁，或用語疏於禮節，對其子張融直呼名諱，而遭到辱及邦國的奚落。這也顯示直到此時，南北雙方認知仍有極大落差：北朝人眼中的光榮，依舊是南朝人心中的恥辱——北朝士人以與南朝士人平等對談為榮，南朝士人卻以與北朝士人對談為恥。

因此，南齊之所以發生選使困難的問題，主要是由於士人缺乏意願，而北魏選使困難，則是由於具備各項條件的官員較為缺乏，另外，選使標準改易亦是造成此現象的其中一因。過去北魏選派外交官員，多半指定家世背景顯赫的人物，然而，出身頓丘衛國的李彪卻「家世寒微，少孤貧」，《魏書》卷五十三〈李沖傳〉載：「李彪之入京也，孤微寡援，而自立不群，以沖好士，傾心宗附。沖亦重其器學，禮而納焉，每言之於高祖，公私共相援益」，李彪結識同姓的李沖，經後者在孝文帝面前多次美言，又與高閭、高悅兄弟與博陵崔氏諸世族成員往來，憑著良好的人事關係為後盾，再加上本人的才學，才得以擔任使節。

北魏知名主使中，以先前的許赤虎和李彪的家世較為低微，前者兩度出使，後者六次將命，都受到相當肯定，而北魏使節特長的轉向也正在此二人

〔註18〕《南史》，卷36〈江夷附曾孫斅傳〉載：「先是中書舍人紀僧真幸於武帝，稍歷軍校，容表有士風。謂帝曰：『臣小人，出自本縣武吏，邀逢聖時，階榮至此。……即時無復所須，唯就陛下乞作士大夫。』帝曰：『由江斅、謝瀹，我不得措此意，可自詣之。』僧真承旨詣斅，登榻坐定，斅便命左右曰：『移吾床讓客。』僧真喪氣而退，告武帝曰：『士大夫故非天子所命。』時人重斅風格，不為權倖降意」。士大夫階層的習氣內規，連君王亦無從干涉，並受到時人敬重。

身上呈現出來。獻文、孝文兩朝開始注意到辯才與文學對外交活動的幫助，然此時文風初興，過往使節名門又多以儒學傳家，短期之間難以覓得大量符合條件的官員，故只能擱置過往所重視的家世背景，利用寒門中適任的士人負責南朝事務。

（二）蕭齊選使的盛況

在齊武帝親自指派裴昭明以後，蕭齊政府對使節的擇派就愈加用心，許多著名才士都曾受命，可謂盛況空前。《梁書》卷四十八〈儒林傳‧范縝〉記載：

> 永明年中，與魏氏和親，歲通聘好，特簡才學之士，以爲行人，（范）縝及從弟雲、蕭琛、琅邪顏幼明、河東裴昭明相繼將命，皆著名鄰國。于時竟陵王子良盛招賓客，縝亦預焉。

文中列於最末的裴昭明，實爲首位出使的官員，在他之後，便未見南齊皇帝對奉命北上的使節事先許以爵祿的例子，可能是南朝人士對政府的策略有了心理準備，也逐漸較能理解南北外交之重要性，因此對北魏的抗拒也不再那麼強烈。

在這些使節中，以永明九年八月的蕭琛和范縝最引人注目。蕭琛和范縝有姻親關係，「琛名曰口辯，每服縝簡詣」，兩人同爲才辯之士卻風格迥異，又足以互補，[註19] 可見政府對外交人選要求之嚴。其時蕭齊對外交的重視程度已不下於北魏，因此，北魏行之有年的「妙簡行人」方針，特別強調使節的品質，講求精挑細揀，同樣也實施於南朝。而且，南朝此時均派遣名士來擔任正使及副使，比起北魏的作法還要更加細膩，北魏稍後改變了過去以非漢族人擔任副使的慣例，並注意到副使輔助主使的功能，或亦因此之故。南朝對主使的重視，乃是跟隨北魏之後而產生的；北魏將副使意義提高，則是步武蕭齊的結果，從而能看出兩國彼此較勁的情形。

蕭齊對外交的重視，從負責接待北使人員的事務中亦可察見。《梁書》卷二十六〈范岫傳〉載：

> 永明中，魏使至，有詔妙選朝士有詞辯者，接使於界首，以岫兼淮陰長史迎焉。

〔註19〕張齊弓，《漢傳佛教與中古社會》（臺北市：五南圖書出版公司，2005 年 4 月）〈北朝儒釋道論議與北方學風流變〉認爲：「執著名理論難的江南論議形式，正是在孝文帝時期，以北來的蕭齊士人爲媒介，正式傳示於北朝」，並以蕭琛爲代表人物。

這段敘述說明了當時蕭齊接待北魏使節的官員，必須經過皇帝下旨，嚴格篩選，而篩選的標準即以文詞辯才為主要項目。〔註20〕試觀個案，《南齊書》卷四十八〈劉繪傳〉載：

> 劉繪字士章，彭城人，太常悛弟也。父勔，宋末權貴，門多人客，使繪與之共語，應接流暢。……繪聰警有文義，善隸書，數被賞召，進對華敏，僚吏之中，見遇莫及。永明末，京邑人士盛為文章談義，皆湊竟陵王西邸。繪為後進領袖，機悟多能。時張融、周顒並有言工，融音旨緩韻，顒辭致綺捷，繪之言吐，又頓挫有風氣。時人為之語曰：「劉繪貼宅，別開一門。」言在二家之中也。……後北虜使來，繪以辭辯，敕接虜使。事畢，當撰語辭。繪謂人曰：「無論潤色未易，但得我語亦難矣。」

劉繪不僅能夠撰寫文章，口才更是便給，擅長透過抑揚有致的聲韻增加言談的風華。當他接待北魏使節之後，需要將兩造往來的語辭記錄下來，即顯示出蕭齊在外交主客事務上已有固定報告的制度，態度極為慎重。〔註21〕劉繪認為這些記錄無法如實呈演他在應對時真正的丰采，對自己的表現相當自負，更透露出此時南朝士人已意識到「言語」與「文辭」間的差異。以文辭捕捉言語，很難掌握臨場因速奏或音律調配得宜時的精彩之處；相對地，比起即時應答、稍縱即逝的言語，則熟慮精思、形諸紙筆的文辭又能再加工潤色，同樣具有不可取代的理致。循同一思維可推論出：文才佳者，未必說辯妍巧，反之亦然，故知在外交場合，只有寫作文章的能力尚不足以因應，必須同時兼顧談吐議論的能力。

接待李彪的劉繪，無論在家世背景與才能名聲上皆無可挑剔。同時期負責此職務的士人，還有出使回國不久，又再奉命迎送李彪的蕭琛；同列「竟

〔註20〕 「特簡才學之士」擔任使節與「妙選朝士有詞辯者」負責接待二事，都見於唐修《梁書》，而梁修《南齊書》並未見相關記載。除了因為多位入選之人卒於梁朝，或亦顯示：蕭齊雖已極重視外交，主要仍屬實質層面，一時間尚未能將文化方面的輕視心態也加以調整，因而如此重要的外交政策，南朝人士所編撰之史書，反而未明白加以記錄。

〔註21〕 如同其他蕭齊外交政策一樣，史料卻絕少提及「語辭」一事。除了劉繪，《南齊書》僅卷47〈王融傳〉載王融日後遭廢帝鬱林王蕭昭業問罪時，為自己辯護的上疏中提及：「但聖主膚教，實所沐浴，自上〈甘露頌〉及〈銀甕啟〉、〈三日詩序〉、〈接虜〔使〕語辭〉，竭思稱揚……」與其他頌揚「皇德」的文章並列，則語辭在當時應被視為重要官方文件。

陵八友」的王融等，皆為名播當時、聲聞後世的人物。〔註22〕由此亦顯示出，除了前往敵國的主使與副使，其時在蕭齊本國負責接待外賓的人員，品質也大為提升，這在過去南北交流不受肯定，只能派遣王敬則等武人擔任外交事務的劉宋時期，根本無法想像。

　　然而此種改變並未完全遍及南朝知識階層，故廢帝鬱林王蕭昭業時，詩文評價俱高的謝朓仍不願擔任「主客」這一接待職務。《南齊書》卷四十七〈謝朓傳〉記載：「朓善草隸，長五言詩，沈約常云『二百年來無此詩也』。敬皇后遷祔山陵，朓撰哀策文，齊世莫有及者」，如此曠世之才，蕭齊政府當然希望能藉他向敵國炫示，然而，「隆昌初（494），敕朓接北使，朓自以口訥，啟讓不當，不見許」，這說明了辯才確實已成為當日選取接待人員的重要標準，亦反映出部份南朝士人依舊不願與北方接觸，政府只得以公權力迫使其服從。

　　大體而言，此一時期，南北兩方都注意到文章與辯論對外交活動的重要性，但蕭齊對兩者的差異則較為強調，而北朝約莫在東魏時期，才將類似的認知付諸外交事務上。

第二節　北魏儒學與文學的陵替

一、儒學禮儀回光返照之勝

　　自太武帝一朝，北魏的選使標準即以儒學為主，然而，在獻文帝末年，以及文明太后掌權之時，辯才與文才也逐漸反應在使節的個人特長上。進入孝文帝主政時期，文學才華更受到進一步的重視，而以儒學為基礎的禮儀，也為北魏在外交場合中爭取到了不少有利條件。

　　太和十四年（490）九月癸丑，文明太后馮氏駕崩，此時終於完全掌握大權的孝文帝，決意採取漢人經典記述的制度來服喪。在討論服喪的各種爭議裏，以太尉樂安王拓拔丕等人為首的宗室元老，對這些非傳統的禮儀產生了極大的懷疑，《魏書》，卷一百八之三〈禮志四之三〉載：

　　　　（拓拔）丕對曰：「……臣與元等不識古義，以老朽之年，歷奉累聖，
　　　　國家舊事，頗所知聞。伏惟遠祖重光世襲，至有大諱之日，唯侍送

〔註22〕南朝主客郎與北魏南北左右主客郎中名單，可參考：黎虎《漢唐外交制度史》（蘭州：蘭州大學出版社，1998年4月）。

梓宮者凶服，左右盡皆從吉。四祖三宗，因而無改。世祖、高宗臣
所目見。唯先帝升遐，臣受任長安，不在侍送之列，竊聞所傳，無
異前式。……。願暫抑至慕之情，遵先朝成事，思金冊遺令，奉行
前式，無失舊典。」詔曰：「……所奏先朝成事，亦所見聞。祖宗情
專武略，未修文教；朕今仰稟聖訓，庶習古道，論時比事，又與先
世不同。太尉等國老，政之所寄，於典記舊式，或所未悉，且可知
朕大意。……」

由拓拔丕所持言論，可看出鮮卑舊臣對固有習俗的眷戀，但孝文帝在反駁時，
對祖宗先皇亦不免存著隱約的批評，堅持革除舊俗而盡採漢儀。次年，更改
先祖廟號，「詔議養老及禘於六宗之禮。先是，魏常以正月吉日於朝廷設幕，
中置松柏樹，設五帝座而祠之。又有探策之祭。帝皆以為非禮，罷之」。這一
連串改變禮儀的舉措，表面看似始於孝文帝對嫡祖母的悼念，實際上卻朝著
與鮮卑固有習俗決裂的漢化目標前進。

　　從某些事例來看，孝文帝堅持盡從漢制、不再混雜拓拔鮮卑之舊規的喪
葬方式，的確替當時北魏的外交活動增添了不少無形文化資本。太和十五年
（491），二月，蕭齊派遣散騎常侍裴昭明、散騎侍郎謝竣北上弔唁，為了典
禮服裝而發生爭執。《魏書》卷七十九〈成淹傳〉載：

太和中，文明太后崩，蕭頤遣其散騎常侍裴昭明、散騎侍郎謝竣等
來弔，欲以朝服行事。主客執之，云：「弔有常式，何得以朱衣入山
庭！」昭明等言：「本奉朝命，不容改易。」如此者數回，執志不移。
高祖敕尚書李沖，令選一學識者更與論執，沖奏遣淹。昭明言：「未
解魏朝不聽朝服行禮，義出何典？」淹言：「吉凶不同，禮有成數，
玄冠不弔，童孺共聞。昔季孫將行，請遭喪之禮，千載之下，猶共
稱之。卿遠自江南奉慰，不能式遵成事，方謂議出何典，行人得失，
何其異哉！」昭明言：「二國交和既久，南北皆須準望。齊高帝崩，
魏遣李彪通弔，於時初不素服，齊朝亦不以為疑，那得苦見要逼。」
淹言：「彪通弔之日，朝命以弔服自隨，而彼不遵高宗追遠之慕，乃
踰月即吉，彪行弔之時，齊之君臣皆已鳴玉盈庭，貂璫曜日，百僚
內外，朱服煥然，彪行人不被主人之命，復何容獨以素服間衣冠之
中？來責雖高，未敢聞命。我皇帝仁孝之性，侔於有虞，處諒闇以
來，百官聽於冢宰，卿豈得以此方彼也。」昭明乃搖膝而言：「三皇
不同禮，亦安知得失所歸。」淹言：「若如來談，卿以虞舜、高宗為

非也?」昭明遂相顧而笑曰:「非孝者,宣尼有成責,行人亦弗敢言。希主人裁以弔服,使人唯齎袴褶,比既戎服,不可以弔,幸借緇衣幘,以中國命。今爲魏朝所逼,違負指授,還南之日,必得罪本朝。」淹言:「彼有君子也,卿將命折中,還南之日,應有高賞;若無君子也,但令有光國之譽,雖復非理見罪,亦復何嫌。南史、董狐,自當直筆。」既而,高祖遣李沖問淹昭明所言,淹以狀對。高祖詔沖曰:「我所用得人。」仍敕送衣幘給昭明等,賜淹果食。明旦引昭明等入,皆令文武盡哀。

裴昭明、謝竣打算穿戴蕭齊朝服進行祭弔,北魏則要求必須穿戴喪服才合乎禮節,雙方各白站在遵守成規及隨地變革的立場上展開辯論,最後北魏官員憑藉著儒家典籍之神聖權威,獲得了外交上的勝利。這場衝突表面看來,是因爲喪葬場面而產生的,然在使節依違之間,主客兩國地位的高低便顯現了出來。事實上,即使是北魏的漢族士人,亦不全然贊同孝文帝按章施行,〔註23〕但經書所載歷歷,難以駁倒,古聖先賢的光環乃爲北魏著作郎成淹與南朝使節爭議時,提供了最有力的倚靠。〔註24〕

這是繼太和五年(481)北魏裁決宋、齊新舊政權之國宴席次後,再度於外交場合中奪得了主控權,也是北朝儒學經營多年以後,首次在禮儀上贏得尊嚴,明確地扭轉了本國蠻荒無文的形象,可謂南北往來的重大斬獲。然而,《魏書》卷七十九〈成淹傳〉載:

> (成)淹好文學,有氣尚。劉子業輔國府刑獄參軍事,劉彧以爲員外郎,假龍驤將軍,領軍主,令援東陽、歷城。皇興中,降慕容白曜,赴闕,授兼著作郎。

爲北魏立下此功的成淹,其實是獻文帝一朝於慕容白曜南征時投降入北魏的人士,原屬劉宋。成淹的勝利雖然顯示出孝文帝更懂得如何任用歸附北魏的南人,但畢竟無法真正代表拓拔鮮卑一族,因此可能還無法讓蕭齊人士心服口服,對北方普遍的文化水準仍有所懷疑。

〔註23〕《魏書》,卷27〈穆亮傳〉中載其上表,言孝文帝「比之前代,咸爲過甚,豈所謂順帝之則?」參見卷108之3〈禮志四之三〉諸臣的勸諫。

〔註24〕關於此事所涉之禮儀,可參考:〔隋〕陽玠撰;黃大宏校箋,《八代談藪校箋》,〈正編〉,卷上,〈北朝〉,「成淹令齊素服行弔」條,頁26~32。另一方面,此一基於儒家經學的外交策略,遇上「不修文教」的「蠻邦」,即無用武之地,如《魏書》,卷101〈吐谷渾傳〉載:次年,即太和十六年五月「魏文明太后之喪,使人告於吐谷渾。吐谷渾王伏連籌拜命不恭」。

隨後，四月，北朝派遣李彪前往南齊報聘，馮太皇太后之喪又成爲爭取文化地位的重要題材。《魏書》卷六十二〈李彪傳〉載：

> 其年，加員外散騎常侍，使於蕭賾。賾遣其主客郎劉繪接對，并設讌樂。彪辭樂。及坐，彪曰：「齊主既賜讌樂，以勞行人，向辭樂者，卿或未相體。自喪禮廢替，於茲以久，我皇孝性自天，追慕罔極，故有今者喪除之議。去三月晦，朝臣始除衰裳，猶以素服從事。裴、謝在此，固應具此，我今辭樂，想卿無怪。」繪答言：「辭樂之事，向以不異。請問魏朝喪禮，竟何所依？」彪曰：「高宗三年，孝文踰月，今聖上追鞠育之深恩，感慈訓之厚德，執於殷、漢之間，可謂得禮之變。」繪復問：「若欲遵古，何爲不終三年？」彪曰：「萬機不可久曠，故割至慕，俯從群議。服變不異三年，而限同一期，可謂亡禮之禮。」繪言：「汰哉叔氏！專以禮許人。」彪曰：「聖朝自爲曠代之制，何關許人。」繪言：「百官總己聽於冢宰，萬機何慮於曠？」彪曰：「我聞載籍：五帝之臣，臣不若君，故君親攬其事；三王君臣智等，故共理機務；五霸臣過於君，故事決於下。我朝官司皆五帝之臣，主上親攬，蓋遠軌軒、唐。」

李彪此次出使蕭齊，以國喪爲理由來辭拒宴會上的音樂，並透過對這個舉動的解釋，極力將北魏君主賢明、禮儀內涵深厚的境況展現出來，不斷強調喪禮沿革了殷漢的制度，儼然以華夏文化的繼承者自居；相反地，蕭齊在問答之間一再質疑北魏喪禮不合古制，即是想銷減這種心態，暗示外族根本沒有資格以文化自許。與南朝相比，北魏在形式上總是較爲遵古，因此往往能引經書上的記載爲據，辯解時便立於不敗之地，在此次外交過程裏佔到相當優勢。

當然，蕭齊人士並非完全無法因應李彪的言辭，《梁書》卷二十六〈蕭琛傳〉記載：

> 時魏遣李道固來使，齊帝讌之，（蕭）琛於御筵舉酒勸道固，道固不受，曰：「公庭無私禮，不容受勸。」琛徐答曰：「詩所謂『雨我公田，遂及我私』。」座者皆服，道固乃受琛酒。

李彪在宴饗時仍以古禮爲由，拒絕蕭齊君臣勸酒，這番舉動隱然寓含了譴責之意，微指南方文明淪喪，而聖賢之道乃留存於北方。故蕭琛引用〈小雅·大田〉之句，以《詩經》作爲對抗，令李彪不得不折服，也替蕭齊在文化地

位爭奪戰中扳回一城。由外交辭令的內容演進，可知南北此時互較的不只是實質的軍政或領土，也開始鞏固自己的文化發言權，而北魏經過幾代的調整後，終於逐漸具備與南方相頡頏的能力。有趣的是，《魏書》記載了李彪言談居於優勢的事例，而《梁書》則敘述蕭琛說服李彪的過程，顯示出南北史書基於強烈的敵我意識，皆刻意經營己方使節獲勝的形象。

值得注意的是，此一各自表述的現象，雖出於兩國爭鬥時的自然心理，但南北外交初期的史料，卻罕少展現這種狀況。這是由於當時雙方官員的程度差距過大，故北魏使節從未有與對手針鋒相對的實力，因而無事可記，至於南朝則向來不以與北人周旋往復為榮，故相關事件便完全闕漏，直到孝文帝一朝，北魏外交官員能夠在辯論中取得勝利，南朝方面才會有類似的記載。總之，南北史料對本國的維護，透露出外交不再處於一面倒的形勢，北魏文化的進步使蕭齊不得不提高警覺，對內對外都產生自我宣揚的需要。〔註25〕

李彪不僅擅長儒學，因而在外交場合取得優勢，對文學創作也頗有心得，「所著詩、頌、賦、誄、章奏、雜筆百餘篇，別有集」，數量可觀。由其他零散的記載來看，當時北魏文人詩文唱和的風氣稍見興盛，李彪亦曾參與，在文壇中相當活躍。〔註26〕這些涵養與經歷亦於其出使過程裏發揮作用，《魏書》卷六十二〈李彪傳〉載：

> 彪將還，（蕭）賾親謂曰：「卿前使還日，賦阮詩云：『但願長閑暇，後歲復來遊』，果如今日。卿此還也，復有來理否？」彪答言：「使臣請重賦阮詩曰：『宴衍清都中，一去永矣哉！』」賾悵然曰：「清都可爾，一去何事？觀卿此言，似成長闊，朕當以殊禮相送。」賾遂親至琅邪城，登山臨水，命群臣賦詩以送別，其見重如此。彪前後六度銜命，南人奇其器謇。

此為現存史料裏，北朝官員出使時與南朝君臣以文學相應答的首次記錄——由北魏與江左開始進行外交迄今，已整整超過了九十年！毋怪北朝史家詳加

〔註25〕　如第四章所述，《宋書》所記與北魏外交之事僅聊聊數件。相對地，《南齊書》對此類史事已多所記載，部份劉宋時期的外交事件，甚至因《南齊書》才得以被記載下來。此點同樣顯示出蕭齊對北魏外交的態度，與劉宋有極大不同。

〔註26〕　《魏書》，卷62〈李彪傳〉：「與邢巒詩書往來，迭相稱重」；卷67〈崔光傳〉：「初，（崔）光太和中依宮商角徵羽本音而為五韻詩，以贈李彪，彪為十二次詩以報光，光又為百三郡國詩以答之，國別為卷，為百三卷焉」。又，卷60〈韓麒麟附子顯宗傳〉亦載「五言詩贈御史中尉李彪」。

記載，使這次雙方互動的風雅場面躍然紙上。李彪能夠立刻引用阮籍詩歌，顯示出當時北魏知識分子對南朝文壇的動態頗為瞭解，並且也能夠掌握詩文的精妙之處，這都是經過社會長時間培養而獲得的成果。

再者，在齊武帝親自餞行的過程中，李彪兩次都引用阮籍的作品辭行，但在蕭齊群臣書寫新篇，「賦詩以送別」的場合裏，並未見他有所應和，因此可以推斷他並未具備即席成章的敏捷才力，相形之下仍稍遜一籌。

無論如何，北魏在外交上愈來愈重視使節的文才，相關史料對文學的敘述也逐漸增加。而自太武帝以來，於北魏外交政策中佔有獨尊地位的儒學，雖尚未被完全棄置，卻已慢慢被文學取代，此時卻真正地發揮了效用，猶如迴光返照般放出最後的輝煌。

事實上，前述那些依憑禮儀為辭而立下功勞的成淹與李彪，皆非專精儒學的士人，他們文儒兼通，此亦逐漸成為日後選取北魏使節的趨向，反映了北魏漢文化水準的整體提昇，並透露出魏初以來獨尊儒學的策略隱含著某些偏差，導致過去使節們在外交上無所表現。

二、北方外交人才的調整

北魏孝文帝一朝選派的外交人員，重視文學才華的傾向愈見明顯。與李彪六度出使間錯，曾於太和十三年（489）八月與十四年五月兩度出使的邢產，自少年時期即以文章知名，其構詞結藻的能力遠超過學問造詣。《魏書》卷六十五〈邢巒附族叔產傳〉載：

> （邢）祐子產，字神寶。好學，善屬文。少時作〈孤蓬賦〉，為時所稱。舉秀才，除著作佐郎。假員外常侍、鄭縣子，使於蕭賾。產仍世將命，時人美之。

邢產出身於河間邢氏，自神麚年間邢穎受徵擔任使節後，其弟邢祐、祐子邢產，加上邢穎之孫邢巒，家族三代出了四位主使。其中，第三代的邢巒，在家族中雖與邢產相差一輩，但出使時間相距僅三年，於太和十七年（493）出使。〔註27〕《魏書》卷六十五〈邢巒傳〉載：

> （邢）巒少而好學，負帙尋師，家貧厲節，遂博覽書傳。有文才幹略，美鬚髯，姿貌甚偉。州郡表貢，拜中書博士，遷員外散騎侍郎，為高祖所知賞。兼員外散騎常侍，使於蕭賾，還，拜通直郎，轉中

〔註27〕邢巒出使，今《魏書》，卷7下〈高祖紀〉缺載，僅載其副使劉承叔。

> 書侍郎，甚見顧遇，常參座席。……有司奏策秀、孝，詔曰：「秀、
> 孝殊問，經、權異策，邢巒才清，可令策秀。」

邢家第一代的邢潁與邢祐兄弟，由於「學義」、「學尚」等因素受到太武帝政府賞識；後代的邢產及邢巒，卻以「善屬文」、「有文才」等特長而獲得孝文帝政府器重，透過任聘標準的差別，可看出外交策略的轉變。再者，北魏所設辦的察舉，孝廉試經、秀才對策，而孝文帝以「經、權」來區分孝廉、秀才選拔的差異，並任命邢巒擔任對策的主考官。自太和元年李長仁開始，北魏多次派遣秀才出身的士人擔任使節，意謂「權變」的特質更合乎外交任務所需。

邢產與邢巒叔姪先後南下之間，又有宋弁於太和十六年（492）七月出使。李彪上表曾指出：「河門邢產、廣平宋弁、昌黎韓顯宗等，並以文才見舉」，〔註28〕又《魏書》卷六十五〈宋弁傳〉載：

> 才學俊贍，少有美名。……高祖初，曾至京師，見尚書李沖，因言論移日。沖竦然異之。……高祖曾因朝會之次，歷訪治道，弁年少官微，自下而對，聲姿清亮，進止可觀，高祖稱善者久之。……使於蕭賾。賾司徒蕭子良、祕書丞王融等皆稱美之，以為志氣謇烈不逮李彪，而體韻和雅、舉止閑邃過之。

足見宋弁不但才高學富，更擅於言談，形貌舉止雋逸不凡，於公私場合都能恰當地應對進退。名實相符，他的出使成績也受到極高評價，所得到的讚譽不下於李彪。《南齊書》卷四十七〈王融傳〉：

> 上以（王）融才辯，十一年，使兼主客，接虜使房景高、宋弁。弁見融年少，問主客年幾？融曰：「五十之年，久踰其半。」因問：「在朝聞主客作〈曲水詩序〉。」景高又云：「在北聞主客此製勝於顏延年，實願一見。」融乃示之。後口，宋弁於瑤池堂謂融曰：「昔觀相如封禪，以知漢武之德；今覽王生詩序，用見齊王之盛。」融曰：
> 「皇家盛明，豈直比蹤漢武；更慚鄙製，無以遠匹相如。」〔註29〕

《魏書》在稱譽宋弁時，特別提及王融和竟陵王蕭子良，頗有借江左名士抬高本國使節身價的企圖。兩國使節近論當時文學作品、遠涉上古掌故，由其間唇槍舌劍的辯論過程可以看出，北魏使節南行之前應當作過詳細而深入的

〔註28〕　《魏書》，卷62〈李彪傳〉，頁695。
〔註29〕　《南齊書》於文後敘述了宋弁與王融答辯的情形，亦突顯出蕭齊在南北外交場合獲勝的經過。

閱覽，對江左文壇也事先進行了調查，因此連一、兩年內的文學新製名篇都有所風聞。〔註30〕過去北魏太武帝曾經嚴格禁絕本國士人傾慕南朝，直到獻文帝一朝，文字獄氛圍才逐漸解除，其後南朝詩文才可能流傳於北魏。故宋弁主動向王融提起他的作品，亦反映了孝文帝時期北地對南朝詩文的關注。

此外，宋弁「體韻和雅、舉止閑邃」的特質，正可謂南朝名士形象的翻版，也表現出北魏之審美觀念已然受到南朝影響。宋弁被選為主使，固然是個人才學堪用，但與其出身亦不無關係：西河－廣平列人宋氏，自前述宋宣開始，乃至於宋惜、宋弁，四代之內亦出了三位主使。邢、宋等家族成員接連擔任主使，顯示北魏在短暫的轉變適應期後，又重新考慮以神䴥四年徵士家族的後輩作為主要人選。如今，這些世傳家學的豪族之成員的漢文化素養也逐漸產生變化，從專精儒學轉為兼通文學，以回應整個社會風氣與國家需求的轉向。

不僅出國聘問的使節在選擇條件上有了改變，此一時期負責接待外賓之官員的特長，也顯示出北魏文化風氣與國家政策的差異。例如裴駿、裴宣父子都曾擔任過接待者，《魏書》卷四十五〈裴駿附子宣傳〉云：

> 通辯博物，早有聲譽。少孤，事母兄以孝友稱。舉秀才，至都，見司空李訢，與言自旦及夕，訢嗟善不已。司空李沖有人倫鑒識，見而重之。……高祖初，徵為尚書主客郎，與蕭賾使顏幼明、劉思效、蕭琛、范雲等對接。……常慕廉退。每歎曰：「以賈誼之才，仕漢文之世，不歷公卿，將非運也？」……因表求解。世宗不許，乃作〈懷田賦〉以敘心焉……二子敬憲、莊伯，並在〈文苑傳〉。

此傳敘及裴氏世代「以儒學為業」，裴駿弱冠時即通涉經史，並且對寫作有一定程度的愛好，而裴宣更具備相當的文學才華，同時對佛理亦多所鑽研，善於論難，其二子更進入〈文苑傳〉。〔註31〕裴氏一門所長，反映出北魏漢文化風尚之變化，即文學的地位愈趨重要，官員往往因為精於詩歌文賦而被賦予外交任務，南北的距離也逐漸縮短。

太和十七年（493）六月，孝文帝宣稱南下征伐，然而實際目的卻是遷都，

〔註30〕 《南齊書》，卷47〈王融傳〉載：〈曲水詩序〉作於永明九年；王融主客於永明「十一年」，然據《魏書》，卷7下〈高祖紀下〉，宋弁等人於太和十六年，即永明十年七月出使。所以，宋弁詢問的乃是問世僅一年的新篇。

〔註31〕 《魏書》，卷45〈裴駿附子宣傳〉，頁508。今本《魏書》缺遺，卷85〈文苑傳〉中並未見裴敬憲、裴莊伯兄弟。

主要是爲進一步的漢化鋪路。在前往洛陽的半途，「九月壬子，詔兼員外散騎常侍高聰、兼員外散騎侍郎賈禎使於蕭昭業」〔註32〕。此次主使高聰的身世背景更爲複雜微妙，《魏書》卷六十八〈高聰傳〉載：

> 高聰，字僧智，本勃海蓨人。……父法昂，劉駿車騎將軍王玄謨甥也。少隨玄謨征伐，以軍功至員外郎。早卒。……大軍攻克東陽，聰徙入平城，與蔣少遊爲雲中兵戶，窘困無所不至。族祖允視之若孫，大加賙給。聰涉獵經史，頗有文才，允嘉之，數稱其美，言之朝廷，云：「青州蔣少遊與從孫僧智，雖爲孤弱，然皆有文情。」由是與少遊同拜中書博士。積十年，轉侍郎，以本官爲高陽王雍友，稍爲高祖知賞。太和十七年，兼員外散騎常侍，使於蕭昭業。

獻文帝皇興三年（469），高聰十八歲，以平齊民歸於魏，隸屬於地位卑低的兵戶，生活一度困苦。高聰身份特殊，之所以能擔任中書博士，後來又被拔擢爲前往蕭齊的主使，與族祖高允的推薦有關。高允稱美高聰及同鄉蔣少遊「皆有文情」，後者亦曾擔任過李彪的副使。由此可知當時文學已成爲北魏政府選取人才的重要標準，普遍施於各類官職，並不限於外交領域，故中書博士亦不再如太武帝時期那般只納用儒者。

　　與高聰同行的副使賈禎「學涉經史，居喪以孝聞。太和中，爲中書博士，副中書侍郎高聰使於江左」〔註33〕，由於擅長儒學而被遴選爲高聰的輔佐；相反地，太和十八年（494）六月出使的盧昶與王清石，卻是儒者爲主、文士爲副。《魏書》卷四十七〈盧昶傳〉對此次出使始末記載頗詳細：

> （盧）昶，字叔達，小字師顏，學涉經史，早有時譽。太和初，爲太子中舍人、兼員外散騎常侍，使於蕭昭業。高祖詔昶曰：「卿便至彼，勿存彼我。密邇江揚，不早當晚，會是朕物。卿等欲言，便無相疑難。」又敕副使王清石曰：「卿莫以本是南人，言語致慮。若彼先有所知所識，欲見便見，須論即論。盧昶正是寬柔君子，無多文才，或主客命卿作詩，可率卿所知，莫以昶不作，便復罷也。凡使人之體，以和爲貴，勿遞相矜誇，見於色貌，失將命之體。卿等各率所知，以相規誨。」及昶至彼，值蕭鸞僭立，於是高祖南討之，昶兄淵爲別道將。而蕭鸞以朝廷加兵，遂酷遇昶等。昶本非骨鯁，

〔註32〕《魏書》，卷7下〈高祖紀下〉，頁103。
〔註33〕《魏書》，卷33〈賈彝附從孫禎傳〉，頁395。

> 聞南人云「兄既作將，弟爲使者。」乃大恐怖，淚汗交橫。驚以腐
> 米臭魚荃豆供之。而謁者張思寧辭氣騫諤，曾不屈撓，遂以壯烈死
> 於館中。昶還，高祖責之……遂見罷黜。

孝文帝在兩位使節南下之前，特地指示他們如何進行外交活動，提醒此時北魏即將南征，希望不要多生事端，儘量避免在言詞上互相質難。盧昶不善賦詩作文，孝文帝顯然對此多所憂慮，又單獨囑咐王清石儘量發揮長才，以彌補正使之不足。孝文帝對副使的期許，似乎比正使更爲深切，透露了文學在外交場合中的確具有重大功能。然而，盧昶與王清石前往蕭齊，恰好遭遇蕭鸞廢黜蕭昭業而自立的內部鬥爭，北魏於使節滯留敵國未歸之時，即無預警地發動軍事侵略，因而造成此次任務失敗。

盧昶是自盧玄、盧度世之後的第三代，也是家族中出現的第三位主使。北魏政府連續以神麚四年徵士的後輩族人擔負外交重責，顯示這些世家在相關事務上的巨大影響力。孝文帝明知盧昶長於儒學，無法應付南方勃興的文風，卻仍派遣他作爲主使，主要考量應該是盧氏家族這一背景。《魏書》卷六十〈韓麒麟附子顯宗〉記載李沖曾直諫孝文帝：「何爲專崇門品，不有拔才之詔？」〔註34〕可見孝文帝在拔擢人才時，無法完全擺脫這些外在因素，導致外交官員的水準良莠不齊。同時，在盧昶身上，多少反映出士人面對時代需求及社會風氣的轉變，如果未能加以回應與轉型，即會被潮流淹沒的現實情狀。

整體說來，此時北魏對文學在外交場合的作用已有較深的認識，故經常聘任立場尷尬的原南朝人來擔任使節，這個現象也透露出北魏相關人才尚嫌不足的窘境。儘管孝文帝一朝，文學主導外交的傾向愈來愈強、所佔的份量愈來愈重，但儒學並沒有全然萎縮，仍是政府進行選派時所參酌的基點之一。盧昶可謂孝文帝與蕭齊間最後一位北魏主使，此後南北兩國開始了一段漫長的外交空白期，只有雙方交戰時，偶爾派遣官員前往敵營談判，除此之外沒有正式的往來。等到東魏與蕭梁再次建立穩定的外交關係，儒學就不再是選使的重要考量了。

三、外交場合中文學相對於儒學的強勢作用

孝文帝晚期派遣盧昶擔任前往蕭齊的主使，反映出北魏文學人才有待更

〔註34〕《魏書》，卷 60〈韓麒麟附子顯宗〉，頁 669。

進一步的培養，並再次顯示出儒學在外交場合的頹勢已無法挽回，至東魏／北齊時期，儒者甚至被直接摒除於選拔名單之外。

　　北魏透過外交場合向南朝展示本國人才的企圖心，明顯比南朝強烈許多。由於南朝具有漢人血統此一絕對優勢，毋需憑藉使節的學養來證明、宣揚自身的漢文化高度，但亟欲表現本國已不再是蠻邦的北魏，卻不得不持續謀求改進，期盼使敵國刮目相看。子曰：「誦《詩》三百，授之以政，不達；使於四方，不能專對；雖多，亦奚以爲？」中國士大夫的應對，從來不是信口發語，而必須引經據典才能獲得重視，在正式的外交場合亦如此。然而，外交形勢與應對之道瞬息萬變，早期大夏赫連勃勃「陰誦口授」的套招戲碼，實可一而不可再。因此，最根本的改善方策，仍在選擇適當的官員，並且主動培育善於寫作及論辯的人才。

　　北魏政府終於察覺，單憑學問及禮儀尚不足以應付外交場合，由此逐漸理解了辭令的功用。然而，兩者不能偏廢，外交官員的言語必須巧辯而風格典雅，故需同時具備靈活的思考、豐富的情采、流利的演說、充足的經史內涵等綜合能力，甚至必須出口成章，才可因應緊張紛亂的國際事務。此與文學的關聯極大，可謂言辭運用的極致，前往南方的使節如果不懂得利用學識掌故來增加話語的說服力，與敵邦君臣折衝時未能以藝術性的手法修飾，就很難取得認同。何況，此時南朝文風興盛，公私場合往往有即席賦詩的活動，倘若外交官員沒有敏捷的現場創作才力，就無法勝任愉快，因此習慣殫精深慮的文士亦非適當的人選。

　　過去南朝雖於軍事方面居處下風，但在外交場合卻無往不利，因爲南朝的風流文士面對北朝的謙和儒者，具有攻守兼備的相對強勢，華麗的言語不僅可以用來抵禦對手，更有侵略性的一面，這同時也意謂著文學對儒學的相對強勢。儒學與文學本可相輔相成，然兩者在本質與表現上仍有一定的差異，構詞謀篇的能力不足，即使滿腹經綸亦無從發揮；但徒具駕文馭字的才氣，卻未必可達到縱橫捭闔之功。更何況，北朝的儒學並未眞正勝過南朝，難以使江左研治五經六藝的士人心服口服。在相關問題的癥結浮現以後，選才標準逐漸產生變化，北魏政府也開始推擬解決方案。

　　兩漢時期，文學的地位遠低於經學，其時被賞識的士人，除了具有深厚的學術素養，往往也能製鑄篇章；而專精文學的辭賦家，即使受到寵信，也只可隨侍君主左右，提供一時的娛樂賞玩。魏文帝曹丕指稱「文人相輕」的

現象自古而然，其實也暗寓對全體文人的貶損，甚至對文學本質的批判。魏
晉以降，文學地位逐漸可與經史相抗衡，並成為一獨立領域，當時文人之行
事風格迥異於儒者，彼此批判，但因文人經常將自己的想法直接訴諸於詞章，
故「文輕儒」的現象遠比起「儒輕文」的狀況更為顯著，北魏亦不例外。中
期文壇兩對著名的「高、游」，恰好表現出這種關係，《魏書》卷五十四〈游
雅傳〉載：

> 世祖時，（游雅）與勃海高允等俱知名，徵拜中書博士……。高允重
> 雅文學，而雅輕薄允才，允性柔寬，不以為恨。

《魏書》卷五十五〈游明根傳〉載：

> 高祖初，明根與高閭以儒老學業，特被禮遇，公私出入，每相追隨，
> 而閭以才筆時侮明根，世號「高、游」焉。

太武帝一朝，擅於撰述的游雅就對高允懷著鄙薄之意，而孝文帝時期，長於
冶文的高閭亦時常輕詆專研經子之學的游明根；游雅的態度來自個人情緒，
而高閭之所以倨傲，則與整體環境有所關聯。游明根曾是高宗獻文帝一朝的
傑出使節，對孝文帝時期的外交及禮儀也具有重大影響力，如此能臣卻被高
閭以辭章侮慢之，側面反映了文學成為品評人物的一種標準，其地位在當世
已大為抬高。

　　《梁書》云：「二漢求賢，率先經術；近世取人，多由文史」〔註35〕，由
儒轉文的時代傾向，是一個發展長久的歷程，南北兩國皆然。北魏孝明帝時，
司空諮議劉景安批判：「朝廷貢才，止求其文，不取其理」〔註36〕，指出政府
舉用人才已逐漸以書寫的能力作為優先考量。外族入主的北魏，建國初期只
給予儒學較大的空間，至晚期文學卻左右了政府官員的考選，可說重演了漢
族文化由質至華的遞變。這是因為北魏將南朝當成效法及比較的對象，使國
家的價值取向與後者愈趨一致。

　　然而，北魏文學在開國八十餘年來皆處於受壓抑的情形，政府官員的相
關素質無法陡然提昇，尚有待加強。及至孝文帝太和十八年中斷南北外交，
北魏文學的發展仍處於摸索階段，水準仍難以與南朝相提並論。多年之後，
在東魏與蕭梁外交競合的過程裏，才真正呈現出趙翼等後代學者所遙想的盛
況，「南北朝通好以使命為重」的認知過於疏略，這其實是北魏晚期，甚至直

〔註35〕《梁書》，卷14〈江淹、任昉傳〉，頁69，卷末姚察曰。
〔註36〕《魏書》，卷66〈崔亮傳〉，頁736。

到北魏分裂之後才產生的榮景。

第三節　孝文帝朝漢化與南朝的關係

一、孝文帝漢化前胡漢雜糅在外交上的弱勢

　　即使北魏開始能在南北外交場合裏取得優勢，人才與整體漢文化水準都有長足的進步，但孝文帝一朝，仍背負著許多先天條件的劣勢。遷都之前，南朝的使節進行聘問都必須遠赴平城，〔註37〕過去漢朝人提起高祖劉邦白登之圍，往往以「平城」代指，〔註38〕因此在熟悉漢魏掌故的南朝人眼中，很容易將「索虜」北魏之首都與匈奴產生聯想。

　　平城在視覺上予人的第一印象，即引起江左人士的鄙薄，此亦是南北外交的重要負面因素。平城的經營始於道武帝天賜三年（406）：「後太祖欲廣宮室，規度平城四方數十里，將模鄴、洛、長安之制，運材數百萬根。以（莫）題機巧，徵令監之。召入，與論興造之宜。題久侍頗怠，賜死。」〔註39〕《魏書》聲稱平城宮殿之修建，乃模仿前代曾被立為首都的三座名城，事實上，當時僅鄴城處於北魏之勢力範圍，而長安與洛陽仍為後秦所據，根本無從取法。再者，道武帝延攬莫題商討建都之事，本欲借重漢人文化遺產以補本族之不足，但莫家三代侍奉拓拔氏，長久生活於鮮卑風俗中，對漢文化的理解必定有限，何況最後亦無法見容於君王。由此可知，平城建立之初，所參考的漢式制度必定極為有限。《南齊書》卷五十七〈魏虜傳〉花了不少篇幅描繪平城建築，表現出南朝人以何種眼光看待北魏首都，末段云：

> ……自佛狸至萬民，世增雕飾。正殿西築土臺，謂之白樓。萬民禪位後，常遊觀其上。臺南又有伺星樓。正殿西又有祠屋，琉璃為瓦。宮門稍覆以屋，猶不知為重樓。並設削泥采，畫金剛力士。胡俗尚

〔註37〕 在道武稱帝與遷都平城前，皇始年間，東晉至少曾三度遣使，則目的地是故都盛樂，地處塞外，比之平城，漢化程度更低。

〔註38〕 如：《史記》，卷57〈絳侯周勃世家〉：「擊胡騎平城下」；卷110〈匈奴列傳〉：「天子意欲遂困胡，乃下詔曰：『高皇帝遺朕平城之憂，高后時單于書絕悖逆。……』」。

〔註39〕 《魏書》，卷23〈莫含附孫題傳〉，頁302。關於北魏建設平城時取法鄴城宮室，與之後遷都洛陽，對平城規模之承襲，可參考：劉淑芬，〈中古都城坊制初探〉，收入《六朝的城市與社會》（臺北：學生書局，1992年），原刊於《中央研究院歷史語言研究所集刊》，61：2，1990年6月，頁293～315。

水，又規畫黑龍相盤繞，以爲厭勝。

「佛狸」乃太武帝拓拔燾之小名，「萬民」即獻文帝拓拔弘之字，南朝人士嘲諷北魏已歷經數朝，仍不懂「正確」建築法式，屋舍構造失當，「猶不知爲重樓」。事實上，孝文帝自己也對平城多所批評：「今代在恆山之北，九州之外，非帝王之都也」〔註40〕；「此間用武之地，非可文治，移風易俗，信爲甚難」〔註41〕，可見不只南朝人士認爲北魏首都寒傖粗陋，對欲行漢化的北朝人士而言，平城位處蠻荒，加上鮮卑傳統根深柢固，再怎麼修整亦無法改變，因而只能遷都另起爐灶，徹底改頭換面。〔註42〕

除了建築以外，其他如服裝、朝儀、祭典等各方面，北魏都讓南朝使節產生不倫不類、未開化的印象。服裝對外交的影響，北魏史料不曾提及，然《南齊書》卷五十七八〈東南夷傳・高麗國〉載：

> 虜置諸國使邸，齊使第一，高麗次之。永明七年，平南參軍顏幼明、冗從僕射劉思效使虜。虜元會，與高麗使相次。幼明謂僞主客郎裴叔令曰：「我等銜命上華，來造卿國。所爲抗敵，在乎一魏。自餘外夷，理不得望我鑣塵。況東夷小貊，臣屬朝廷，今日乃敢與我躡蹤。」思效謂僞南部尚書李思沖曰：「我聖朝處魏使，未嘗與小國列，卿亦應知。」思沖曰：「實如此。但主、副不得升殿耳。此閒坐起甚高，足以相報。」思效曰：「李道固昔使，正以衣冠致隔耳。魏國必纓冕而至，豈容見黜！」幼明又謂虜主曰：「二國相亞，唯齊與魏。邊境小狄，敢躡臣蹤！」

北魏給予蕭齊使節之待遇的規格，與高麗使節相近，令主副二使顏幼明、劉

〔註40〕《通鑑》，卷 139〈齊紀五・明帝建武元年（494）〉，頁 4351。又，《魏書》，卷 14〈神元平文諸帝子孫列傳・新興公拓拔丕〉，頁 186，亦載孝文帝此語，卻無末句「非帝王之都也」，唯今本此卷闕，乃據高氏小史所補，非魏收原文。

〔註41〕《魏書》，卷 19 下〈景穆十二王列傳下・任城王元雲附子澄傳〉，頁。又卷 21 上〈獻文六王傳・廣陵王羽〉：「高祖引陸叡、元贊等於前曰：『……朕爲天子，何假中原，欲令卿等子孫博見多知。若永居恒北，值不好文主，卿等子孫不免面牆也！』」即意謂僑若繼續居於平城般的環境，北魏隨時可能因爲領導人的態度改變，而重回排拒漢文化的境況。事實上，當時的太子元恂的確較習於拓拔鮮卑舊俗，並在遷都洛陽後因此而被廢，見卷 22〈廢太子恂傳〉。

〔註42〕孝文帝曾命令原南朝人士蔣少游等主持整修，相關問題可參考：陳寅恪《隋唐制度淵源略論稿》（臺北：里仁書局，1994 年），二〈禮儀〉附〈都城建築〉，頁 58～76。宋德熹《陳寅恪中古史學探研──以隋唐制度淵源略論稿爲例》（臺北：稻鄉出版社，1999 年），第二章〈《淵源稿・禮儀章》的史學得失〉，三〈從「面朝背市」看中古六大都城建築的關聯性〉，頁 27～36。

思效極爲不滿，因而發出抗議。在雙方針鋒相對時，北魏南部尙書李思沖提到，過去北使前往南朝問聘卻不得進入皇宮正殿，更是一種羞辱，於是劉思致以兩國「衣冠致隔」作爲回應，指出北使服裝鄙俗，與漢服的形製殊異，將雙方外交之不平等的原因歸咎於北魏，這段話語說明了南朝人士對北魏服裝充滿輕視，並判定難登大雅之堂。

實際上，即使《魏書》宣稱受到「殊禮」相待的李彪，在蕭齊所受待遇的規格亦不如任何一位南朝使節在北魏所接受的。前述引文亦表現出兩國心態上的差別：儘管南北雙方在國內各自採用「虜」、「夷」等貶低外族的詞彙來蔑稱對方，但在外交接觸時，由於北朝的漢文化遠不及南朝，所以南朝經常利用形式之便來貶損北魏，使其不得不默認自己是「蠻虜」。

顏幼明出使於齊武帝永明三年，即北魏太和十三年（489）。距此三年前，北魏已對官服進行過改制，仍不合南朝標準，至於全體人民的服裝漢化，更是拖延至太和十八年（494）十二月才開始進行。〔註43〕《魏書》卷七下〈高祖紀下〉載：

> （太和）十年（486）春正月癸亥朔，帝始服袞冕，朝饗萬國。……
> 夏四月辛酉朔，始制五等公服。甲子，帝初以法服御輦，祀於西
> 郊。……八月乙亥，給尚書五等品爵已上朱衣、玉珮、大小組綬。

此時北魏建立已達百年，君主首次穿上了中國歷代漢族皇帝的「法服」，而群臣的公服也才剛開始制定。在此種情形下，我們不難想像，先前每當南朝的使臣於北魏宮廷晉見敵國君王時，眼看耳聽朝中諸般不合漢族文化的現象，事先所懷存的蔑視會得到多強的印證、多大的滿足。尤其是那些以文化自矜而勉爲其難地受命出使的南朝高門人士，私底下必然訕笑不已。

從上述事例可以看出，北魏孝文帝一朝，在漢文化水準逐漸提昇的同時，也愈來愈在意本朝形象是否與漢人相符合？是否能夠脫離「蠻虜」這一既定觀感？而南朝執掌著正統的漢文化，所以蕭齊人士的看法自然受到北魏政府的重視。然而微妙的是，北魏愈重視漢文化，就愈可能認同南朝人士貶低拓拔鮮卑之固有習俗的態度，這對民族本身的文化自信心以及與敵國外交時的文化自尊心，都有極不利的影響。

〔註43〕《魏書》，卷 7 下〈高祖紀下〉載：太和十八年，十二月，「壬寅，革衣服之制」。

二、北魏正式透過外交吸收南朝文化

　　北魏早期的副使大多名不見經傳，觀其姓名，多為胡人，亦即正使與副使往往為一漢與一胡搭配，故南齊王融上疏指出：「虜前後奉使，不專漢人，必介以匈奴，備諸覘獲」，綜合先前所見外交事務，如此配置的原因可能有藉外交增加胡人官員功績、監視漢人主使，甚至刺探軍情等枱面下工作等。〔註44〕

　　在李彪第六次出使時，副使人選有了極大的變化：李彪的前五任副使多由非漢族的蘭英與公孫六阿頭擔任，最後一任副使卻是來自敵國、本為俘虜的平齊民蔣少游。破例讓蔣少游擔任此一職位，〔註45〕實另有特殊目的。《魏書》卷九十一〈術藝傳·蔣少游〉載：

> 後於平城將營太廟、太極殿，遣少游乘傳詣洛，量準魏、晉基趾。
> 後為散騎侍郎，副李彪使江南。高祖修船乘，以其多有思力，除都水使者，遷前將軍、兼將作大匠，仍領水池湖泛戲舟楫之具。及華林殿、沼修舊增新，改作金墉門樓，皆所措意，號為妍美。

蔣少游在北魏原本的首都平城興建太廟、太極殿時，奉旨至洛陽研究魏、晉宮殿樣式，接著忽然以副使身份隨李彪出使蕭齊，返國後，復以將作大匠的職銜主導華林殿等皇宮建築。北魏政府重視的是對蔣少游建築方面的才華，卻在交付他重大工程建設之間，派他擔任外交工作。《魏書》未坦言緣故，《南齊書》卷五十七〈魏虜傳〉則云：

> 九年，遣使李道固、蔣少游報使。少游有機巧，密令觀京師宮殿楷式。清河崔元祖啟世祖曰：「少游，臣之外甥，特有公輸之思。宋世陷虜，處以大匠之官。今為副使，必欲模範宮闕。豈可令氈鄉之鄙取象天宮？臣謂且留少游，令使主反命。」世祖以非和通意，不許。
> 少游，安樂人。虜宮室制度，皆從其出。〔註46〕

可見此次出使主要在學習南朝宮殿的建構方式，並引起蕭齊官員的高度警戒。文中特別指出北魏的宮殿建築皆出自蔣少游之手，暗含著「北虜宮室制度之所以稍合正法，乃因派遣原南人竊取江左宮室制度」的得意與譏諷之

〔註44〕《南齊書》，卷47〈王融傳〉，頁211上疏，另可參考交流事件表中的歷來副使。

〔註45〕羈北南人擔任外交工作者，在蔣少游之前，僅有成淹和劉芳二人。不過，他們擔任的是主客接待工作，不需離開北魏，忌諱較少。

〔註46〕南齊永明九年，即北魏太和十五年（491）。

情。蕭齊對北魏的輕蔑態度，表現在對其鮮卑傳統風俗的嘲弄，並指稱其漢化內容皆模仿自南朝。

另外，《魏書》卷九十一〈術藝傳‧蔣少游〉亦指出：蔣少游「雖有文藻，而不得伸其才用，恒以剞劂繩尺，碎劇匆匆，徙倚園湖城殿之側」，可見北魏破例派他擔任副使，並非發覺其具備文學才華，足以輔助李彪，主要是著眼於日後建築宮殿的事業。故知北魏持續透過外交途徑向南朝吸收漢文化，而且比先前各朝更具計畫性，而這正是孝文帝推行改革的一個重要環節。

除此以外，在《南齊書》卷四十七〈王融傳〉裏，也記載了一件極具意義的南北外交事務：

> 虜使遣求書，朝議欲不與。融上疏曰：「臣側聞僉議，疑給虜書，如臣愚情，切有未喻。……虜前後奉使，不專漢人，必介以匈奴，備諸覘獲。且設官分職，彌見其情，抑退舊苗，扶任種戚。師保則后族馮晉國，總錄則邽姓直勒渴侯，台鼎則丘頹、苟仁端，執政則目凌、鉗耳。至於東都羽儀，西京簪帶，崔孝伯、程虞虯久在著作，李元和、郭季祐上于中書，李思沖飾虜清官，游明根泛居顯職。今經典遠被，詩、史北流，馮、李之徒必欲遵尚；直勒等類居致乖阻。……馮、李之徒固得志矣，虜之凶族，其如病何？於是風土之思深，慺戾之情動，拂衣者連裾，抽鋒者比鏃，部落爭于下，酋渠危於上，我一舉而兼吞，卞莊之勢必也。……」世祖答曰：「吾意不異卿。今所啟，比相見，更委悉。」事竟不行。

當時北方因戰亂頻仍，導致典籍殘缺，儘管北魏在統一的過程中曾於胡夏與北涼等國加以蒐羅，但由於孝文帝時期對漢文化的需求大增，對國內原有典籍已感不足，所以派遣使節向南朝索求。據《南齊書》所述，蕭齊朝廷商議的結果，是拒絕向北魏提供書籍，但王融當時上疏獨排眾議，指出提供書籍可以強化北魏部份人士對正統漢文化的傾慕心和認同感，又可激發非漢族群的疑慮及排拒，甚至製造兩派的對峙情勢，從而引起北魏內亂，如此一來，蕭齊即可趁機收復中原。雖然王融的論點過於簡化現實，但是，在北魏孝明帝正光五年（523）促使北魏迅速衰落的六鎮之亂，其起因之一便是鎮民受到了不平等待遇，而這正源自孝文帝時期一連串與漢化同時並行的措施。〔註47〕至

〔註47〕《通鑑》，卷150〈梁紀六‧武帝普通五年（524）〉載：「先是，代人遷洛者，多為選部所抑，不得仕進。及六鎮叛，元義乃用代來寒人為傳詔以慰悅之。」

北魏分裂後，依靠六鎮變民崛起的東魏實質領導人高歡也曾指出：境內漢人傾慕南朝衣冠的心態，足以動搖國本。粗略而言，王融的論點與北魏國內的發展頗有相合之處，不失爲一具備長遠眼光的見解。〔註48〕站在民族融合與以漢文化爲尊的立場，及拓拔鮮卑由邊陲游牧部落演進爲中原統治者的趨勢上，歷來學者對孝文帝的漢化多所肯定，但另一方面，漢化確實加深了北魏的內部對立，導致日後國家敗亡，這一弊害在古代史籍中卻較少被直接談論。

相反地，多數南朝人士不願提供書籍的原因，就是反對北魏進一步漢化，其持理可能與劉宋不願和親的看法相仿，出自漢族的沙文心態，或者懼怕雙方在關係或文化上過度接近，令北魏得到正統地位之認可。齊武帝回覆王融「吾意不異卿」云云，若非敷衍的語辭，則原本亦同意贈書給北魏。故齊武帝、王融與其他官員之立場的差異，可謂延續了過去齊高帝、王儉與虞玩之等士人的對立，甚至可上溯至劉宋中晚期，宗室成員與顏竣、謝莊等名士對國婚與互市之意見相左，再次反映出南朝國家外交政策與士人觀念的差距。

〈王融傳〉記事並未全按照先後順序敘寫，加上在此事之中，北魏處於求取之弱勢位置，顯示出本身文化的疏漏，一開始又遭到拒絕，所以《魏書》亦未載錄，以致北魏索書的確實時間不詳。〔註49〕不過，北朝官史不載，私家的〈李璧墓誌銘文〉卻記述了此事：

> 北魏末期在選部運作下，製造出來的不公現象包括：配合政府南遷洛陽的拓拔鮮卑族人反而受到壓抑、重文輕武、歧視六鎮等邊疆居民，而這些因族群、文化和地域差異所導致的改變，對漢化較深的人士都比較有利。由此引發的反彈，包括北魏末年的洛陽羽林、虎賁暴動與六鎮之亂等，促使尒朱榮、高歡和宇文泰等非漢人或鮮卑化較深者獲得軍人支持，先後掌握了北朝大權。

〔註48〕 高歡之言，見《北齊書》，卷24〈杜弼傳〉，頁166。王融對南北關係極爲著意，永明末，甚至因齊武帝有意北伐而以文人身份「大習騎馬」。史書譏其「好功名」，雖非盡誣詆，卻不免以成敗論英雄。縱觀王融奉敕對接、上疏自陳、策秀代問、東府援筆屬綴與江西招集傖楚，可看出其面對南北事務及形勢的轉變，反應敏銳且觀點獨到，或亦得族叔王儉之濡染。另外，王融的外甥劉孝儀（潛）與劉孝勝兄弟，在蕭梁時期先後擔任聘魏使節，兩人之父爲蕭齊時期曾奉旨迎使的劉繪，然而觀察「言論之際，頗好矜知」的劉繪事後所言與日後所爲，並不重視北朝外交，且〈劉潛傳〉言劉孝儀兄弟「幼孤」，故可據此揣測二子日後能於外交有所表現，或許並非受父親影響，而與舅父王融有較深關係。無論如何，在士人普遍歧視北朝與迴避外交任務的南朝，王、劉姻親當可謂第一個重要外交的家族。

〔註49〕 姚薇元《北朝胡姓考》定爲永明二年，認爲應是李彪報聘時所提出的要求，然王融上疏中提及：「歷年將絕，隱蔽無聞」，似乎是一階段外交重啓的初期，而李彪在永明元年已曾出使。

少好《春秋左氏傳》而不存章句，尤愛馬、班兩史，談論事意，略無所違。性嚴毅，簡得言，工賞要，善尺牘。年十六，出膺州命，爲西曹從事。十八舉秀才，對策高第，入除中書博士。譽溢一京，聲輝二國。昔晉人失馭，群書南徙。魏因沙鄉，文風北缺。高祖孝文皇帝追悅淹中，遊心稷下，觀書亡落，恨閱不周，與爲連和，規借完典。而齊主昏迷，孤違天意。爲中書郎王融思狎淵雲，韻乘琳瑀，氣軼江南，聲蘭岱北，聲調孤遠，鑒賞絕倫，遠服君風，遙深綍縞，啓稱在朝，宜借副書。轉授尚書南主客郎，遷浮陽太守。〔註50〕

李璧爲史書漏載之北使，他的職位是否爲主使、副使？或僅是使節團中的一員？現今已難以作出確論。從前文能夠看出，北魏國內書籍亡佚散落，成爲孝文帝心中極大的遺憾，故派遣使節向蕭齊提出請求。「魏因沙鄉，文風北缺」一語，指出北魏人士對本國文學風氣不振亦有自知之明。然而，王融主張贈書的原因並非嘆服李璧的言行，此當是墓誌銘的溢美之辭，不過蕭齊幾經周折，最終仍答允借書給北魏，《隋書》卷三十二〈經籍志〉即載：「孝文徙都洛邑，借書於齊，祕府之中，稍以充實」，〔註51〕依然可視爲兩國邦交的一大轉變，也替北魏漢化活動鋪設了更堅實的磐石。

　　觀察北魏各種公開請求或私自進行的摹仿學習，在在顯示出北魏向南朝吸收漢文化的計畫比往日更加積極。先前太武帝乃至孝文帝初期，大多只透過外交場合來揣摩南朝文化的標準，此時則帶著明確目的與南朝人士接觸，故知北魏之漢化已進入了一個全新階段。相對地，從王融那頗具創意的洞見與其餘朝臣之間的扞格，以及蕭齊政府遊移不定的對應，亦能看出南朝外交政策的顢頇遲鈍。

三、入北南人對北魏文化的影響

（一）南人在北魏外交領域以外的作為

　　如前所述，孝文帝一朝選派了數位來自南朝的臣民擔任外交工作，除了

〔註50〕《漢魏南北朝墓誌彙編》，頁 118。
〔註51〕《隋書》，卷 32〈經籍志〉所載時間可能有誤，因爲北魏遷都洛陽前後，直至孝文帝一朝結束，皆與南朝處於戰爭狀態，雖各有一次遣使，情勢都極緊張：太和十八年，魏使盧昶受到齊明帝「酷遇」，謁者張思寧死於使館中，而太和十九年齊使至魏，孝文帝在御駕南征途中接見，必須臨時徵召成淹接對，此種狀況下，恐怕難以談及借書事宜。

成淹與劉芳負責接待賓客，蔣少游和高聰更受命出使故國。然這些原屬南朝百姓的官員，不只從事南北往來的任務，對北魏其他漢文化領域也有貢獻。太和十九年，廣川王元諧薨，孝文帝意欲親自臨喪，喪禮由「黃門侍郎崔光、宋弁，通直常侍劉芳，典命下大夫李元凱，中書侍郎高聰等議」〔註52〕，除了高聰與劉芳以外，崔光也是在獻文帝一朝被俘入魏的南人，由比例來看，原南朝人士在當時議禮官員之中竟佔了一半以上，可見孝文帝的重視。

又如《魏書》卷五十五〈劉芳傳〉載：

> ……從駕洛陽，自在路及旋京師，恒侍坐講讀。芳才思深敏，特精經義，博聞強記，兼覽《蒼》、《雅》，尤長音訓，辨析無疑。於是禮遇日隆，賞賚豐渥。……芳音義明辨，疑者皆往詢訪，故時人號為「劉石經」。……及世宗即位，芳手加克冕。高祖自襲斂暨于啓祖、山陵、練除，始末喪事，皆芳撰定。……議定律令。芳斟酌古今，為大議之主，其中損益，多芳意也。世宗以朝儀多闕，其一切諸議，悉委芳修正。於是朝廷吉凶大事皆就諮訪焉。……先是，高祖於代都詔中書監高閭、太常少卿陸琇并公孫崇等十餘人修理金石及八音之器。後崇為太樂令，乃上請尚書僕射高肇，更共營理。世宗詔芳共主之。芳表以禮樂事大，不容輒決，自非博延公卿，廣集儒彥，討論得失，研窮是非，則無以垂之萬葉，為不朽之式。被報聽許，數旬之間，頻煩三議。……芳乃探引經誥，搜括舊文，共相難質，皆有明據，以為盈縮有差，不合典式。崇雖示相酬答，而不會問意，卒無以自通。尚書述奏，仍詔委芳別更考制，於是學者彌歸宗焉。

劉芳的經學造詣深厚，受到許多北朝人士仰慕，經常向他詢求疑難之解答。在公務方面，劉芳主持議定律令，並撰修朝儀與雅樂等重要制度，還上表更改中央官學及考制、從事郊祀與社稷格局的調整等，所涉項目極為繁多。孝文帝對他十分尊重，史書云「（劉）芳沉雅方正，概尚甚高，經傳多通，高祖尤器敬之，動相顧訪」，君臣互動良好，孝文帝甚至遺旨令劉芳擔任宣武帝之師，〔註53〕故孝文帝、宣武帝兩朝所推動的許多改革，劉芳都參與其中，甚至全責主導。

〔註52〕 《魏書》，卷20〈文成五王傳・廣川王元略附子諧〉，頁265～266。
〔註53〕 《魏書》，卷55〈劉芳傳〉：「高祖崩於行宮，……咸陽王禧等奉申遺旨，令芳入授世宗經」。

　　至於首位被派往江南的平齊民副使蔣少游，由南朝返回於北魏以後，在宮殿建築的規劃上居功厥偉。另外，《魏書》卷五十九〈劉昶傳〉載：

> 於時改革朝儀，詔（劉）昶與蔣少遊專主其事。昶條上舊式，略不遺忘。

又《魏書》卷九十一〈術藝傳〉亦載：

> 及詔尚書李沖與馮誕、游明根、高閭等議定衣冠於禁中，（蔣）少游巧思，令主其事，亦訪於劉昶。二意相乖，時致諍競，積六載乃成，始班賜百官。冠服之成，少游有效焉。

蔣少游與劉昶奉孝文帝的詔令，對官服等朝廷儀節進行改革，儘管因意見相左而造成時程延宕，但蔣、劉二人皆來自劉宋，將所知制度施行於北魏，使國家禮制趨於完備，自與南朝的文化更加貼近。同樣的，前述劉芳負責的諸項改革，雖多半根據經書而成，但其詮釋亦可能帶有南朝的特色，未必盡如先秦原貌，故知孝文帝一朝的漢化與南朝文化的關係是極爲密切的。

（二）孝文帝時期對歸附南人的態度

　　事實上，北魏直到孝文帝親自執政以後，才開始大量任用歸附南人進行改革。在此之前，南朝人士的發展頗爲有限。以平齊民爲例，《魏書》卷四十八〈高允傳〉載：

> 顯祖平青齊，徙其族望於代。時諸士人流移遠至，率皆飢寒。徙人之中，多（高）允姻媾，皆徒步造門。允散財竭產，以相贍賑，慰問周至。無不感其仁厚。收其才能，表奏申用。時議者皆以新附致異，允謂取材任能，無宜抑屈。

道武帝開國之後，以拓拔鮮卑爲首的非漢族統治者，對本國的漢族士人猶不免猜忌，擔憂他們在政治與文化上具有雙重的「媚南崇漢」〔註54〕心態，當然更無法信任被俘入魏不久的平齊民。像高允那般不畏同僚譏讒，又具備發言份量的漢族重臣，在過去並不多見，經他推薦而任官的南人亦屬少數。史書云「時議者皆以新附致異」，即指出平齊民並未被北魏人民真心接納，面臨的環境極爲艱困。

　　再者，平齊民即使在表面上獲得職位，但是否能負責實質的業務、對朝政發揮作用，又是另一層面的問題。《魏書》卷六十八〈高聰傳〉云：

〔註54〕參見本文第二章，第五節，頁 38～39 崔逞；第三章，第五節，頁 86 崔宏與崔浩父子等事。

（高）允嘉之，數稱其美，言之朝廷，……由是（高聰）與（蔣）
少遊同拜中書博士。積十年，轉侍郎，以本官爲高陽王雍友，稍爲
高祖知賞。

北魏的中書博士並不只是專門教學授經而已，亦可擔任較重要的行政工作，
但如果沒有受到上位者的青睞，事實上僅是個閒職。儘管高允的推薦能幫助
高聰、蔣少游取得職位，卻無法促使兩人受到政府的賞識，因此將近十年沒
沒無名，未曾立下任何功業。平齊民於皇興三年（469）入魏，直至太和年間
才受到擢用，經歷了一段有志難伸的漫長歲月。卷九十一〈術藝傳・蔣少游〉
亦云：

（高）允愛其文用，遂並薦之，與（高）聰俱補中書博士。自在中
書，恒庇李沖兄弟子姪之門。始北方不悉青州蔣族，或謂少游本非
人士，又少游微，因工藝自達，是以公私人望不至相重。唯高允、
李沖曲爲體練，由少游舅氏崔光與李沖從叔衍對門婚姻也。高祖、
文明太后常因密宴，謂百官曰：「本謂少游作師耳，高允老公乃言其
人士。」眷識如此。然猶驟被引命，屑屑禁闈，以規矩刻績爲務，
因此大蒙恩錫，超等備位，而亦不遷陟也。

蔣少游之所以未能獲得政府重視，長期以來只負責建築工藝等事務，遲遲無
法晉升，與其出身關係甚深：並不是蔣氏的門第不高，而是北魏對青州世族
理解太少所致。由此可看出孝文帝時期雖已較大幅度地採用漢族士人，也較
注重臣下的才學素養，但仍不免以家世背景及族群異同等條件作爲政府延聘
官員的考量。

因此，倘若未得他人協助，平齊民是否能夠入仕，只能憑藉個人機運的
轉變，例如日後對國家貢獻良多的劉芳。《魏書》卷五十五〈劉芳傳〉載：

慕容白曜南討青齊，梁鄒降，芳北徙爲平齊民，時年十六。南部尚
書李敷妻，司徒崔浩之弟女；芳祖母，浩之姑也。芳至京師，詣敷
門，崔恥芳流播，拒不見之。芳雖處窮窘之中，而業尚貞固，聰敏
過人，篤志墳典。晝則傭書，以自資給，夜則讀誦，終夕不寢，至
有易衣併日之弊，而澹然自守，不汲汲於榮利，不慼慼於賤貧，乃
著〈窮通論〉以自慰焉。芳常爲諸僧傭寫經論，筆跡稱善，卷直以
一縑，歲中能入百餘匹，如此數十年，賴以頗振。由是與德學大僧
多有還往。時有南方沙門惠度以事被責，未幾暴亡，芳因緣關知，
文明太后召入禁中，鞭之一百。時中官李豐主其始末，知芳篤學有

> 志行，言之於太后，太后微愧於心。會蕭賾使劉纘至，芳之族兄也，
> 擢芳兼主客郎，與纘相接。尋拜中書博士。

劉芳與南部尚書李敷有姻親關係，也是司徒崔浩的遠親，背景似乎頗爲雄厚，但因隸屬平齊民而未獲族人相助，入魏多年，僅能以書法抄寫維生。事實上，蔣少游與崔光在被拔擢爲官前，亦曾以同樣方式謀求溫飽。而後，劉芳因受僧侶惠度之案件所牽連，無辜致罪，文明太后略思彌補，恰巧當時蕭齊主使劉纘是劉芳族兄，爲了促進南北兩國外交順利，乃於太和七年派任劉芳爲主客郎，始得以進入官場。如此因禍得福的特殊際遇，其他平齊民未必能夠遭逢，再者，劉芳並非取得官職後即平步青雲，而是跟隨孝文帝御駕至洛陽時，侍坐讀講，才眞正受到政府重用。

　　除了劉芳這唯一的特例，直至太和十五年才有成淹以歸附北魏之南人的身份，再度擔任外交工作。成淹於獻文帝皇興年間，「降慕容白曜，赴闕，授兼著作郎」，雖與平齊民大約同時入魏，但因主動投降，「有歸國之誠」，故較早受封官職，然史書記載其於獻文時期的作爲，亦僅一篇疏文而已。〔註55〕到了孝文帝太和年間，「文明太后崩，蕭頤遣其散騎常侍裴昭明、散騎侍郎謝竣等來弔，欲以朝服行事。……高祖敕尚書李沖，令選一學識者更與論執，沖奏遣淹」，由於南朝使節所行禮儀不如北魏政府的預設，因而以敕令要求原本就對歸附南人相當友善的李沖推薦交涉的人選，成淹獲得特別徵派，才能接待南使並與之展開爭辯，此後三度受命，終於獲得重用。〔註56〕

　　另外，早於和平六年（465）即已入魏的劉昶，因具有劉宋宗室的身份而在獻文帝時期受封爲丹陽王，並與北魏公主締結婚姻，頗獲禮遇，卻只從事一些可有可無的事務，例如「顯祖詔（劉）昶與（劉）彧書，爲兄弟之戒」，成爲北魏與南方談判的籌碼。十餘年後，亦在孝文帝親自主政下，依憑南人之舊聞見識取得信賴，得以品評君王的文章。《魏書》卷五十九〈劉昶傳〉載：

> 昶雖學不淵洽，略覽子史，前後表啓，皆其自製。朝廷嘉重之……。
> 十八年，除使持節、都督吳越楚彭城諸軍事、大將軍……。及發，
> 高祖親餞之，命百僚賦詩贈昶，又以其文集一部賜昶。高祖因以所

〔註55〕　《魏書》，卷79〈成淹傳〉：「時顯祖於仲冬之月，欲巡漠北，朝臣以寒甚，固諫，並不納。淹上〈接輿釋遊論〉，顯祖覽之，……乃敕停行」。

〔註56〕　同上註：「時遷都，高祖以（成）淹家無行資，敕給事力，送至洛陽，并賜假日與家累相隨。行次靈丘，屬蕭鸞遣使，敕驛馬徵淹」。成淹在外交領域之外貢獻無多，故本節未專段論之。

製文筆示之，謂昶曰：「時契勝殘，事鍾文業，雖則不學，欲罷不能。

脫思一見，故以相示。雖無足味，聊復為笑耳。」其重昶如是。

劉昶的學識並不淵博，原本「好犬馬，愛武事」，再加上「天性褊躁，喜怒不恒，……引待南士，禮多不足，緣此人懷畏避」，「音雜夷夏。雖在公坐，諸王每侮弄之」，無論南人或北人都不太看得起他。劉昶入魏之初，北朝的文學風氣尚未振興，官方十分重視其表啓公文。孝文帝一朝的漢文化水準雖已揚昇，卻對南人懷著刻板的崇仰，故曾為劉昶出軍餞行而隆重地詔命群臣賦詩相贈，更以謙遜的態度將御製詩文交付劉昶閱覽，反映了北人對自身文化背景的自卑心理。

孝文帝對南朝文化的傾慕不只限於歸附北魏的南人，對蕭齊人士更是滿溢欣羨之情。《南齊書》卷五十七〈魏虜傳〉載：

> （永明）十年，上遣司徒參軍蕭琛、范雲北使。……每使至，（拓拔）
> 宏親相應接，中以言義。甚重齊人，常謂其臣下曰：「江南多好臣。」
> 偽侍臣李元凱對曰：「江南多好臣，歲一易主；江北無好臣，而百年
> 一主。」宏大慚，出元凱為雍州長史，俄召復職。

孝文帝面對蕭琛、范雲等人的文辭談吐和名士風采，激賞不已，不由得向臣子李元凱發出感歎。這一方面反映他對精緻漢文化的嚮往，另一方面也顯示出孝文帝將南人過度理想化，以致一時忘了南朝殘酷的政治現實。李元凱所云側重於為臣侍君的節操，更試圖指明君王的盲點，希望扭轉這種在崇漢心理下所造成的偏頗印象，而孝文帝則著眼於美感等不具實際作用的層面，對江左明士優雅的言行心生景仰，亦可能有意暗示群臣多向南朝學習，為其推行漢化之一環。

上述事例出自南朝史書，不免含有誇張或渲染的成份，而《魏書》卷八十二〈祖瑩傳〉亦載：

> 後高祖聞之，召入，令誦五經章句，並陳大義，帝嗟賞之。……以
> 才名拜太學博士。徵署司徒、彭城王勰法曹行參軍。高祖顧謂勰曰：
> 「蕭賾以王元長為子良法曹，今為汝用祖瑩，豈非倫匹也！」

孝文帝召請文學家祖瑩講解五經，後又任命他為彭城王元勰的參軍，並以此事與南齊竟陵王蕭子良相比擬。在孝文帝的話語中，時時透露出傾慕漢人的心情，即使在擢才用人時也以蕭齊賢王作為衡量基準，其間暗寓著與江左抗衡的心理，崇拜中又帶有競爭意識。

回溯道武帝一朝，南北界隔甚深，江左士人尚不肯投奔北魏，而太武帝稍事開放，乃廣徵本國漢族士人爲臣，獻文帝將來自南朝的人士延攬爲臣，然而必須等到孝文帝時期，才願意眞正重用附歸於北魏的南人，實爲一大突破。《魏書》卷八十四〈儒林傳〉云：

> 高祖欽明稽古，篤好墳典，坐輿據鞍，不忘講道。劉芳、李彪諸人
> 以經書進，崔光、邢巒之徒以文史達，其餘涉獵典章，關歷詞翰，
> 莫不縻以好爵，動貽賞眷。

比起先前諸帝，孝文帝的選才標準包括經史及文學，不僅考慮的方向更加多元，更正視了羈北南人可以提供的漢文化資源。又《魏書》卷四十三〈房法壽附族子景先傳〉云：「時太常劉芳、侍中崔光，當世儒宗」，劉、崔兩位平齊民並稱爲當時的儒學宗師，從政治或文化領域來看，南朝人士都受到前所未見的重視。這顯示北魏政府初步突破過去的防備與疑忌，願意正視本國漢文化的不足，並接納南朝人士的助益，政治選才與文化改革並行，漢文化從此超越了北魏政府用以統治的手段，受到眞心的喜愛與尊重。

（三）南朝對北魏漢化的認知落差

太和十九年（495）以後，南北之間將有一段極長的外交空白期，直至北魏分裂爲東、西魏（534），此四十年中，北魏僅零星地遣使至南朝一、二次左右，而南朝更全未遣使至北魏。如此一來，南朝人士對北魏的普遍印象就停留在太和十八年左右的狀況，與現實產生愈來愈大的距離。揆諸北魏在太和十八年以前的漢文化發展：雅樂尚未修訂完成；全民服裝漢化，大約自同年才開始進行；而日後的首善之都洛陽亦處於「始就洛邑，居無一椽之室」〔註57〕之草創狀態。四十年以後，當南朝人士重新踏入東西兩魏的國土中，已然是另一番景緻了。

不過，即使經歷了孝文帝的大力推動，北魏的漢化成果仍未能盡善盡美，在施行上也無法全然普遍於各階層臣民。以南北人士往返都無法不注意到的服裝爲例，就出現過一些意見歧異的情形，《魏書》卷十四〈神元平文諸帝子孫列傳·新興公拓拔丕〉載：

> 丕雅愛本風，不達新式，至於變俗遷洛，改官制服，禁絕舊言，皆
> 所不願。高祖知其如此，亦不逼之，但誘示大理，令其不生同異。
> 至於衣冕已行，朱服列位，而丕猶常服列在坐隅。晚乃稍加弁帶，

〔註57〕《魏書》，卷19中〈景穆十二王列傳中·任城王元雲附子澄傳〉，頁237。

而不能修飾容儀。高祖以丕年衰體重，亦不強責。

宗室元老拓拔丕，對各項漢化措施皆不願遵行，尤其堅持穿戴傳統服飾，拒絕接受新式衣冠，孝文帝亦不便逼迫。拓拔丕於宣武帝「景明四年（503）薨」，故知終孝文帝一朝，即使政府下了正式的詔令，與漢化相關的改革都還無法完全貫徹，也受到保守份子或隱或顯的抵抗。不僅長輩及舊臣如此，官家眷屬及百姓亦未立即按政府所頒制度而換穿漢服，《魏書》卷十九中〈景穆十二王列傳中・任城王元雲附子澄傳〉載：

> 高祖還洛，引見公卿。高祖曰：「營國之本，禮教爲先。朕離京邑以來，禮教爲日新以不？」澄對曰：「臣謂日新。」高祖曰：「朕昨入城，見車上婦人冠帽而著小襦襖者，若爲如此，尚書何爲不察？」澄曰：「著猶少於不著者。」高祖曰：「深可怪也！任城意欲令全著乎？一言可以喪邦者，斯之謂歟？可命史官書之。」……於是留守群臣遂免冠謝罪。〔註58〕

此事發生於魏太和二十三年，即蕭齊永元元年，南北斷交已逾五年，爲孝文帝駕崩的前一年。從時間來看，孝文帝末期仍因首都婦女服裝猶存胡風而大爲震怒，可見即使是天子所在的洛陽，亦未能徹底執行改革政策，新首都尚且如此，北魏其他地區的漢化狀況必然更低。〔註59〕

孝文帝雖盡力修整北魏君臣百姓的服飾，由南朝人士的角度觀來，仍不免發生一些錯誤，《梁書》卷二十〈陳伯之附褚緭傳〉即載：

> 褚緭在魏，魏人欲擢用之。魏元會，緭戲爲詩曰：「帽上著籠冠，袴上著朱衣，不知是今是，不知非昔非。」魏人怒，出爲始平太守。

蕭梁天監元年（502），褚緭與陳伯之一同叛梁投魏，對元旦皇帝朝會群臣的衣冠大加嘲謔，可見其形制仍與南朝具有一定落差。服飾的改革，是北魏向

〔註58〕 《通鑑》，卷142〈齊紀八・東昏侯上永元元年（499）〉記載孝文帝的質問爲：「朕離京以來，舊俗少變不？」比較起來，《魏書》的記述刻意淡化了孝文帝直接指斥鮮卑固有習俗的用語。另如《魏書》，卷21上〈獻文六王傳・咸陽王禧〉亦載孝文帝「又引見王公卿士，責留京之官曰：『昨望見婦女之服，仍爲夾領小袖。我徂東山，雖不三年，既離寒暑，卿等何爲而違前詔？』」

〔註59〕 《通鑑》，卷145〈梁紀一・武帝天監二年（503）〉：「魏既遷洛陽，北邊荒遠，因以饑饉，百姓困弊。魏主加尚書左僕射源懷侍中、行台，使持節巡行北邊六鎮」，北魏邊都不到十年，故地逐漸衰敗，後來六鎮之亂更成爲北魏滅亡的重要原因，而由其領導高歡等人的行止來看，鎮民不分胡漢族群皆處於高度鮮卑化的狀態，可見北魏其他區域的漢化遠不如洛陽。

漢族求取認同的重要象徵，但此番作為卻沒有達到目標，在南朝人士看來，這個模仿只突顯出兩國之間的距離，更衣易服後的北魏依舊被視為異於華夏的蠻夷族群。

總覽孝文帝時期的南北外交史，漢化的成果十分豐碩，無論在國家制度、社會潮流、個人裝容等各方面，北魏都逐漸脫離了拓拔鮮卑原來的面貌，朝著他們想像出來的「漢」不斷前進，也與南朝文化再靠近了一步，然而，這卻未必能被江左人士接受，更何況北魏漢化的高峰，因為兩國斷交的關係，南人長期無由見得。

小　結

由前數章的討論，能概括出一個北魏漢文化發展的粗略輪廓：自開國以來，歷朝保持著緩慢而持續進步的跡象，在獻文帝時期則已透顯出未來即將全盤漢化的先兆，此漢化直到孝文帝真正掌政以前，基本上都是以儒學作為主軸的。然而，自文字獄氛圍解除之後，文學獲得了較大的發展空間，這一方面受到了南北外交的影響，但反過來也促進了南北外交型態的改變。不過整體而言，即使到了孝文帝初期，拓拔鮮卑的傳統仍主導了北魏政治及社會的走向，是故在此之前的北魏尚不具備改變南朝之既定成見的條件。

至於在漢化上有著重大發展的孝文帝一朝，由外交紀錄觀察，可以發現幾個微妙的狀況：首先，以儒學壓倒南朝官員的案例，直至舉行文明太后喪禮時才出現，故知儒學在北魏前中期雖是選拔使節的主要項目，但單憑此一修養，卻不足以在外交上制勝，這個體認影響了北魏政府，使其在經營外交時開始轉向。

其次，儒學至孝文帝一朝才逐漸降低重要性，在北魏外交史上，絕大多數時間都以它作為首要標準，從整個北朝外交史來看，則佔據將近一半的時間；相對地，文學的重要性雖大幅提昇，但在北魏卻始終沒有成為首要的選使標準。因此趙翼所謂「擇文學贍優」的說法，如果採取狹義的「文學」意含，便與事實頗有出入，即使採取的是廣義的「文學」，也無法加諸於南北朝的全部歷程。

再者，北魏初中期雖在外交上屢屢受挫，因而不斷修正本身的選使標準，但對國內文化的改變卻相當有限，這與北魏開國之後，以拓拔鮮卑之傳統主導政務有關。在孝文帝之前，漢族士人受制於北魏領導階層的猜忌，只

能配合官方需求行事，並無積極發展漢文化的動力與目標。孝文帝執政以後，公然表現對南朝文化的傾慕，並透過外交管道向蕭梁學習，除了促成政策的轉變，也改變了整個北方的文化趨勢。在這種環境氛圍下，北朝的漢文化才真正得到較自主的發展空間。

不過，歷來對北魏的文化認知，存著兩種幾乎完全相反的觀念：一是孝文帝以前，北魏全然被鮮卑風氣所籠罩；二是孝文帝以後，北魏便進入全盤漢化的狀態。然而，兩者都是錯誤的，需要更細緻的辨析：在孝文帝之前，歷朝已逐步推動漢化，只是速度極為緩慢，未如孝文帝那般願意捨棄拓拔鮮卑固有傳統，大刀闊斧地展開改革。另一方面，孝文帝也未能完全改易北魏的風俗習慣，尤其在首都洛陽以外，更是鞭長莫及，足見政治力量無法將自然的傳統剗除，這從北魏末年的六鎮之變，尒朱榮、高歡與宇文泰等掌政家族身上，都可以明顯看出。

受《魏書》等以漢文化為尊的舊史之敘述所制，部份研究者甚至忽略歷時性的變化，以孝文帝漢化之後的情況來涵蓋整個北魏甚至北朝的現象，與事實大相乖違。實際上，自孝文帝漢化至北魏末期鮮卑風俗回歸，僅有三十餘年，未及北魏一百四十年歷史的四分之一。太和十八年以後，南北長期斷交，除了孝明帝於二十五年之後，在正光元年（520）遣使至蕭梁一次以外，北魏與南朝的外交可說完全終止，如此算來，北魏將文學應用在外交之上的時間，大約只有短短二十年左右。

即使孝文帝的改革讓北魏漢文化水準有了飛躍的進步，與南朝方面的認知卻產生嚴重落差。此時外交官員表現傑出的例子大為增加，然與《魏書》與趙翼等學者形容的盛況，仍然有一段距離，這是因為漢化的效果不可能立刻顯現，況且孝文帝遷都洛陽、改易服秩等重大政策之實行，已在他執政的中晚期，甚至比太和十八年與南朝斷絕交流的時間更遲，來不及呈現在南朝人士眼前，所以南朝人士所認知的北魏形象就停留在孝文帝漢化之前。

值得注意的是，形象之改變落後於漢化改革的速度，是北魏長期面臨的困境，例如：道武帝一朝，拓拔鮮卑已開始邑居，但東晉仍視之為游牧民族；太武帝一朝，儒林轉興，卻被劉宋評議為「稍僭華典」，這種情況與南朝歧視北朝而習慣性予以貶低的心理有關。總而言之，改變或進步是一回事，有機會與有能力呈現改變或進步，又是一回事。北魏歷任皇帝的革新，大多進行於自己在位的中後期，革新後並不一定能立刻反映在使節的表現上，所以，

國外人士無法即時察覺，本是理所當然。更何況，北魏使節大多保守，不擅於炫己式的表達，例如北魏文士具備即席賦詩能力的仍屬少數，這並非個人才力不足，而是社會整體風氣所致，故孝文帝一朝，北魏的漢文化內涵雖大為提高，但尚不足以應付南朝人士。